普通高等教育“十三五”规划教材

热　学

主编　向　钢　聂　娅

科学出版社

北　京

内 容 简 介

本书是编者基于多年的“热学”课程教学实践经验编撰而成．本书从高等教育人才培养的总体要求出发，以培养高等院校学生的专业素质和能力为目标，基于国内教材讲授的传统内容，汲取美国与欧洲教材新颖灵活、切合实际等优点，对内容的深度和广度以及结构安排进行了适当的调整，注重热学理论与生产生活实践以及现代科技前沿的联系，注重科学思维方式和解决问题能力的训练与培养．本书力求深入浅出，兼顾科学性与趣味性，适用范围较广．全书共7章：基本概念与定义、热力学第一定律、热力学第二定律和第三定律、气体动理论的基本概念、平衡态统计分布的初级理论、近平衡态输运过程、简单系统．

本书可作为高等院校物理学类专业的教材，也可供其他相关专业读者学习或参考．

图书在版编目（CIP）数据

热学／向钢，聂娅主编．—北京：科学出版社，2017.3

普通高等教育“十三五”规划教材

ISBN 978-7-03-052102-6

Ⅰ．热…　Ⅱ．①向…　②聂…　Ⅲ．热学-高等学校-教材　Ⅳ．O551

中国版本图书馆CIP数据核字（2017）第050453号

责任编辑：窦京涛／责任校对：张凤琴

责任印制：张　伟／封面设计：华路天然工作室

科学出版社出版

北京东黄城根北街16号

邮政编码：100717

http://www.sciencep.com

北京凌奇印刷有限责任公司印刷

科学出版社发行　各地新华书店经销

*

2017年3月第　一　版　开本：720×1000　B5

2021年3月第四次印刷　印张：15

字数：290 000

定价：39.00元

（如有印装质量问题，我社负责调换）

前　言

热学是一门研究热现象及其本质和规律的学科. 所谓热现象，就是与冷和热相关的现象. 热学的基本规律包含宏观理论和微观理论两部分. 前者是以热力学第零、第一、第二和第三定律为基础的热力学理论，后者是以物质的微观结构为基础的气体动理论(又称分子运动论). 热力学理论建立在无可辩驳的广泛实验基础之上，不涉及物质的具体结构，因而具有普适性，但不能揭示宏观现象背后的微观物理机制，即不能回答"为什么". 气体动理论建立在物质微观模型的具体假设之上，能够回答"为什么"，但不具有宏观理论的普适性. 宏观理论与微观理论优势互补，仿佛两个半圆，若要揭示物质世界圆满的自然法则，二者缺一不可. 本书的内容即是以热力学理论和气体动理论为主.

热学是一门古老而常新的学科. 热学的发展史与人类文明进步史息息相关，最早可追溯到史前时期. 人类还在茹毛饮血的时代，就已经掌握了获取火种的方法，学会了使用工具. 17 世纪，玻意耳发现人类历史上第一个实验"定律"——气体的玻意耳定律. 17 世纪末到 18 世纪，人类发明改良了将热和工具结合起来的强大机器——热机，并以此为契机突破性地推动了热学的进展. 在此基础上，社会生产效率得到极大提高，第一次工业革命犹如星星之火，迅猛燎原. 从此以后，人类社会就开始了日新月异的加速进步. 进入 21 世纪，热学仍然活跃在各个前沿领域，从液氦制冷机到核裂变反应堆，从计算机 CPU 芯片制造到外太空探索……继续推进人类的福祉和发展. 热学的发展史一再验证，热学是一门需要综合运用宏观与微观视角的学科，非如此不能够透过纷繁复杂的热现象抓住其本质. 正如黄昆先生所言，"**宏微交替，物穷其理**"——这种宏微交替的科学思维方式和研究方法，在其他学科中是罕见的. 因此，不管是从认识、理解物质世界运行规律并以之为人类造福的角度，还是从培养严格、严谨的科学思维方式的角度，热学都是一门极其重要的学科.

热学是科学的范本. 从第一次工业革命，到第二次工业革命，到第三次工业革命，人类社会的发展进步对科学的依赖日益深重. 科学是人类认识世界的一种方式. 由科学发现所累积起来的知识, 是人类迄今为止所获得的最可靠的知识. 那么, 科学的特征是什么? 换言之, 科学的目的是什么? 科学的精神在于何处? 科学的方法包含哪些? 这些基本问题都可以在热学这门学科中找到答案.

首先, 科学的目的是求真, 即寻找和发现客观规律. 在此基础上, 人类可以运用客观规律理解世界万象背后的本质, 也可以利用这些规律为社会谋福利. 例如, 在热学发展过程中, 对于热的本质, 19 世纪的科学家们一度有错误的认识, 认为热来自于"热质", 它是一种神秘的气体, 看不见摸不着, 但可以穿透固体和液体的缝隙在物质之间交换. 对于热的本质的执着探求, 让焦耳等在大量实验的基础上打破了热质说的错误理论, 从而建立起热力学第一定律, 即能量守恒与转化定律(见 2.2 节). 实践证明, 这是具有最广泛普适性的规律, 人类从此有了一个非常强大的理论工具, 可以用于分析一切物质的一切状态与一切过程. 与热力学第一定律一样, 热力学的其他基本定律也建立在广泛的实验基础之上, 是普适性极强的客观规律. 因此爱因斯坦博士曾言, "**(经典热力学)是具有普遍内容的、唯一的物理理论, 我深信, 在其基本概念适用的范围内是绝不会被推翻的**". 自这些客观规律被发现以来, 科学家与工程师们就一直在运用它们为人类服务, 例如内燃机(见 2.8 节)就是在热力学理论, 特别是卡诺热机理论的指引下发明的, 有了这个强大的动力心脏之后, 才出现了汽车、飞机等现代交通工具.

其次, 科学的精神在于明辨性思维(critical thinking), 又称批判性思维. 明辨性思维的特质在于, 基于事实与逻辑对理论与观点进行细致分析与评判, 通过"去伪存真", 让我们更加接近客观规律与事物真相. 这是科学最基本的精神, 经由它, 科学发现的客观性与正确性方能保证. 例如, 前文提及的"热质说"最终被扬弃, 就是明辨性思维"去伪"的范例. 而热学中的气体动理论的建立和发展是另一个展现明辨性思维"存真"的绝佳例子. 公元前 5 世纪古希腊哲学家德谟克利特提出, 物质是由不可分割的原子构成的. 16 世纪现代科学诞生之后, 特别是 18 世纪热学开始迅速发展之后, 一大批科学家开始重新思考物质的结构, 逐步建立了气体动理论, 认为气体是由大量永不停歇地做无规则运动的分子(或原子等微粒)组成的, 气体的宏观性质, 如压强、温度、体积等, 都可由分子的组分和运动来解释. 然而, 从未有人观测到分子存在的证据. 因此, 物理学家与哲学家马赫和化学家奥斯特瓦尔德等提出对分子(原子)真实性的质疑. 这无疑是明辨性思维的展示. 这一争论成为当时科学研究的一个中心问题. 要解决这一争论, 需要提出更有力的证据，证明分子的真实存在. 1905 年，爱因斯坦依据分子运动论原理提出了布朗运动的理论解释，1908～1913 年法国物理学家佩兰进行了精确定量实验验证(见 5.3 节)，从而“找到能证实确实存在有一定大小的原子的最有说服力的事实”(爱因斯坦语). 从此，气体动理论被大家广泛接受. 从以上两例可见，明辨性思维是“去伪存真”的核心因素.

最后，科学的方法包括实验观测和数理推算. 实验观测包括实验和观测(含观察)两个部分. 可重复的实验观测，是科学的出发点和落脚点，是科学理论正确与否的试金石，没有实验观测，科学和玄学无异. 一般而言，实验观测除了需要有仪器设备之外，也需要具备较好的理论基础和较强的创新意识. 热学中有很多精巧的实验观测范例. 例如焦耳-汤姆孙实验(见 2.5 节)：焦耳和汤姆孙通过巧妙设计使得气体在绝热节流过程前后物理量焓守恒，其温度与压强的改变可定量测量，且气体能够以低廉的价格降温或升温，这些特点既使焦耳-汤姆孙实验成为研究气体性质的经典实验，也使其成为现代低温工厂的常用降温方式. 再如葛正权实验和密勒-库什实验(见 5.2 节)：我国物理学家葛正权和美国科学家密勒与库什均巧妙地利用狭缝和旋转的圆筒或圆柱构造了分子速率选择器，定量测得了分子束射线的速率分布，验证了麦克斯韦速率分布律. 可以说，没有实验观测，热学是不可能建立发展起来的. 数理推算，包括数学运算和逻辑推演两部分. 数即数学，理即逻辑，推算即推导演绎和定量运算. 数理推算是科学方法中的重要组成部分，如果没有数理推算，则科学只是一大堆实验观测结果的积累，和博物学无异. 李政道先生说，“**细推物理日复日，难题得解乐上乐**”，阐述的就是科学研究中数理推算的经常性和趣味性. 热学中也有很多严密的数理推算. 例如理想气体物态方程(见 1.3 节)，即在玻意耳定律与阿伏伽德罗定律的基础之上，进行严密的逻辑推理与数学演算而获得. 再如近平衡态输运过程的本质(见第 6 章)，也须经过适当的假设与定量演算方可揭示. 在实际的科学研究过程中，实验观测与数理推算往往紧密结合在一起，共同揭示客观规律.

由此可见，热学是一门内容丰富、意义深远的课程.

本书的内容结构如下：先从基本概念与定义讲起，再介绍宏观的热力学理论，其次介绍微观的气体动理论，最后将宏观理论和微观理论综合运用到生活与生产实践中最常见的简单系统，讨论实际气体与固体的一些基本性质. 这样的安排，有两方面的考虑：①做好课程的衔接. “热学”是一门重要的基础课，它既是物理学的专业基础课，也是工程类与食品科学类等的专业基础课，必须为后续课程打好扎实的基础，但也尽量不与后续课程(如“热力学与统计物理”)的主要内容重复. ②遵从认知的规律. 我们对物质世界的认识，通常是一个从宏观到微观、而后两者交互进行的循序渐进过程，这也是热学发展的真实历史顺序. 甫入高校的大一学生若能跟随本书的节奏，依次学习宏观理论与微观理论，最终合二为一，掌握综合运用宏观与微观视角研究问题的方法，必能对后续阶段的学习大有裨益. 这是我们的热切期望.

另外，本书也偶尔涉及环保、低碳等现代文明理念，不再赘述.

热学是一门博大精深、不断发展的学科，限于编者的水平，书中不妥之处在所难免，希望读者批评和指正.

向　钢

2016 年深秋于成都

目　　录

第 1 章 基本概念与定义

寒来暑往，四季交替. 冷热变换是我们所居住的地球上最常见的自然现象. 冷和热是相对的，而衡量冷和热的标准，即“温度”，就是由热学这门学科引入的. 由于温度以及与其相关的基本概念与定义在自然科学其他分支中的基础性和重要性，温度已成为描述宏观物质世界所需的质量、长度和时间这三个基本维度之外的“第四个维度”，热学也成为自然科学与相关技术领域的一门基础学科. 本章将对温度等基本概念与定义进行介绍.

1.1 基 本 概 念

1.1.1 系统与平衡态

在热学中，我们通常将所研究的宏观物质系统称为热力学系统，简称**系统**. 系统是物质世界的一部分，它可以是一罐气体，一杯咖啡，或一块磁铁. 每一个系统都有**边界**，它由包围系统的表面所构成. 边界可以是静止的，也可以是运动的，并且可以改变大小和形状，如图 1.1.1 所示. 系统边界之外的物质世界，就是**外界**或环境. **任何热力学分析都是从选取系统、边界和外界开始的**.

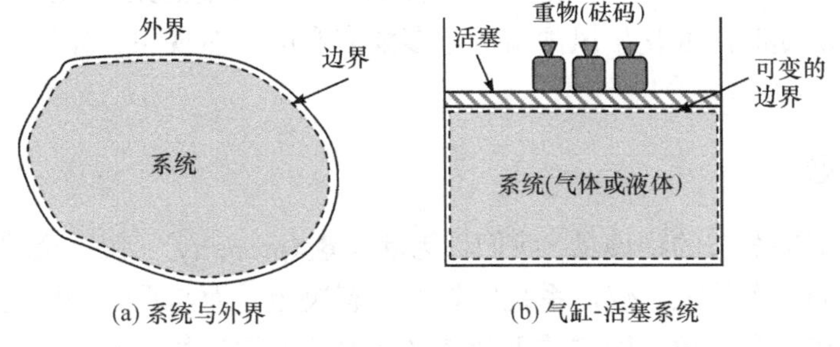

(a) 系统与外界　(b) 气缸-活塞系统

图 1.1.1

系统和外界之间可以通过边界交换能量与物质. 系统由此可分为**开放系统**(open system)、**闭合系统**(closed system)与**孤立系统**(isolated system). 开放系统是指与外界有能量与物质交换的系统. 闭合系统是指与外界有能量交换，但没有物质交换的系统．孤立系统是指与外界没有任何形式的能量交换与物质交换的系统，即完全不受外界影响的系统．严格地说，由于物质之间的普遍联系和相互作用，现实世界并不存在孤立系统．然而，当某个系统与外界的相互作用很小，即交换的能量远小于系统本身的总能量，并且交换的物质质量远小于系统本身的总物质质量，在讨论中可以忽略不计时，我们可把此系统看成孤立系统．因此，孤立系统是一个理想的极限概念．物理学中的理想概念并不鲜见，如力学中涉及的质点与刚体．孤立系统这个理想概念的重要性，会在本书后续章节的示例中得到进一步展示．

在不受外界影响的条件下，如果一个系统的宏观性质不随时间发生变化，则称此系统处于平衡态．此即平衡态(equilibrium state)的定义．大量的实践经验表明，绝大多数孤立系统在经过足够长的时间之后，总能达到平衡态．

例如，将纯水装在密闭的保温杯之中，此时杯中物可近似被看成孤立系统，如图 1.1.2 所示．经过足够长时间，杯中的水、水蒸气和其他空气成分的温度、体积和压强都不随时间变化，从而达到平衡状态．

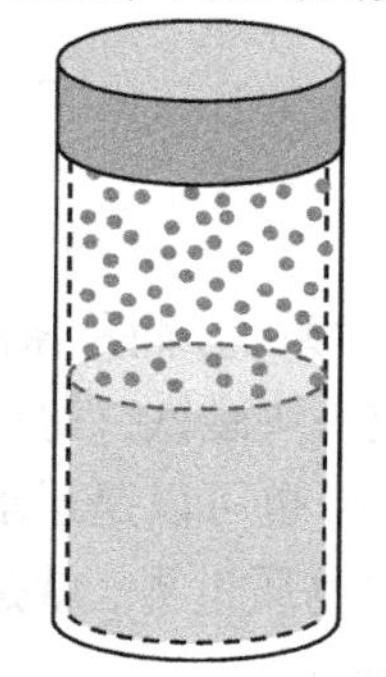

图 1.1.2 杯中水示意图

应当指出，系统处于平衡态时其宏观性质不随时间变化，但这并不意味着系统的微观运动静止．如上面的例子，从微观角度看，水的液相和气相之间在不停地交换水分子，只是水分子来回往复运动的平均效果不随时间改变．因此，热力学中的平衡态是动态平衡，我们通常称之为**热动平衡**(thermodynamic equilibrium)．

与平衡态相对的状态是非平衡态，它描述的是宏观性质随时间发生改变的系统状态．例如，地球表面的大气层随时间演化出风雨雷电等多姿多彩的自然现象，显然大气层处于非平衡态．

1.1.2 状态量

描述系统平衡态的物理量，我们称为**状态量**(property)．每一个状态量都代表系统平衡态的一个特征，仅由系统所处的状态决定，而与系统的历史无关．即，**状态量是系统的态函数，同样的平衡态必然对应着同样的状态量**．

状态量可分为强度量和广延量两类．**强度量**(intensive property)是与系统的大小或质量无关的一类状态量，具有不可叠加性．强度量反映的是系统内禀的整体性质，如温度 T 、压强 p 、密度 ρ 等，其值与系统的大小无关．**广延量**(extensive property)是与系统的大小或质量相关的一类状态量，具有可叠加性. 如果将系统分为若干个子系统，则系统的某一广延量的值等于各子系统相应量值的总和，如质量 M 、体积 V 、内能 U 等，其值与系统的大小成正比. 对于同一个系统，两个广延量的比值为强度量. 例如，系统的质量与体积的比值为密度 ρ ，密度 ρ 即为强度量；系统的体积与物质的量的比值为**摩尔体积** V_m ，摩尔体积 V_m 是强度量.

物态(the state of a system)是由一组状态量所确定的系统的状态. 物态通常由全部状态量中的几个即可完全确定，这几个状态量是彼此独立的，称为**态参量**，简称参量. 剩余的状态量都可由这几个态参量确定，称为**态函数**. 态参量与态函数的选择可随具体研究的系统的方便而定，二者可相互变换.

例如，我们研究储存在气缸中的一定质量的化学纯的气体. 经验表明，我们可以采用压强 p、体积 V 与温度 T 这三个物理量来描述此气体系统的平衡态. 如果我们保持温度 T 不变，则当压强 p 增大时，V 必定随之减小，而当压强 p 减小时，V 必定随之增大. 同样，当保持 p 不变时，T 和 V 也不能彼此独立地改变；当保持 V 不变时，p 和 T 也不能彼此独立地改变. 事实上，p，V，T 这三个物理量中只有两个可以被选取作为能够彼此独立改变的态参量，而另一个则可表达为态参量的态函数.

除了上面出现的力学参量(p)、几何参量(V)和热学参量(T)之外，热学中常见的态参量还包括化学参量和电磁参量. 化学参量是表征系统不同组分的含量的物理量，而电磁参量则是表征电场中的电介质和磁场中的磁介质的物理量.

以态参量为坐标轴建立坐标空间，将系统的平衡态以图形表示出来. 这样的图称为**相图**. 因系统的每个平衡态都具有唯一确定的一组态参量组合，**系统的一个平衡态在相图中对应着一个点**. 常见的相图有 p-V 图、V-T 图、T-p 图等.

1.1.3　准静态过程

当热力学系统的宏观状态随时间变化时，我们称系统经历了一个**热力学过程**，简称过程. 在过程进行中，系统的状态不断发生变化. 设系统由某一平衡态开始变化，状态的变化意味着原有的平衡态被破坏，若此变化偏离平衡态不大，则经过一定的特征时间(此特征时间称为系统的**弛豫时间**)系统将达到新的平衡态. 严格地讲，在实际过程中，系统在达到最终的平衡态之前需经历一系列非平衡态. 但是，在热力学中我们需要研究具有特殊而重要地位的**准静态过程**(quasi-static process). 所谓**准静态过程，即在这个过程进行中的每一时刻，系统都处于平衡态**.

显然，准静态过程也是一个理想的极限概念. 它的重要意义在于，在准静态过程进行中，适用于平衡态的所有规律都可用于描述系统的宏观性质. 此外，**准静态过程在相图中对应为一条曲线**. 这是因为，准静态过程中系统随时间演变连续经历一系列平衡态，而每一个平衡态在相图中对应一个点，点与点相连即成为图中的一条曲线.

如果一个过程进行得“足够”缓慢，则可以被近似看成准静态过程. 我们可以举一个简单例子来说明什么是“足够”缓慢. 设气缸-活塞系统中的气体处于平衡态，活塞与器壁间无摩擦，如图 1.1.3 所示. 控制外界压强 p_e 使其一直略微大于气体压强 p，这样气体的平衡态将被破坏，气体被缓慢压缩. 如果每压缩一次所经历的时间(例如，10^{-1} s)都比弛豫时间(标准状态下的1 L气体的弛豫时间量级为10^{-3} s)长，则称压缩过程“足够”缓慢，在此过程中气体在每一个时刻都可近似认为处于平衡态.

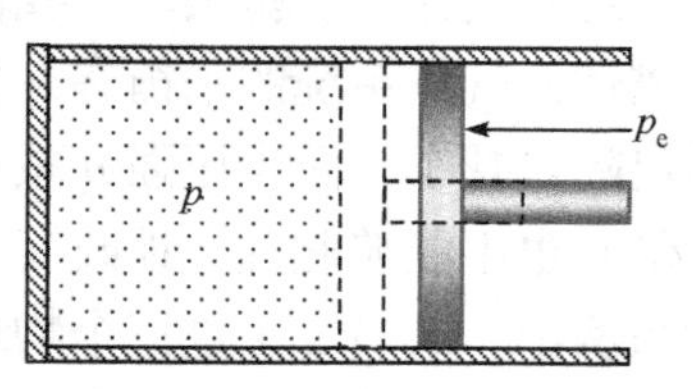

图 1.1.3 气缸-活塞系统的压缩过程

标准状态下的 1 L 气体的弛豫时间可估算如下：气缸的体积为 1 L，则其特征长度为 $d\sim10^{-1}$ m，标准状态下气体分子热运动的平均速率为 $\bar{v}\sim10^{2}$ m/s. 则气缸内气体略微偏离平衡态后，再次达到平衡的特征时间(弛豫时间)为 $\tau=\dfrac{d}{\bar{v}}\sim10^{-3}$ s. 当然，也可用气体分子振动的传播速率(即声速 $v_s\sim10^{2}$ m/s)来估算此弛豫时间，所得的结果量级是相同的.

经验表明，许多实际过程都可被近似看成准静态过程. 本书以后所讨论的过程，如非特别声明，一般都是准静态过程. 准静态过程的一个重要结果是，如果没有摩擦阻力，系统内部的压强恒等于外界的压强. 这是系统每个时刻都处于平衡态的必然结果. 这样，我们可以用描述系统平衡态的态参量将外界对系统的作用力表达出来. 但是，在有摩擦阻力的情形下，即使过程进行得“足够”缓慢，对包含复杂摩擦阻力的系统的力学分析显示，此时外界的作用力不能用系统的态参量描述. 在本书后续章节中提到的准静态过程，都是指没有摩擦力的准静态过程.

与准静态过程相对的过程，是非准静态过程. 如果过程进行得很快，过程经历的时间相当于或小于系统的弛豫时间，比如烟花的绽放过程和炸弹的爆炸过程，则此过程应被当成非准静态过程处理.

1.1.4 过程量

描述过程的物理量称为**过程量**. 常见的过程量包括功和热量(后续章节将对其进行介绍). 一般而言，**过程量与系统的历史密切相关**. 过程量的数值不仅与过程的初末态有关，还与过程经历的路径有关. 只有当系统状态改变时过程量才会出现. 这与状态量的性质是截然不同的.

1.2　热力学第零定律和温度

1.1 节提到的态参量，其中之一是由热学所严格定义的基本物理量，它直接表征系统的冷热程度. 这个物理量就是热学参量——温度.

人们对温度这个概念的最初了解是建立在主观感觉基础上的，并不严格. 事实上，早在热学成为一门严谨的科学之前，温度计就被发明出来了. 一般认为，意大利物理学家伽利略(G. Galilei, 1564～1642)于 1593 年发明了第一个温度计，如图 1.2.1 所示. 而直到热力学第零定律被发现之后，温度这个基本概念才有了严格的科学定义.

图 1.2.1　伽利略温度计原型
它利用空气热胀冷缩的性质，但没有考虑压强对温度的影响，亦没有刻度，并不严谨，故被称为验温器更为恰当

1.2.1　热力学第零定律与温度

考虑两个各自处于平衡态的系统 A 和 B. 若使它们相互接近直至通过共同的刚性边界互相接触，那么会出现两种可能的结果. 第一种结果，A 和 B 的宏观状态不发生任何变化，即保持各自原有的平衡态. 第二种结果，A 和 B 都经历宏观状态的变化，经过足够长的时间之后，最终达到新的共同的平衡态——宏观状态的变化是由 A 和 B 的相互作用导致的，因 A 和 B 通过刚性边界相接触，此相互作用不包含因接触产生形变而做功的情形. 如果 A 和 B 都不受外界影响，当它们接触之后，不论是否经历宏观状态的变化，最终达到不随时间而改变的状态，则称这两个系统处于**热平衡**(thermal equilibrium).

现在考虑三个各自处于平衡态的系统 A、B 与 C. 将 A 与 B 相互隔离，但同时与 C 相互接触，经过足够长的时间之后，A 与 B 将各自与 C 达到热平衡. 这时，如果将 A 与 B 相互接触，则可发现 A 与 B 在各自宏观状态不发生变化的情况下即可达到热平衡. 大量的实践经验表明：

如果两个热力学系统中的任意一个都与第三个热力学系统处于热平衡，则它们彼此之间必定处于热平衡. 这就是**热平衡定律**.

根据英国物理学家福勒(R. H. Fowler，1889～1944)等 1935 年阐述的观点，尽管热平衡定律的发现是在热力学第一定律之后，然而它是严格地建立温度这个至关重要的基本概念的基础，从逻辑上而言应排在第一定律之前，因此又称为**热力学第零定律**(the zeroth law of thermodynamics).

热平衡定律是热力学中的一条基本实验定律．这个定律揭示了相互之间处于热平衡的所有热力学系统应享有某一共同的宏观性质．我们把这一描述系统热平衡性质的物理量称为**温度**．当两个系统通过共同的刚性边界发生相互作用，以至于各自的宏观状态发生变化时，我们称这两个系统的温度不相等．这种两个系统仅因温度不相等而发生的宏观状态变化的过程称为**热传递，或传热**．这样的相互作用会一直持续，直至两个系统达到热平衡，此时我们称两个系统温度相等．

温度的特征，即在于一切互为热平衡的系统都具有相同温度．

运用热力学第零定律可以证明：处在平衡态下的热力学系统，必然存在一个态函数，对于互为热平衡的系统，该函数的数值相等．如前所述，系统 C 处于热平衡状态，体积为 V_C，压强为 p_C．系统 A 的压强为 p_A．若 A 与 C 达到热平衡，A 的体积 V_A 不再是独立的，必定与 V_C、p_C、p_A 相互关联，故必然存在一个函数关系

$$f_{AC}(p_A,V_A;p_C,V_C)=0 \tag{1.2.1}$$

或

$$p_C=F_{AC}(p_A,V_A;V_C) \tag{1.2.2}$$

同理，若系统 B 与系统 C 达到热平衡，则它们的态参量也必然存在一个函数关系

$$f_{BC}(p_B,V_B;p_C,V_C)=0 \tag{1.2.3}$$

或

$$p_C=F_{BC}(p_B,V_B;V_C) \tag{1.2.4}$$

若 A、B 都与 C 达到热平衡，则式(1.2.2)和式(1.2.4)应同时成立，即

$$F_{AC}(p_A,V_A;V_C)=F_{BC}(p_B,V_B;V_C) \tag{1.2.5}$$

根据热力学第零定律，若 A 和 B 都与 C 达到热平衡，则 A 与 B 也必然达到热平衡，故 A、B 系统的态参量之间也必定满足函数关系

$$f_{AB}(p_A,V_A;p_B,V_B)=0 \tag{1.2.6}$$

式(1.2.6)是式(1.2.5)的结果，即应从式(1.2.5)导出式(1.2.6)．式(1.2.6)与变量 V_C 无关，则式(1.2.5)中所含变量 V_C 在等式两边应可消去，即式(1.2.5)可约化为

$$\Phi_A(p_A,V_A)=\Phi_B(p_B,V_B) \tag{1.2.7}$$

上式表明，互为热平衡的系统 A 和 B，各自存在一个数值相等的态函数 $\Phi_A(p_A,V_A)$ 和 $\Phi_B(p_B,V_B)$，此态函数称为温度．

1.2.2 温度计

温度是热学中特殊而重要的状态量，它是可以被测量的．热力学第零定律表明，所有达到热平衡的系统都具有相同的温度，这实际上为我们提供了测量系统温度的方法．我们可以适当地选取参考系统，用它作为温度计，使其与待测量系

统接触，经过足够长的时间，两个系统将达到热平衡．此时，系统的温度可以通过测量温度计的某个与温度相关的性质而获得．通常我们所采用的与温度相关的性质，即**测温性质**，包括：

(1) 等容(固定体积)气体的压强；

(2) 等压(固定压强)气体的体积；

(3) 液体、固体的体积；

(4) 固体的电阻；

(5) 温差电动势；

(6) 辐射强度．

等容气体的压强随温度变化，可用于测量温度，我们将在第 1.2.4 节中作详细讨论．类似地，等压气体的体积变化也可用于测量温度．固体与液体的体积变化也可用作测温性质．我们生活中常见的玻璃管中的水银温度计，就是利用液体体积随温度变化的测温性质的范例．固体电阻温度计，通常利用的是金属或半导体的电阻随温度变化的测温性质，其中的半导体电阻温度计通常被称为热敏电阻．利用温差电动势测量温度的温度计，我们通常称之为热电偶．利用辐射强度测温的温度计，通常适用于高温下的系统，故被称为辐射高温计或光学高温计．

1.2.3　温标

温度的数值表示法叫做温标．标准的、合乎规范的温标的建立，除了需采用适当的测温性质之外，还需确定适当的固定点以作为测温的参考点．

科学家与工程技术人员通常采用的温标是绝对温标，又称热力学温标．它是由英国物理学家开尔文(W. Thomson，1st Baron Kelvin，1824～1907)于 1848 年在卡诺定理的基础上引入的．用这种温标确定的温度叫绝对温度或热力学温度，用 T 表示，其单位是开尔文，简称开，用 K 表示．自 1954 年起，国际计量大会建议绝对温标采用水的三相点(triple point)温度作为其固定点温度，并规定其温度值为 273.16 K．水的三相点是指纯水、纯冰和水蒸气平衡共存的状态，实验测得此状态具有固定不变的温度 T_{tr}（见 7.2 节）．水的三相点温度比一个标准大气压下的水的冰点要高 0.01 K．

摄氏温标是人们生活中常用的温标．在摄氏温标中，一个标准大气压下水的冰点是 0 ℃，对应着绝对温标中的 273.15 K．这样，摄氏温标与绝对温标的关系为

$$T(℃) = T(\mathrm{K}) - 273.15 \tag{1.2.8}$$

注意摄氏温标和绝对温标的温度间隔是完全一样的．一个标准大气压下水的沸点被测定为 99.97 ℃．本书中 273.15 K 通常略写为 273 K，与之相联系的，室温(~27 ℃)

通常略写为 300 K.

华氏温标是部分国家采用的温标．它与摄氏温标的关系是

$$T(^\circ\mathrm{F}) = 1.8T(^\circ\mathrm{C}) + 32 \tag{1.2.9}$$

注意华氏温标的温度间隔是摄氏温标的 1.8 倍．这个公式意味着一个大气压下水的冰点是 32 °F.

图 1.2.2 中将热力学温标、摄氏温标与华氏温标进行比较．应当指出，在热力学公式中，如无特殊说明，T 指的是热力学温度，其单位是 K.

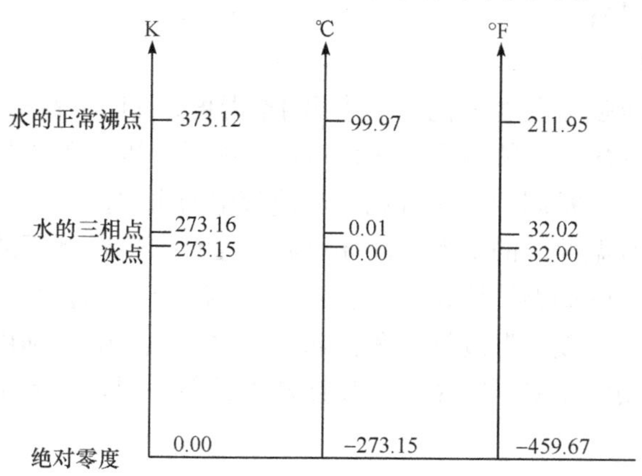

图 1.2.2　三种温标的比较

1.2.4　等容气体温度计

气体温度计是利用气体的测温性质制备的温度计．通常采用的气体是氢气、氦气等液化温度很低的气体，因其液化温度接近绝对零度，故其测量范围较广，精确度较高.

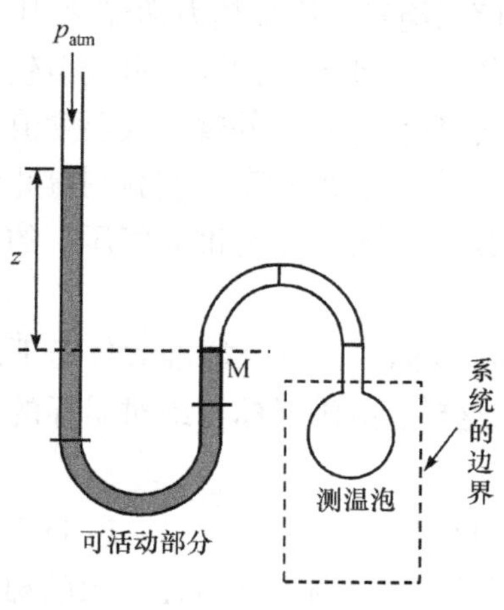

图 1.2.3　等容气体温度计

气体温度计有两种类型：等容气体温度计和等压气体温度计．等容气体温度计是使气体的体积保持恒定不变，压强随温度改变而测温．等压气体温度计是使气体的压强保持恒定不变，体积随温度改变而测温．等压气体温度计的构造比较复杂，操作也更为繁复．实际工作中，除在高温区，等容气体温度计的使用更为广泛．因此，此处仅对等容气体温度计进行具体介绍.

等容气体温度计的结构与工作原理如图 1.2.3 所示. 等容气体温度计的右端是测温泡，内储有一定质量的气体. U 形管中储有一定质量的水银，U 形管的中部是可活动的. 测温时，使测温泡与待测系统相接触，然后上下移动 U 形管的左臂，使右侧管中的水银柱平面始终与右侧标记的位置 M 持平，以保持气体的体积始终相等. 此时测温泡中气体的压强可由左右两端水银柱的高度差 z 测量出来. z 可转换为国际单位制中的压强. 当待测温度不同时，测温泡中气体的压强不同，水银柱高度差 z 也随之变化. 这样，就可由测量压强随温度的改变来确定温度.

1.2.5　理想气体温标

等容气体温度计中使用的气体若为实际气体，则测量所得的温度与实际气体的种类有关. 显然，获得一种与气体种类无关的标准温度是重要且必要的.

如图 1.2.4 所示的实验数据，我们看到，当气体压强 $p\to 0$ 时，所有气体的压强和摩尔体积的乘积 pV_m 在同一个温度下都趋于线性且趋向同一个值，与气体种类无关. 基于此实验事实，此时我们可以令 pV_m 与温度 T 成正比关系，即 $pV_m \propto T$. 因此，无论什么气体，只要其足够稀薄，采用其乘积 pV_m 用于测量温度都会获得同样的结果. 我们称这种足够稀薄的气体为**理想气体**. 实验表明，稀薄的实际气体可外推到理想气体，理想气体的性质反映了所有气体的共性，与气体的种类无关，因此可用于获得标准温度，即理想气体温度.

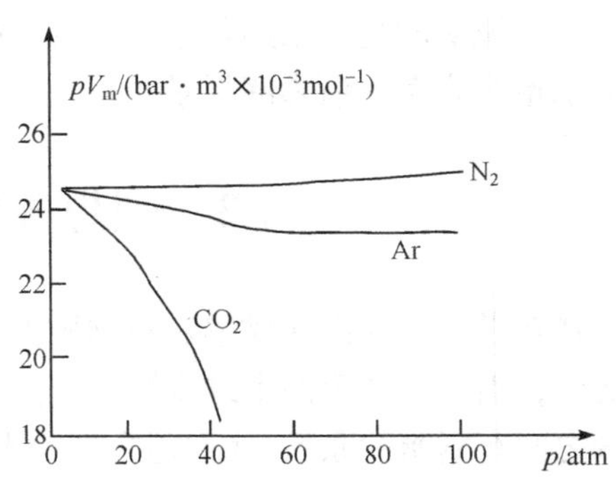

图 1.2.4　在给定温度下，几种气体的 pV_m 实验数据随压强的变化曲线，其中 V_m 为摩尔体积

由此可得，如果气体温度计中容纳的是固定摩尔数的理想气体，当此气体温度计分别测量两个系统的不同温度 T 和 T^* 时，得到如下等式：

$$\frac{T}{T^*}=\frac{pV}{p^*V^*} \tag{1.2.10}$$

对于等容气体温度计，V 与 V^* 应相等，因此得到

$$\frac{T}{T^*}=\frac{p}{p^*} \tag{1.2.11}$$

我们可选取其中一个被测系统为纯水三相共存的系统. 纯水三相共存的系统是很好的参考系统，因水的三相点具有确定的温度(见 7.2 节)，所以可作为固定

点温度．等容气体温度计与此参考系统达到热平衡时，温度计中的气体温度规定为$T^*=273.16\,\text{K}$，温度计中的气体压强测得为$p^*=p_{\text{tp}}$，则得到

$$T=273.16\frac{p}{p_{\text{tp}}} \tag{1.2.12}$$

其中的压强p是压强的绝对值．这样，待测系统的温度T即可通过测量等容气体温度计与待测系统达到热平衡之后的气体压强p获得．

基于理想气体温度计的温标，我们称为理想气体温标．理想气体温标不依赖于任何一种气体的个性，因此在实际的温度计量工作中，我们通常采用理想气体温标作为标准温标．但理想气体温标依赖于气体的共性，即气体在温标范围内可以存在,若在极低温下稀薄的实际气体发生液化,或在高温下气体变成等离子体，则理想气体温标就不再适用．

需要说明的是，采用科学定义的温标测量的温度与生活中人们感知的温度既有区别也有联系。请参阅附录。

1.3 理想气体的物态方程

在热学中，我们在描述宏观物质世界所需的质量、长度和时间这三个基本维度之外，引入了“第四个维度”——温度．在 1.2 节中我们看到，温度和其他态参量之间有紧密的联系．我们通常把给出系统的温度与做功相关的态参量(如压强p和体积V)之间的函数关系的方程称为**物态方程**．每个系统都有各自的物态方程．一般情况下的热力学系统的物态方程，特别是简单系统(如实际气体、液体、固体)的物态方程，我们将在第 7 章讲述．

本节我们遵循从简单到复杂的原则，讨论最简单的热力学系统——理想气体的物态方程．如 1.2 节所述，理想气体可由实际气体在$p\to 0$的极限情况下近似得到．我们已经看到，固定质量的理想气体的平衡态可以由如下形式的函数关系描述：

$$f(p,V,T)=0 \tag{1.3.1}$$

这个物态方程将三个态参量联系在一起，其中只有两个是独立的．本质上，物态方程来自于实验测量，是对实验结果的客观描述．

现在讨论如何通过实验测量结果来确定理想气体的物态方程．

1.3.1 玻意耳定律

实验证明，对于固定质量的气体，在温度不变时，气体的压强p与体积V的乘积是一个常量，即

$$pV = C$$

常量 C 在不同温度下有不同的数值．这个关系式称为玻意耳定律．

1662 年，爱尔兰科学家玻意耳(R. Boyle，1627～1691)在实验中首先发现了这个规律．这是人类历史上第一个被发现的实验“定律”，早于牛顿(I. Newton，1643～1727)发现的牛顿三大定律与万有引力定律．这个定律的伟大首先不是在于怎么应用，而是在于它是人类第一次以实验揭示宇宙中存在有不变的律(law)．法国物理学家马略特(E. Mariotte，1620～1684)于 1676 年也独立地发现了此定律，因此玻意耳定律也称为玻意耳-马略特定律．

1.3.2　阿伏伽德罗定律

实验证明，在相同的温度和压强下，体积相等的任何气体所含的分子数相等．换句话说，同温同压下，体积相等的任何气体的摩尔数(气体的质量与气体的分子量之比)相等．这称为阿伏伽德罗定律．它是 1811 年由意大利科学家阿伏伽德罗(A. Avogadro，1776～1856)提出，并由意大利科学家坎尼札罗(S. Cannizzaro，1826～1910)首先实验验证的．

精确的实验表明，玻意耳定律和阿伏伽德罗定律对于实际气体并不准确．不过它们的误差随着气体压强的减小而减小，在气体压强 $p\to 0$ 的极限条件下，气体是完全遵从这两个定律的．

1.3.3　理想气体的物态方程

下面我们将在气体压强趋于零的极限情形下，根据理想气体温标的定义和两个实验定律，即玻意耳定律和阿伏伽德罗定律，推导出理想气体的物态方程．

我们首先导出固定质量的理想气体的任意两个平衡态的态参量之间的关系．由于气体的平衡态由物态方程 $f(p, V, T)=0$ 描述，我们可将两个任意的平衡态标注为初态Ⅰ(p_1, V_1, T_1)和末态Ⅱ(p_2, V_2, T_2)．若要使状态Ⅰ变到状态Ⅱ，可先使气体由状态Ⅰ变化到中间态Ⅰ′(p_1', V_1, T_2)，即维持状态Ⅰ的体积 V_1 不变，使气体的温度从 T_1 变到 T_2．假定用等容气体温度计测温，根据理想气体温标的定义，气体的压强 p_1' 应为

$$p_1' = p_1\frac{T_2}{T_1}$$

然后维持气体的温度不变，而使气体的压强变为 p_2．此时气体变到末态Ⅱ(p_2, V_2, T_2)．由玻意耳定律得

$$p_1'V_1 = p_2V_2$$

将以上两式联立，求得

$$\frac{p_1V_1}{T_1}=\frac{p_2V_2}{T_2}$$

因此，固定质量的理想气体的态参量之间存在一个特殊关系，即$\frac{pV}{T}$的值是一个常量.

接下来将利用阿伏伽德罗定律确定常量的值. 根据阿伏伽德罗定律，对于具有相同的物质的量的理想气体，即使气体种类不同，常量$\frac{pV}{T}$的值是相等的. 因此，我们可用R来表示1 mol的各种理想气体的该常量的值，称其为摩尔气体常量. 实验测得，1 mol理想气体在一个标准大气压($1\ \mathrm{atm}=1.01325\times10^5\ \mathrm{Pa}$)下纯水冰点(273.15 K)的体积为$22.414\times10^{-3}\ \mathrm{m^3/mol}$. 由此可得

$$R=\frac{1.01325\times10^5\times22.414\times10^{-3}}{273.15}=8.3145\ \mathrm{J/(K\cdot mol)}$$

对于ν mol的理想气体，其对应的气体常量为νR.

因此，ν mol的**理想气体的物态方程**为

$$pV=\nu RT \tag{1.3.2}$$

我们是根据理想气体温标的定义、玻意耳定律和阿伏伽德罗定律推导出理想气体的物态方程的. 式(1.3.2)中的T是理想气体温标给出的温度. 在后续章节详细介绍热力学温标之后，我们将了解到在理想气体温标的适用范围内，理想气体温标和热力学温标是一致的. 因此，理想气体物态方程中的T也可理解为由热力学温标给出的气体温度.

我们将严格遵守理想气体物态方程的气体称为理想气体.

此即理想气体的宏观定义. 显然，理想气体必然严格遵循玻意耳定律与阿伏伽德罗定律.

1.4 解题技巧

涉及热学的科学研究和工程设计，通常需要解决大量与热学基本概念、定义和规律相关的实际问题. 因此，在学习本课程的过程中，培养适当的解题技巧、养成良好的解题习惯至关重要. 实践表明，大多数热力学分析所采用的解题步骤是相似的，归纳如下.

1. 分析

(a) 确定研究对象：根据实际情况，确定研究对象. 对于热学问题，通常需选择适当的系统、边界和外界. 如有必要，可借助简洁的图形与简明的文字将已

知条件可视化.

(b)确定目标： 列出最终想要求得的物理量及其量纲.

(c)选择模型： 根据研究对象的实际情况和欲达到的目标，确定适当的假设和近似，选择适当模型. 比如，辨别系统是孤立系统还是闭合系统，气体是否可以近似为理想气体，所涉及的过程是否等温或等压等. 有时候，一开始并不能确定什么模型是适当的. 遇到这种情况，后续的定性与半定量分析部分通常会给出适当的模型.

(d)定性与半定量分析： 描述解决问题的路径，列出相关的基本公式. 在作详细的定量演算之前，对问题进行定性和半定量思考. 因热力学分析通常涉及摩尔量级($N_A = 6.02214129\times10^{23}$个)的分子或原子，数值庞大，定性与半定量分析显得尤为重要.

2. 演算

此步骤是重要的一步，详细的定量计算都在这个部分. 它包含但不仅仅限于：应用基本规律、基本公式写出系统参量之间的关系；如果可能，作出相图(后续章节将要介绍)，标出系统初、末态以及联系初态和末态的过程路径；根据已知条件，利用参量之间的关系式，辅以图形，进行详细的数值计算，获得结果.

3. 讨论

问题解决之后，对答案的物理意义进行探讨. 讨论可使抽象的公式和数值变得形象、生动，这对于建立适当的物理图像、培养良好的物理素养是重要的一步.

下面我们运用刚刚学过的阿伏伽德罗定律与理想气体物态方程，解两道例题.

例 1.4.1　估算水分子的大小.

解

1. 分析

(a)确定研究对象：水分子.

(b)确定目标：求水分子的大小(直径 d)，量纲为米.

(c)确定模型：为计算简便，可将水分子在空间占有的体积假设为立方体. 不同形状会给出略微不同的答案，但量级应相同，这对于“估算”已经足够了.

(d)定性与半定量分析：可通过 1 mol 的水分子的质量 M_{mol} 除以水的密度 ρ 求得 1 mol 水分子的体积 V_m，进一步得到单个水分子的直径 d.

2. 演算

1 mol 水分子的体积

$$V_m = M_{mol} / \rho$$

单个水分子的直径为

$$d = \sqrt[3]{V_m / N_A}$$
$$= \left[18.0 \times 10^{-3} / (1.0 \times 10^3 \times 6.0 \times 10^{23})\right]^{1/3} \approx 3 \times 10^{-10}(\text{m})$$

因是估算，量级最重要，故数值答案取一位有效数字.

3. 讨论

这样小的量级，究竟是多大呢？我们可将水分子拿来和地球作比较. 地球平均直径为 $2 \times 6400\ \text{km} \approx 12 \times 10^6\ \text{m}$，约为水分子的 4×10^{16} 倍. 这样大的比例，依然不够形象. 在这种情况下，求**几何平均数**(geometric mean)是常用的方法. 因此，求得

$$(\text{水分子直径} \times \text{地球直径})^{1/2} = 6\ \text{cm}$$

约为一个苹果的直径，即

$$\frac{\text{水分子直径}}{\text{苹果直径}} = \frac{\text{苹果直径}}{\text{地球直径}}$$

这意味着，苹果相对于它上面的一个水分子的大小比例，和地球相对于它上面的一个苹果的大小比例相同，如图 1.4.1 所示. 可见水分子有多小！

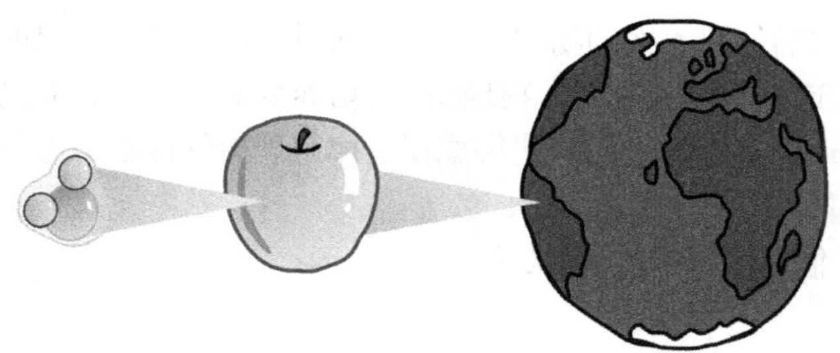

图 1.4.1 水分子、苹果和地球

例 1.4.2 人深呼吸呼出一口气中包含的分子数是多少？

解

1. 分析

每个人呼吸时呼出一口气的体积都是不一样的，此题应考虑每个人呼吸量的平均值. 要求的答案是这口气中的分子数，无量纲. 经验表明，常温常压下，实际气体可被近似当成理想气体，故此题可应用理想气体物态方程. 考虑人们

生活的地球表面的大气压强和温度近似为标准状态,以及平均呼吸量,求得答案.

2. 演算

标准状态下 1 m^3 中含有的分子数(即**洛施密特数**)为

$$n_0 = \frac{N_A}{22.4\times10^{-3}\,m^3} = 2.7\times10^{25}\ m^{-3}$$

成年人的呼吸量通常在 300～600 mL，取平均值为 500 mL，则一口气中包含的分子数为

$$N_1 = n_0 \times 500\times10^{-6} \approx 1\times10^{22}$$

这是一个巨大的数值.

3. 讨论

(1) 海平面附近一个成年人呼吸约 60 次呼出的分子数为 6×10^{23} 个,即 1 mol.

(2) 地球大气里的分子总数为 N_{atm}，可以通过考虑地球表面大气压 p_0 来自于大气分子总重力，地球平均半径 R_E 约为 6400 km 以及大气平均分子量 M_{mol} 约为 29 g/mol，求得

$$N_{atm} = \frac{4\pi R_E^2\times p_0}{M_{mol}g}\times N_A = \frac{4\pi(6.4\times10^6)^2\times1.0\times10^5}{29\times10^{-3}\times10}\times6.0\times10^{23} \approx 1\times10^{44}$$

N_1 恰好为 1 和 N_{atm} 的几何平均数，这意味着

$$\frac{一个分子}{一口气中的分子数} = \frac{一口气中的分子数}{地球大气总分子数}$$

如果人类的某位先祖在临终前长呼出一口气，经过数千乃至数万年后，这口气中包含的分子平均分布在整个大气中，那我们现在深呼吸的每一口气都含有这位先祖呼出的一个分子.

思　考　题

1.1　什么叫平衡态？它与力学中所说的平衡有什么不同？

1.2　气体处于平衡态时有什么特点？

1.3　温度的概念在系统处于非平衡态时是否适用？为什么？

1.4　建立温标时我们是否可以规定，热的物体有较低的温度，冷的物体有较高的温度？为什么？

1.5　一金属杆一端置于沸水中，另一端和冰接触，当沸水和冰的温度维持不变时，经过一段时间后金属杆上各点的温度将不随时间而变化. 试问此时金属杆是否处于平衡态？为什么？

1.6　节日里放飞的彩色氢气球缓慢升至高空，它们最后的结局会怎样？

习　题

1.1　定容气体温度计的测温泡浸在水的三相点槽内时，其中气体的压强为 30 mmHg，若温度计中气体的压强为 27.46 mmHg，其对应的温度为多少？

1.2　用气体温度计测量某些金属的电阻随温度的变化关系，可近似地表示为

$$R = R_0\left[1 + \beta(T - T_0)\right]$$

式中，β 是随金属而异的常量，R_0 是温度为 T_0 时金属的电阻.

(1)若某金属 0 ℃ 时电阻为 100 Ω，在 50 ℃ 时的电阻为 120 Ω，求 β 的值；

(2)在 30 ℃ 时，该金属的电阻为多少？

(3)该金属电阻为 300 Ω时，温度为多少？

1.3　若规定摄氏度温度 T 随测温属性 X 作线性变化，即

$$T = aX + b$$

并规定冰点的 $T = 0$ ℃，沸点的 $T = 100$ ℃．若 X 表示液柱的长度，且冰点时 $X_\mathrm{i} = 0$，沸点时 $X_\mathrm{b} = 13.6\ \mathrm{cm}$．

(1)求 X 为 6.8 cm 时的温度；

(2)求温度为 30 ℃ 时所对应的液柱长度.

1.4　有一个按摄氏温标刻度的定容气体温度计，其中气体的压强在冰点和沸点时分别为 0.300 atm 和 0.410 atm．试求：

(1)当待测温度为 –50 ℃ 时，温度计中气体的压强为多少？

(2)若用此温度计测量锌的凝固点，温度计中气体的压强为 0.7615 atm，锌的凝固点温度为多少？

1.5　冬天，房间里生起火炉之后，温度从 12 ℃升至 27 ℃．请计算房间里的空气分子的总量减少了百分之几？

1.6　空气是多种气体的混合物，它主要由氮、氧、稀有气体、二氧化碳、水和杂质等组成．按重量计，氮的含量为 76%，氧为 23%，氩约为 1%(其他组分含量很少，可以忽略不计)，试计算空气的平均摩尔质量.

1.7　如图所示，两个容器的容积相等，分别储有质量相等的氮气和氧气．若将它们用光滑细管相连通，管子中置有一小滴水银，两边的温度之差为 40 K．求当水银滴在正中不动时，氮气和氧气的温度各为多少？

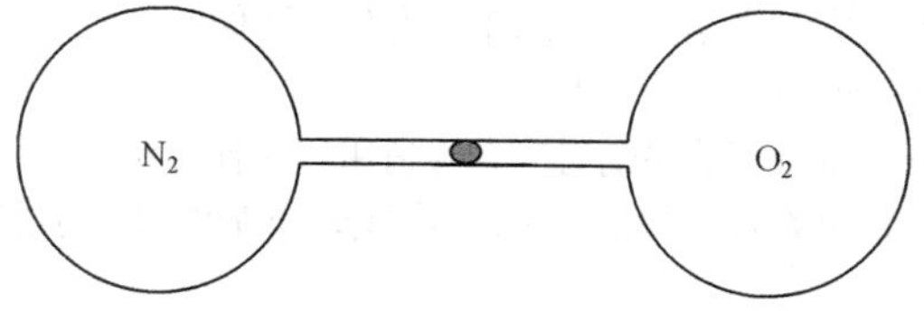

习题 1.7 图

1.8　压强为 3.69 atm，温度为 300 K 的 3 mol 理想气体，试求：

(1) 它所占的体积；

(2) 在温度保持不变的情况下，若体积减少了 4 L，压强相应改变了多少？

(3) 在压强保持不变的情况下，若体积减少了 4 L，温度相应改变了多少？

1.9　用一打气筒给自行车内胎打气. 每次可打进空气 $4\times10^{-4}\ \mathrm{m}^3$. 要使车胎在 318 K 时与地面的接触面积为 $2.00\times10^{-4}\ \mathrm{m}^2$，问需打气几次？已知车轮的负荷为 50.0 kg，内胎容积为 $1.6\times10^{-3}\ \mathrm{m}^3$，空气温度为 270 K，气压为 $1.01\times10^5\ \mathrm{Pa}$. 设胎内原来无气，外胎可看成是柔软的.

1.10　两个容积各为 $10^{-3}\ \mathrm{m}^3$ 和 $10^{-4}\ \mathrm{m}^3$ 的气体容器以细长的管子相连，其中储有空气. 整个容器置于冰水槽中，这时空气压强为 $1.34\times10^5\ \mathrm{Pa}$. 如令小容器伸出冰水槽而浸入沸水中，那么，当小容器的温度升到 373 K 时，有多少空气流出？答案用此空气在标准状态 ($1.013\times10^5\ \mathrm{Pa}$，273 K) 下的体积表示.

第 2 章 热力学第一定律

热力学第一定律即涉及热现象的能量守恒与转化定律．这一定律的正确性是建立在长期生产实践与大量科学实验的基础之上的．自 19 世纪中期此定律被确立以来，迄今为止人们没有发现与它相违背的事实．本章将介绍热力学第一定律及与之相关的基本概念和规律．

2.1 功

在力学中，若物体在外力作用下发生位移，则外力对物体做机械功，力的元功等于力 f 与沿力方向上的位移 $\mathrm{d}x$ 的乘积，即 $đW = f\mathrm{d}x$ ．类似地，在热学中，若热力学系统在准静态过程中体积发生了有限的改变，外界也会对系统做功．例如，我们考察一个气缸-活塞系统中的密闭气体，活塞的面积为 A_p ，如图 2.1.1 所示．如第 1 章所述，气体处于平衡态时，外界压强必须与气体压强相等，我们用 p 表示这个压强．当在外界压强 p 作用下，活塞在准静态过程中发生位移 $\mathrm{d}x$ 时，气体体积的变化为 $\mathrm{d}V = -A_p\mathrm{d}x$ ，则**外界对气体所做的元功**为

$$đW = pA_p\mathrm{d}x = -p\mathrm{d}V \tag{2.1.1}$$

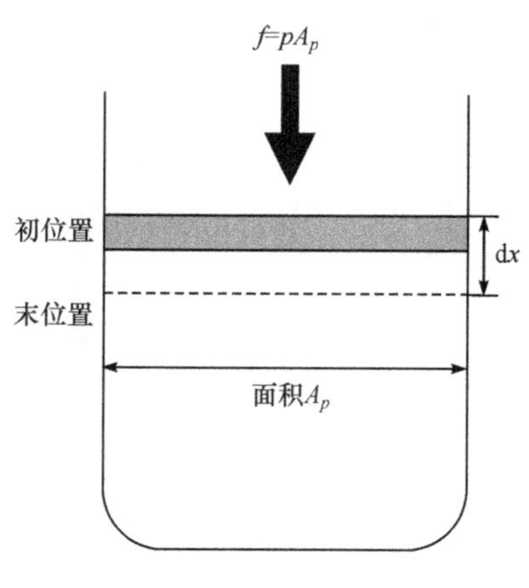

图 2.1.1 气缸-活塞系统

由于 p 是正值，所以如果 $\mathrm{d}V > 0$ ，系统体积膨胀，则外界对系统做负功；如果 $\mathrm{d}V < 0$ ，系统体积缩小，则外界对系统做正功．

外界对系统所做总功 W 等于式(2.1.1)的积分．若系统经历一个准静态过程，体积由 V_1 变为 V_2 ，则

$$W = \int đW = -\int_{V_1}^{V_2} p\mathrm{d}V \tag{2.1.2}$$

计算上式积分时需要知道整个准静态过程中压强对体积的依赖关系．

上面的讨论仅限于准静态过程中的功．在非准静态过程中，由于系统所经历的非平衡态

复杂多变，一般情况下不能得到整个过程中压强对体积的依赖关系，式(2.1.2)不再适用．但有两个特殊的过程例外．一个是等体过程．在等体过程中，不论系统内部发生怎样剧烈快速的变化，其体积在整个过程中是不变的，因此$W=0$．另一个是等压过程．在等压过程中，外界压强p始终维持恒定，若系统体积变化为ΔV，则外界所做的功为$W=-p\Delta V$．

下面以理想气体为例，说明怎样计算准静态过程中外界对系统所做的功．假设理想气体经历的准静态过程为等温过程，即温度T在整个过程中维持恒定．此等温过程可在p-V相图(简称p-V图)中表示为一条曲线，称为等温线．根据理想气体物态方程易知，等温线是双曲线的一支，如图 2.1.2 所示．

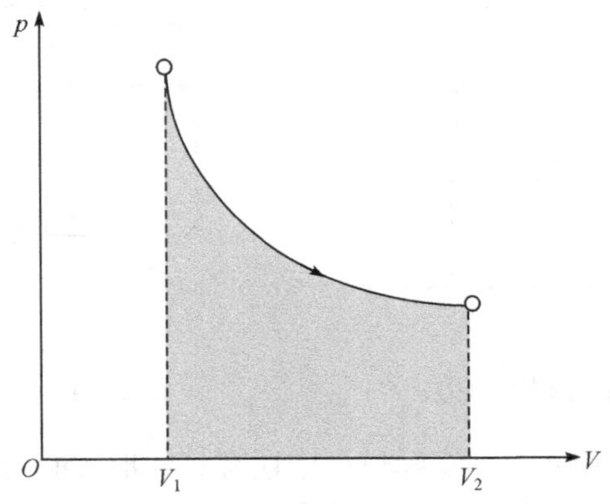

图 2.1.2　等温过程中的功

若经过等温过程，理想气体的体积从V_1变化到V_2，则

$$W=-\int_{V_1}^{V_2}p\mathrm{d}V=-\nu RT\int_{V_1}^{V_2}\frac{\mathrm{d}V}{V}=\nu RT\ln\frac{V_1}{V_2} \tag{2.1.3}$$

根据积分的几何意义不难得到，功的大小正好等于p-V图中过程曲线下的面积．如果$V_2<V_1$，气体被压缩，则外界对理想气体做正功，也可表述为理想气体对外界做负功．如果$V_2>V_1$，气体膨胀，则外界对理想气体做负功，也可表述为理想气体对外界做正功．

需要强调，**功是过程量**，不是状态量，不是系统的态函数．相应地，无穷小过程中的元功也只是无穷小量，而不是完整微分．所以我们在$\text{đ}W$的符号d上加一横，以示区分．功由系统经历的具体过程所决定．由图 2.1.3 可以看出，系统历经不同的过程曲线 A 和 B，从同样的初态到达同样的末态，体积变化完全相同，但两个过程对应的曲线下面积不同，故外界对系统所做的功$W=\int\text{đ}W=-\int_{V_1}^{V_2}p\mathrm{d}V$也不同．

功的概念还可以拓展到其他领域，例如一段阻值为 R 的电阻丝两端加有 $\mathscr{E}$ 的电势差，有电流 $I=\mathscr{E}/R$ 在其中通过，如图 2.1.4 所示．在 $\mathrm{d}t$ 的时间内，被搬运的电荷量为 $\mathrm{d}q=I\mathrm{d}t$．因此，在此过程中电源电动势所做的电功为

$$đW=\mathscr{E}\mathrm{d}q=I^2R\mathrm{d}t$$

此即电磁学的**焦耳第一定律**．

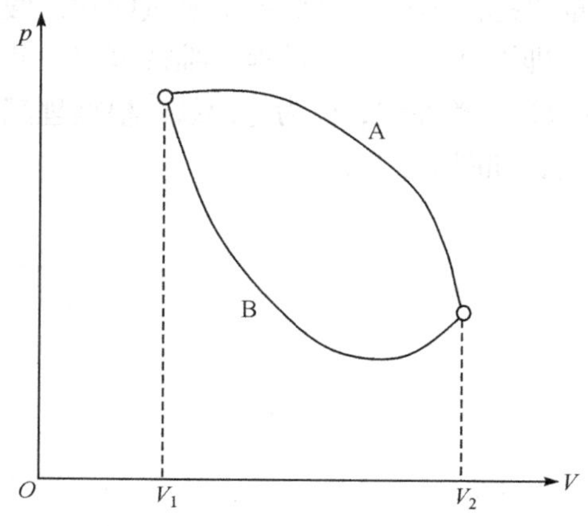

图 2.1.3　准静态过程中的功

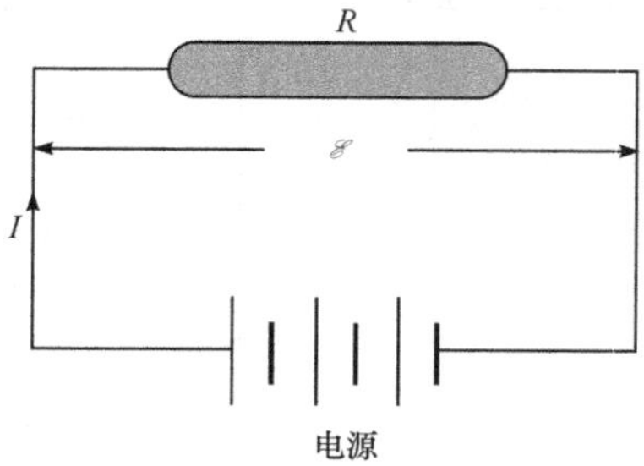

图 2.1.4　电源对电阻 R 做功

除了上面讨论的功之外，实际过程中还有其他形式的功．为此，我们引入广义功的概念．在准静态过程中，若系统在广义力 y 作用下发生广义位移 $\mathrm{d}X$，则广义的元功为

$$đW=y\mathrm{d}X \tag{2.1.4}$$

通常广义力为强度量，广义位移为广延量．若系统包含 n 个不同种类的广义力与广义位移，则准静态过程中的元功可写作

$$đW=\sum_{i=1}^{n}y_i\mathrm{d}X_i \tag{2.1.5}$$

常见的广义功的例子(表 2.1.1)有：

(1)液体的表面可看作一个系统，描述表面系统的状态参量是表面张力系数 α 和表面积 A. α 相当于气体的 p，但 α 代表单位长度上的表面收缩力，而 p 代表单位面积上的扩张力，二者方向不同．A 相当于气体的 V．若液面的表面积在准静态过程中变化了 $\mathrm{d}A$，则外界做的广义元功为 $đW=\alpha\mathrm{d}A$．

(2)在电解电池(铅蓄电池)中，功是电源电动势 $\mathscr{E}$ 和由于化学反应而传输的电荷量值 $\mathrm{d}q$ 的乘积，即 $đW=\mathscr{E}\mathrm{d}q$．

(3)将磁介质放入外磁场中，磁力要做功．例如，将磁介质放入密绕直螺线管中(管内有均匀的磁场 $\boldsymbol{B}$)，元功为 $đW=B\mathrm{d}M$，其中 $\mathrm{d}M$ 是介质磁化强度的增量．

(4) 将电介质放入平行板电容器的两板之间(板间有均匀的电场 $\boldsymbol{E}$)，电介质电极化强度的增量为 $\mathrm{d}P$，则功为 $đW = E\mathrm{d}P$．

表 2.1.1　广义功*的例子

系统	广义力	广义坐标	元功 $đW$
气体、液体或固体	p (压强)	V (体积)	$-p\mathrm{d}V$
液体表面	α (表面张力系数)	A (表面积)	$\alpha\mathrm{d}A$
电解电池	$\mathscr{E}$ (电源电动势)	q (电荷量)	$\mathscr{E}\mathrm{d}q$
磁介质	B (磁场)	M (磁化强度)	$B\mathrm{d}M$
电介质	E (电场)	P (电极化强度)	$E\mathrm{d}P$

*在以后的章节中，为叙述简便，广义功一律称为功．

2.2　热 功 当 量

2.1 节讲到的做功是系统与外界之间相互作用的一种基本方式，外界对系统做功会使系统的宏观状态发生变化．系统与外界之间相互作用的另一种基本方式是热传递(1.2.1 节)，在热传递过程中系统的宏观状态也会发生变化．热传递，简称传热，包括热传导、热对流与热辐射等方式．例如，考虑盛装在玻璃容器中的水，如图 2.2.1 所示．我们可以采用不同的方法使水的温度升高：(a) 给电阻丝通电做功；(b) 火焰将热传递给水．后者完全没有涉及对系统做功．事实上，**做功和传热是仅有的两种改变闭合系统宏观状态的基本方式**．

对于热传递现象，人们很早就引入了**热量**(heat) 的概念，认为在此过程中有热量(简称热)从高温物体传递给低温物体．然而，热的本质是什么？这是历史上有过长期争议的问题．17 世纪的科学家们，如玻意耳和牛顿等，认为热的本质是物体内部微粒的机械运动．然而随着化学等学科的建立与发展，18 世纪的学者们，如法国化学家拉瓦锡 (A. L. Lavoisier，1743～1794) 和英国化学家普利斯特里 (J. Priestley，1733～1804) 等，宣称“热质说”是正确的．热质说认为，热的本质是一种无质量的气体，称为“热质”——它无法被创生或消灭，总量守恒，可由高温物体流向低温物体，物体吸收热质后温度会升高．因热质说

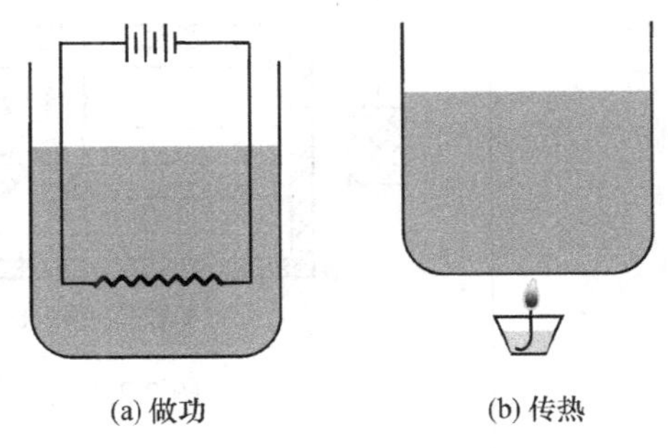

图 2.2.1　使水升温的两种方法

可解释部分热现象，如热咖啡在室温下冷却等，直到 19 世纪末热质说才在科学文献中消失．目前生活中常用的热量单位卡路里 (Calorie) 即源自热质 (caloric) 这个词．

1798 年，英国科学家汤普森，即伦福德伯爵 (B. Thompson，Count Rumford，1753～1814)，首先对热质守恒提出质疑．他在德国慕尼黑一家兵工厂观察到，炮管在镗孔过程中会因摩擦而产生热．尽管炮管本身没有发生变化，但摩擦所生的热却几乎是无穷无尽的．这说明热质不可能守恒．然而，他并未进一步对摩擦过程中的功和热的值进行定量测量．汤普森的发现引起了英国科学家戴维 (H. Davy，1778～1829) 的兴趣，随之进行相关研究．1799 年，戴维设计了一个实验，在与外界隔绝的真空容器中使两块冰摩擦变成热容更大的水，由此导出热质不存在的结论．

1840～1879 年，英国物理学家焦耳 (J. P. Joule，1818～1889) 以大量的精确定量实验否定了热质的存在．焦耳精心设计并反复进行了各种实验，研究各种**绝热过程** (adiabatic process) 中系统因外界对其做功而升温的现象．所谓**绝热过程，即系统和外界没有热量交换的过程**．他发现，只要系统升高相同的温度，即使绝热过程并不相同，所需的功在实验误差范围内必定是相同的．

图 2.2.2 中所示是焦耳的两个著名实验．两个实验中的系统均与外界绝热．图 2.2.2(a) 中，叶片与水构成系统，重物下落做功，带动叶片转动并与水摩擦生热使水温升高．图 2.2.2(b) 中，电阻器与水构成系统，通过电源对系统做电功使水升温．实验结果发现，在实验误差范围内，使水温升高相同的温度所需的机械功和电功的测量值相同．焦耳由此定量求得了功和热相互转化的数值关系，即**热功当量** (mechanical equivalent of heat)．焦耳测得的热功当量值为 4.159 J / cal，接近 20 世纪初确定的标准值 4.1868 J / cal．

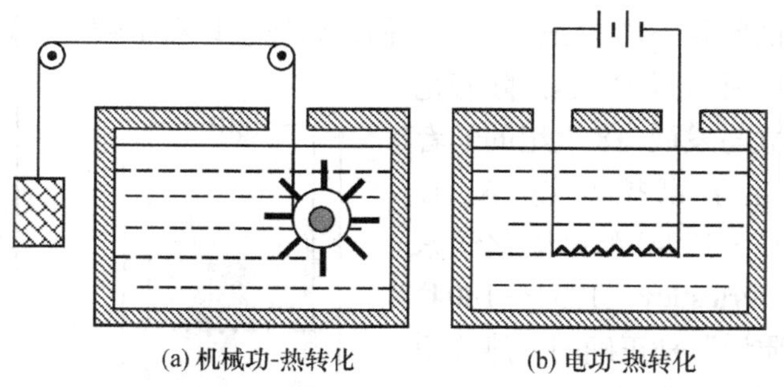

(a) 机械功-热转化　　(b) 电功-热转化

图 2.2.2　焦耳的热功当量实验

焦耳的热功当量实验以确凿的证据揭示：**热的本质是某种形式的能量．热传递如同做功一样，是能量转移的过程**，而非“热质”迁移的过程．

2.3　热力学第一定律

2.3.1　内能

焦耳的大量精确实验表明：系统经历绝热过程(包括非准静态的绝热过程)从初态变到末态，在此过程中外界对系统所做的功仅取决于系统的初态和末态，而与绝热过程的具体种类无关. 简言之，**绝热功与过程无关，只与系统的初态和末态有关**.

因此，对于绝热过程，必定存在一个状态函数U，系统的末态 2 和初态 1 的状态函数之差(U_2-U_1)等于绝热过程中外界对系统所做的绝热功W_S，即

$$U_2-U_1=W_S \tag{2.3.1}$$

下标S代表绝热过程. 态函数U的量纲与功相同，称为**内能**. 显然，态函数U是状态量. 在国际单位制(SI)中，内能的单位是J(焦耳).

定义式(2.3.1)表明：

外界在绝热过程中对系统所做的功完全转化为系统的内能.

另一种表述为,系统在绝热过程中以减小自身的内能为代价实现对外做功.注意式(2.3.1)只给出了两态内能之差，内能函数中还可以有一个任意的相加常量，其数值的选择随具体情况而定.

内能函数与势能函数是绝佳的类比. 保守力(如重力)做功也与过程无关，而只与系统的初态和末态有关,此种情况下也必定存在一个状态函数——势能(如重力势能),初态与末态的势能之差等于保守力的功. 势能函数中也有一个任意的相加常量，其数值随参考点的选择而不同.

在第 5 章中，我们将从微观的角度阐释内能：它是系统内部所有分子做无规则运动的动能、分子间相互作用的势能和分子内部运动能量的总和；根据系统的具体情况，它可以包括或不包括分子在外场中的势能.

2.3.2　热量

我们在绝热过程中引入了态函数内能的定义. 现在我们讨论非绝热过程，即系统和外界有热量交换的过程. 若系统经历非绝热过程从初态变到末态，其末态与初态的内能改变量(U_2-U_1)必定不等于过程中外界对系统所做的功W,二者之差即为在过程中系统和外界交换的**热量**：

$$Q=(U_2-U_1)-W \tag{2.3.2}$$

若$Q>0$，则系统从外界吸收热量；若$Q<0$，则系统对外界释放热量. 此即热量

的定义式. 此定义显然可扩展到绝热过程, 因绝热过程中 $Q=0$, $U_2-U_1=W_S$, 满足式(2.3.1). 在国际单位制中, 热量的单位与功相同, 也是J(焦耳).

定义式(2.3.2)也可表述为:

当外界对系统做功为零时, 系统吸收的热量即为系统内能的改变量.

热量不是系统的性质, 故热量不是状态量. 与功一样, **热量是过程量**, 与系统经历的具体过程密切相关.

2.3.3　热力学第一定律

我们可以把式(2.3.2)中的状态量和过程量分列在等式两端, 写成如下形式:

$$U_2-U_1=W+Q \tag{2.3.3}$$

此即**热力学第一定律**(the first law of thermodynamics)的数学表达式, 可表述为:

经历任意过程后, 系统内能的改变量等于过程中外界对系统做的功与系统从外界吸收的热量之和.

热力学第一定律表明, 做功和传热是改变系统内能的两种基本方式.

因内能是状态量,当系统的初态和末态确定之后,内能的改变量即为确定值, 与系统从初态过渡到末态所经历的过程无关. 而功和热量是过程量, 它们是在过程中转移的能量, 与过程相关. 特别地, 若系统经历一个任意循环过程回到最初的状态, 内能的改变量为零, 即 $\oint \mathrm{d}U=0$, 则 $W+Q=0$. 因此, 根据热力学第一定律, 在任意循环过程中, 外界对系统所做的功等于系统对外界释放的热量, 或者系统对外界所做的功等于系统从外界吸收的热量.

上面讨论的是有限的过程. 若系统经历一个无穷小的过程, 内能的变化为 $\mathrm{d}U$, 外界对系统所做的功为 $đW$, 系统从外界吸收的热量为 $đQ$, 则

$$\mathrm{d}U=đW+đQ \tag{2.3.4}$$

式(2.3.4)即**热力学第一定律的微分式**, 它与式(2.3.3)在本质上并无不同. 正如在2.1节中强调过的一样, 功和热量都不是态函数, 在无穷小的过程中 $đW$ 和 $đQ$ 只是无穷小量而不是完整微分, 故在d上加横线记为 $đW$ 和 $đQ$.

需要强调,式(2.3.3)和式(2.3.4)的适用条件为:系统的初态和末态为平衡态, 但过程的中间状态无须是平衡态, 即两式既适用于准静态过程, 也适用于非准静态过程.

如果一个热力学系统没有达到平衡态,但可分为 n 个处于局域平衡的小部分, 且各部分之间的相互作用很小, 则整个系统的内能是各部分内能之和, 即

$$U=\sum_{i=1}^{n}U_i$$

因此，虽然此系统整体未达到平衡态，但仍然具有内能，式(2.3.3)和式(2.3.4)仍然适用.

热力学第一定律就是涉及热现象的能量守恒与转化定律．在能量守恒与转化定律确立的过程中，一系列光辉的名字，如埃瓦特(P. Ewart，1767～1842)、柯尔丁(L. Colding，1815～1888)、赫斯(G. H. Hess，1802～1850)、卡诺、迈耶(J. R. Mayer，1814～1878)、亥姆霍兹(H. von Helmholtz，1821～1894)、焦耳、纽可门(T. Newcomen，1663～1729)、法拉第(M. Faraday，1791～1867)、奥斯特(H. C. Oersted，1777～1851)与塞贝克(T. J. Seebeck，1770～1831)等，分别在理论或实验上做出了卓越贡献，最终确认机械能、电磁能、内能等能量形式之间可以相互转化，且总量守恒．迄今为止的实践证明，此定律适用于一切宏观与微观系统，一切过程，一切形式的能量．能量守恒与转化定律的表述是：自然界一切物质都具有能量，能量有各种不同的形式，可以从一种形式转化为另一种形式，从一个物体转移到另一个物体，但能量的总量守恒.

热力学第一定律常通俗地表述为：

第一类永动机是不可能造成的.

所谓第一类永动机(perpetual motion machine)，就是能不断对外做功而又不消耗任何形式的能量或消耗较少能量却能输出更多功的机器．永动机是古往今来无数人梦想中的完美机器，然而迄今为止从未有人制造出来、也无人见过．与相对论的前提“光速不变”一样，“永动机是不可能造成的”是无可辩驳的实验事实，是一切相关理论推导和演绎的前提，而非结果．事实上，爱因斯坦就是受到热力学理论建立于“永动机不可能造成”的实验事实之上因而具有最广泛的普适性的启发，从而在“光速不变”的实验事实基础上创立了狭义相对论①.

2.4　热容、内能和焓

2.4.1　热容、比热与摩尔热容

若在一个热力学过程中，当系统的温度升高ΔT时，系统从外界吸收热量为ΔQ，则定义系统的**热容**为

$$C=\lim_{\Delta T\to 0}\left(\frac{\Delta Q}{\Delta T}\right)=\frac{đQ}{\mathrm{d}T} \tag{2.4.1}$$

① J. E. J. Schmitz. The Second Law of Life, Energy, Technology and the Future of Earth as We Know It, New York: William Andrew Publishing, 2007.

系统从外界吸收热量的多少与系统质量 m 或摩尔数 ν 成正比，由此可定义比热与摩尔热容.

定义系统的**比热**为

$$c=\frac{C}{m}=\frac{1}{m}\frac{đQ}{\mathrm{d}T}==\frac{đq}{\mathrm{d}T}$$

表示 1 kg 物质温度升高 1 K 从外界吸收的热量,其中 q 表示 1 kg 物质吸收的热量.

定义系统的**摩尔热容**为

$$C_{\mathrm{m}}=\frac{C}{\nu}=\frac{1}{\nu}\frac{đQ}{\mathrm{d}T}=\frac{đQ_{\mathrm{m}}}{\mathrm{d}T}$$

表示 1 mol 物质温度升高 1 K 从外界吸收的热量，其中 Q_{m} 表示 1 mol 物质吸收的热量.

由于热量与系统经历的过程有关，所以即使是同一个系统，温度改变相同的量值，其吸收(或释放)的热量也是不尽相同的，即对于不同的过程，热容可能有不同的值. 实践中最常用的是等体过程和等压过程中的热容，分别称为等体热容和等压热容，即

$$\begin{cases} C_V=\left(\dfrac{đQ}{\mathrm{d}T}\right)_V, \quad C_p=\left(\dfrac{đQ}{\mathrm{d}T}\right)_p \\ c_V=\left(\dfrac{đq}{\mathrm{d}T}\right)_V, \quad c_p=\left(\dfrac{đq}{\mathrm{d}T}\right)_p \\ C_{V,\mathrm{m}}=\left(\dfrac{đQ_{\mathrm{m}}}{\mathrm{d}T}\right)_V, \quad C_{p,\mathrm{m}}=\left(\dfrac{đQ_{\mathrm{m}}}{\mathrm{d}T}\right)_p \end{cases} \tag{2.4.2}$$

其中，C_V 、c_V 和 $C_{V,\mathrm{m}}$ 分别是等体热容、等体比热和等体摩尔热容；C_p 、c_p 和 $C_{p,\mathrm{m}}$ 分别是等压热容、等压比热和等压摩尔热容.

一般情况下，热容是温度的函数，但在一定的温度范围之内可以被近似看成常量. 如图 2.4.1 所示，金属铜在 1 个标准大气压下的等体摩尔热容 $C_{V,\mathrm{m}}$ 和等压摩尔热容 $C_{p,\mathrm{m}}$ 随温度而变化. 在低温区，$C_{p,\mathrm{m}}\approx C_{V,\mathrm{m}}$ ，并且在温度趋近于 0 时两者的值均趋近于 0；在室温附近，两者的差别不是很大；在高温区，$C_{V,\mathrm{m}}$ 趋于一个稳定值 $25\ \mathrm{J\cdot mol^{-1}\cdot K^{-1}}(=3R)$，而 $C_{p,\mathrm{m}}$ 缓慢增加.

2.4.2　等体热容与内能

若一个固定质量的系统可由态参量 p ，V ，T (其中两个是独立参量)描述，且此系统经历一个无穷小的准静态过程，则由热力学第一定律可知

$$\mathrm{d}U=đQ-p\mathrm{d}V \tag{2.4.3}$$

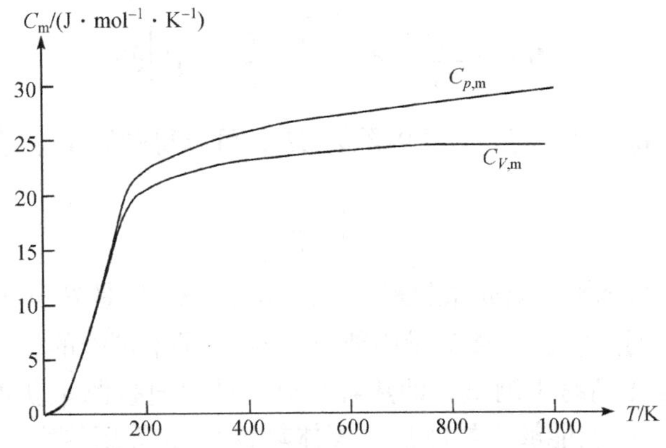

图 2.4.1　铜的 $C_{V,m}$ 和 $C_{p,m}$ 随温度 T 的变化曲线(1 个标准大气压下)

由于内能 U 是态函数，且 $U=U(V,T)$，于是对于内能 U 有

$$dU=\left(\frac{\partial U}{\partial V}\right)_T dV+\left(\frac{\partial U}{\partial T}\right)_V dT$$

代入式(2.4.3)，得

$$đQ=\left(\frac{\partial U}{\partial T}\right)_V dT+\left[\left(\frac{\partial U}{\partial V}\right)_T+p\right]dV \tag{2.4.4}$$

在等体过程中，$dV=0$，将式(2.4.4)除以 dT，可以得到等体热容 C_V 为

$$C_V=\left(\frac{đQ}{dT}\right)_V=\left(\frac{\partial U}{\partial T}\right)_V \tag{2.4.5}$$

上式将等体热容与内能联系起来．一般而言，C_V 仍是 V 和 T 的函数．

2.4.3　定压热容与焓

对于固定质量的系统，焓定义为

$$H=U+pV \tag{2.4.6}$$

由于焓也是系统状态的函数，即态函数，用类似于内能的分析方法，可得

$$dH=\left(\frac{\partial H}{\partial p}\right)_T dp+\left(\frac{\partial H}{\partial T}\right)_p dT \tag{2.4.7}$$

将式(2.4.6)作微分可得

$$dH=dU+pdV+Vdp$$

将上式代入热力学第一定律 $đQ=dU+pdV$，得

$$đQ=dH-Vdp \tag{2.4.8}$$

然后再将式(2.4.7)代入式(2.4.8)，整理可得

$$đQ = \left(\frac{\partial H}{\partial T}\right)_p \mathrm{d}T + \left[\left(\frac{\partial H}{\partial p}\right)_T - V\right]\mathrm{d}p \tag{2.4.9}$$

在等压过程中，$\mathrm{d}p = 0$，将式(2.4.9)除以 $\mathrm{d}T$，可以得到等压热容 C_p 为

$$C_p = \left(\frac{\partial H}{\partial T}\right)_p \tag{2.4.10}$$

上式将等压热容与态函数焓联系起来．一般而言，C_p 仍是 T 和 p 的函数．

一般而言，通过实验直接测量内能 U 和焓 H 是不可能的，但特定过程中的热量和温度的变化则易于测量，即热容是可以通过直接测量获得的．式(2.4.5)和式(2.4.10)将实验上能够直接测量的等体热容 C_V 和等压热容 C_p 与不能直接测量的内能 U 和焓 H 联系起来，对于理论和实验都具有重要的意义．

2.5　气体的内能、焦耳实验和焦耳-汤姆孙实验

我们通常认为，固定质量的气体的任一态函数可由态参量 p，V，T 描述，其中两个态参量是独立的．例如，我们若选择 V，T 为独立参量，则气体的内能 U 可表达为 $U(V,T)$．然而，事实是否如此呢？下面我们讨论两个经典的实验．

2.5.1　焦耳实验

1845 年，焦耳用自由膨胀实验研究了气体的内能．如图 2.5.1 所示，实验装置是一个浸在水中、由阀门隔开的连通器，A 侧充气，B 侧真空．打开阀门前，气体、连通器与水处于热平衡．打开阀门后，气体向真空做自由膨胀．焦耳通过测量过程前后的水温之差判断气体的温度是否发生变化．实验结果显示水温不变，焦耳即判断气体和水没有发生热量交换，由此推断，气体在膨胀前后温度没有改变，气体经历的是绝热自由膨胀过程．

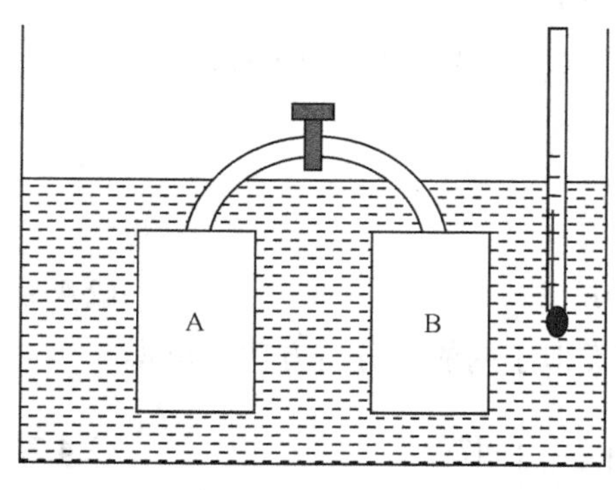

图 2.5.1　焦耳实验

下面我们对焦耳实验进行分析．选取独立变量 T 和 V，则气体的态函数内能 $U = U(T,V)$ 的增量可写为

$$\Delta U = \left(\frac{\partial U}{\partial V}\right)_T \Delta V + \left(\frac{\partial U}{\partial T}\right)_V \Delta T \tag{2.5.1}$$

气体向真空膨胀，不受外界阻力，故气体不对外做功，$W = 0$；水温不变，说明气

体与外界的水没有热量交换，故$Q=0$；由此根据热力学第一定律，推出气体内能的变化量$\Delta U=0$．气体经历膨胀过程，$\Delta V\neq 0$；实验中测得$\Delta T=0$．因此，可得

$$\left(\frac{\partial U}{\partial V}\right)_T=0 \tag{2.5.2}$$

即气体的内能只是温度的函数而与体积无关．

然而，由于水的热容远大于气体的热容，故焦耳实验中气体的温度变化是很难测量出来的．因此，焦耳的实验结果并不完全正确．更精确的实验结果表明，实际气体的内能是与体积有关的；但当压强趋近于零时，实际气体可近似为理想气体，此时式(2.5.2)是正确的，即**对于固定质量的理想气体，其内能只决定于温度而与体积或压强无关，即$\boldsymbol{U=U(T)}$**．此即为**焦耳第二定律**．

因此，理想气体除严格遵循玻意耳定律和阿伏伽德罗定律之外，也严格遵守焦耳第二定律．可以证明，凡是遵守理想气体物态方程的气体，必然遵循焦耳第二定律．因此，我们仍然可以说，凡严格遵守理想气体物态方程的气体即为理想气体(见 1.3 节)．

2.5.2　焦耳-汤姆孙实验

1852 年焦耳和汤姆孙(即开尔文勋爵)设计了多孔塞实验来研究气体的内能．焦耳-汤姆孙实验避免了焦耳实验中水温变化难以测量的问题．如图 2.5.2 所示，一个管壁绝热良好的管中放置一个多孔塞(如棉絮)，因多孔塞的阻滞作用，管中气体不容易快速通过塞子．多孔塞左侧的压强维持一个较高值p_1，右侧维持一个较低值p_2，在压强差的作用下气体缓慢地通过多孔塞．在稳定状态时，可使用温度计测得多孔塞两侧的气体温度T_1和T_2．这种在绝热条件下气体经过多孔塞从高压区流动到低压区的过程，称为**绝热节流过程**．

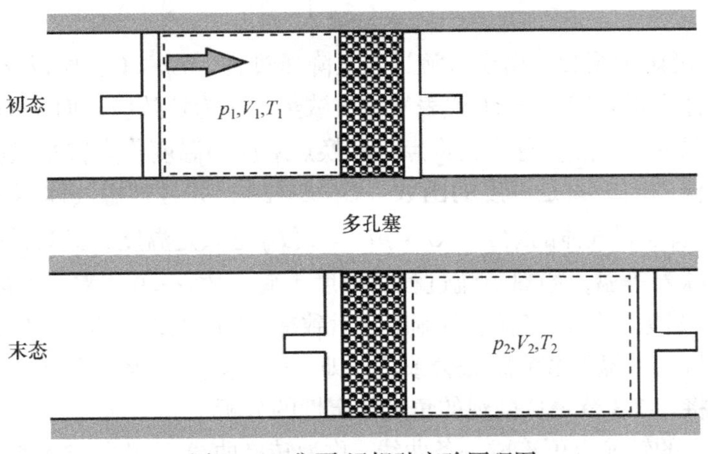

图 2.5.2　焦耳-汤姆孙实验原理图

下面我们对焦耳-汤姆孙实验进行分析. 开始时，多孔塞左边封装了一定质量的气体，初态为(p_1,V_1,T_1)，而多孔塞右侧没有气体. 在恒定压强差的作用下，气体缓慢地通过多孔塞. 当气体全部到达多孔塞右侧时为末态(p_2,V_2,T_2). 整个绝热节流过程中，外界对气体所做的功为$p_1V_1-p_2V_2$. 由于绝热过程$Q=0$，根据热力学第一定律，可得

$$U_2-U_1=p_1V_1-p_2V_2$$

或

$$U_1+p_1V_1=U_2+p_2V_2$$

即

$$H_1=H_2 \tag{2.5.3}$$

即气体经绝热节流过程后焓不变，**绝热节流过程是等焓过程**.

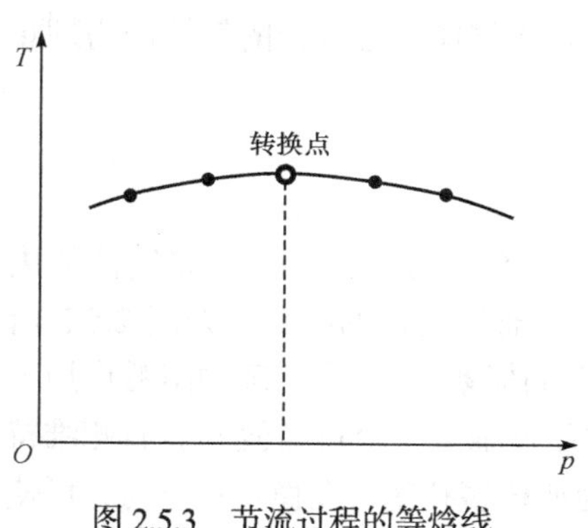

图 2.5.3　节流过程的等焓线

一般而言，节流过程是非准静态过程，所以除了初、末两个平衡态之外，中间过程是不能在相图中画出来的. 在焦耳-汤姆孙实验中，若维持多孔塞左侧的压强和温度均保持不变，不断改变多孔塞右侧的压强来进行多次不同终点的节流，并测量节流后的温度，可以得到一系列的(p,T)值，如图 2.5.3 所示. 由于是从同一初态出发的节流过程，因此所有的点都具有相同的焓值，这些点在T-p图中构成一条**等焓线**. 等焓线的斜率为

$$\alpha=\left(\frac{\partial T}{\partial p}\right)_H \tag{2.5.4}$$

定义为**焦耳-汤姆孙系数**. 由于节流过程是降压过程，$\Delta p<0$，所以$\alpha>0$代表气体被致冷，称为正效应；$\alpha<0$代表气体被致热，称为负效应. 而$\alpha=0$的点对应上述两种情况的交界点，称为转换点，转换点对应的温度称为**转换温度**.

理想气体的内能只是温度的函数，$U=U(T)$，并且理想气体遵从物态方程$pV=\nu RT$，故理想气体的焓$H=U+pV=H(T)$也只是温度的函数. 对于理想气体，等焓意味着等温，绝热节流过程后温度不变，故$\alpha=0$. 对于实际气体，实验表明，绝大多数气体在室温下节流膨胀后致冷，即产生正效应；只有少数气体，如氖、氢、氦在室温下节流膨胀会致热，即产生负效应. 为什么节流效应有正有负呢？我们将在 7.3 节中从微观的角度作定性的分析.

等焓线上的转换点可连成一条曲线，称为转换曲线. 如图 2.5.4 所示，氮转换

曲线将 T-p 图分为致冷区和致热区两个部分．在压强小于某一值时(对氮气是 376 atm)，每一个压强对应了上、下两个转换温度，在两个转换温度之间是致冷区，以外则是致热区．由此可见，要想利用焦耳-汤姆孙效应来实现低温从而使气体液化，必须要将气体预先冷却至低于上转换温度．

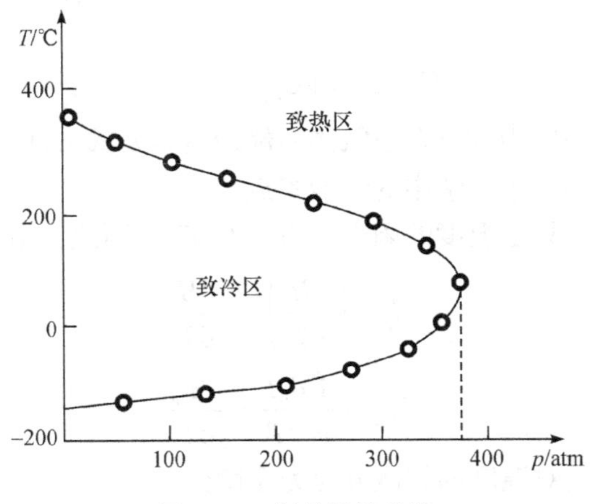

图 2.5.4　氮的转换曲线

2.6　热力学第一定律对理想气体的应用

本节我们将运用热力学第一定律，结合焦耳第二定律与理想气体物态方程，推导理想气体内能与焓的函数表达式,并研究各种准静态过程中的能量转换关系．

2.6.1　理想气体的内能与焓

根据焦耳第二定律，固定质量的理想气体的内能 U 只是温度的函数，$U=U(T)$，因此由式(2.4.5)可知，理想气体的等体热容 C_V 为

$$C_V=\left(\frac{\partial U}{\partial T}\right)_V=\frac{\mathrm{d}U}{\mathrm{d}T} \tag{2.6.1}$$

$$C_{V,\mathrm{m}}=\frac{1}{\nu}\frac{\mathrm{d}U}{\mathrm{d}T}=\frac{\mathrm{d}U_\mathrm{m}}{\mathrm{d}T} \tag{2.6.2}$$

即对于理想气体，内能对温度的偏微分应为全微分．

由式(2.6.1)和式(2.6.2)可得

$$\mathrm{d}U=C_V\mathrm{d}T=\nu C_{V,\mathrm{m}}\mathrm{d}T \tag{2.6.3}$$

利用积分方法可得内能 U 的函数表达式为

$$U - U_0 = \int_{T_0}^{T} C_V \mathrm{d}T = \int_{T_0}^{T} \nu C_{V,\mathrm{m}} \mathrm{d}T \tag{2.6.4}$$

如果在讨论的温度范围内 $C_{V,\mathrm{m}}$ 是常量，则

$$U - U_0 = \nu C_{V,\mathrm{m}} (T - T_0) \tag{2.6.5}$$

或

$$U = U_0 + \nu C_{V,\mathrm{m}} (T - T_0) \tag{2.6.6}$$

式(2.6.5)和式(2.6.6)即为计算**理想气体内能的基本公式**. 式中 U_0 是气体在 T_0 时的内能，其物理意义类似于力学中的势能零点.

理想气体的焓也只是温度的函数，$H = H(T)$，因此，由式(2.4.10)可知

$$C_p = \left(\frac{\partial H}{\partial T} \right)_p = \frac{\mathrm{d}H}{\mathrm{d}T} \tag{2.6.7}$$

$$C_{p,\mathrm{m}} = \frac{1}{\nu} \frac{\mathrm{d}H}{\mathrm{d}T} = \frac{\mathrm{d}H_\mathrm{m}}{\mathrm{d}T} \tag{2.6.8}$$

即对于理想气体，焓对温度的偏微分应为全微分.

由式(2.6.7)和式(2.6.8)可得

$$\mathrm{d}H = C_p \mathrm{d}T = \nu C_{p,\mathrm{m}} \mathrm{d}T$$

积分

$$H - H_0 = \int_{T_0}^{T} C_p \mathrm{d}T = \int_{T_0}^{T} \nu C_{p,\mathrm{m}} \mathrm{d}T \tag{2.6.9}$$

如果 $C_{p,\mathrm{m}}$ 可看成常量，则

$$H - H_0 = \nu C_{p,\mathrm{m}} (T - T_0) \tag{2.6.10}$$

$$H = H_0 + \nu C_{p,\mathrm{m}} (T - T_0) \tag{2.6.11}$$

式(2.6.10)和式(2.6.11)即为计算**理想气体焓的基本公式**.

由于内能与焓是态函数，所以无论系统经历了怎样的过程，等体的或等压的，准静态的亦或非准静态的，只要初、末平衡态的温度确定，那么系统内能与焓的改变量都是相同的，由式(2.6.5)和式(2.6.10)决定. 一般而言，大多数种类的实际气体在压强趋于零时可近似被当成理想气体，在 200～1200 K 的温度范围之内，其 $C_{V,\mathrm{m}}$ 和 $C_{p,\mathrm{m}}$ 可作为常量处理.

2.6.2　理想气体的等体热容与等压热容的关系

正如内能与焓之间有密切联系一样，理想气体的等体热容和等压热容之间也有密切关系. 下面推导它们之间的关系式.

根据焓的定义和理想气体物态方程，可得

$$H = U + pV = U + \nu RT \tag{2.6.12}$$

两边对温度求微商，可得

$$\frac{dH}{dT} = \frac{dU}{dT} + \nu R \tag{2.6.13}$$

将式(2.6.1)与式(2.6.7)代入式(2.6.13)中，可得

$$C_p - C_V = \nu R \tag{2.6.14}$$

根据摩尔热容 $C_{V,\mathrm{m}}$ 和 $C_{p,\mathrm{m}}$ 的定义，可得

$$C_{p,\mathrm{m}} - C_{V,\mathrm{m}} = R \tag{2.6.15}$$

式(2.6.15)称为**迈耶公式**.

定义理想气体两个摩尔热容的比值为 γ，则

$$\gamma = \frac{C_{p,\mathrm{m}}}{C_{V,\mathrm{m}}} = \frac{C_{V,\mathrm{m}} + R}{C_{V,\mathrm{m}}} = 1 + \frac{R}{C_{V,\mathrm{m}}} \tag{2.6.16}$$

2.6.3　理想气体的准静态过程

1. 等体过程

理想气体的等体过程，其主要特点为 $V=$ 常量. 根据理想气体物态方程 $pV = \nu RT$，可得等体过程方程为

$$pT^{-1} = \text{常量} \tag{2.6.17}$$

如果系统从初态 (p_1, T_1) 等体变化到末态 (p_2, T_2)，则

$$\frac{p_1}{p_2} = \frac{T_1}{T_2}$$

在 p-V 图上，该过程表示为一条垂直于 V 轴的竖直线段，如图 2.6.1 所示.

在等体过程中，外界不对气体做功，$W = 0$. 故根据热力学第一定律，有

$$Q = U_2 - U_1 = \nu C_{V,\mathrm{m}}(T_2 - T_1) \tag{2.6.18}$$

表明在等体过程中，系统从外界吸收的热量全部用于增加系统的内能，系统温度升高；而系统内能的减少则全部转变成热量向外释放，系统温度降低.

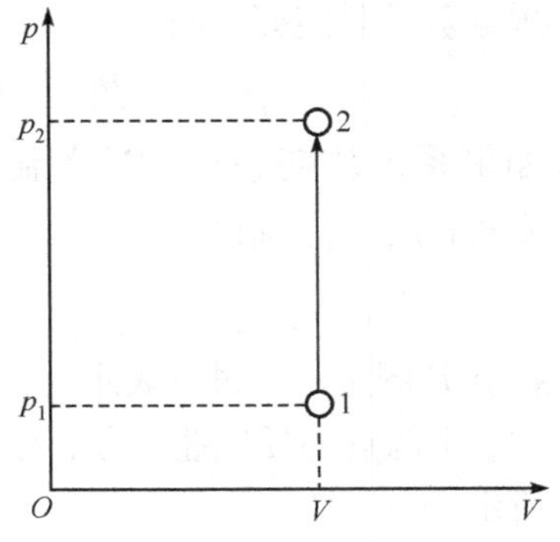

图 2.6.1　等体过程曲线

2. 等压过程

等压过程的主要特点为 $p=$ 常量，理想气体

的等压过程方程为

$$VT^{-1}=\text{常量} \tag{2.6.19}$$

如果系统从初态(V_1,T_1)等压变化到末态(V_2,T_2)，则

$$\frac{V_1}{V_2}=\frac{T_1}{T_2}$$

在 p-V 图上，该过程表示为一条平行于 V 轴的水平线段，如图 2.6.2 所示.

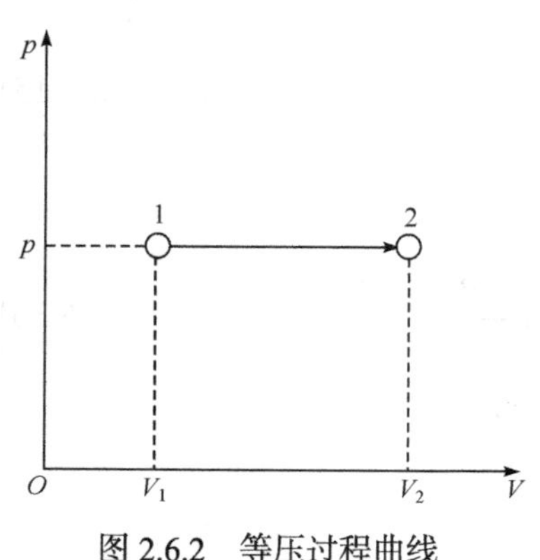

图 2.6.2　等压过程曲线

在等压过程中，外界对系统所做的功为

$$W=-\int p\mathrm{d}V=-p\int_{V_1}^{V_2}\mathrm{d}V=-p(V_2-V_1) \tag{2.6.20}$$

其值在 p-V 图上即为等压过程线下由(V_1,V_2)所界定的矩形面积.

系统内能的增量为

$$U_2-U_1=\nu C_{V,\mathrm{m}}(T_2-T_1)$$

于是系统吸收的热量为

$$Q=U_2-U_1-W=\nu C_{V,\mathrm{m}}(T_2-T_1)+p(V_2-V_1)$$

考虑 $pV=\nu RT$，得

$$Q=\nu C_{V,\mathrm{m}}(T_2-T_1)+\nu R(T_2-T_1)=\nu C_{p,\mathrm{m}}(T_2-T_1) \tag{2.6.21}$$

表明在等压过程中，若系统从外界吸收热量，则一部分用来对外做功，另一部分用来增加系统内能；若系统向外界释放热量，则系统的内能减少，同时系统对外界做负功(即外界对系统做正功).

3. 等温过程

等温过程的主要特点为 $T=$ 常量，根据玻意耳定律，有

$$pV=\text{常数} \tag{2.6.22}$$

如果系统从初态(p_1,V_1)等温变化到末态(p_2,V_2)，则

$$p_1V_1=p_2V_2$$

在 p-V 图上，该过程表示为一条连接初、末两点的反比曲线段，如图 2.6.3 所示.

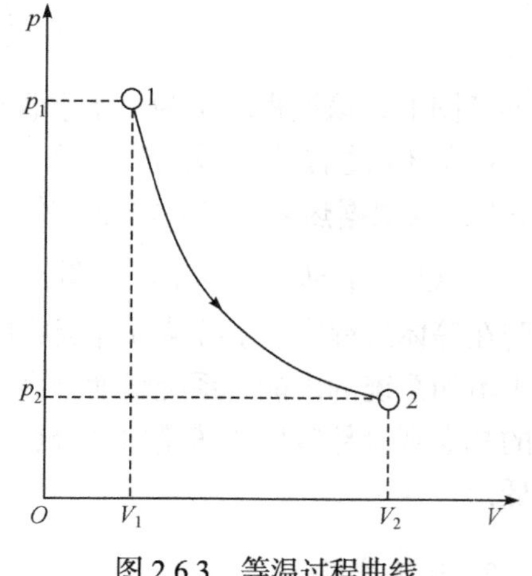

图 2.6.3　等温过程曲线

在等温过程中，内能不变，$U_2-U_1=0$，则等温过程中系统吸收的热量为

$$Q=-W=\int_{V_1}^{V_2}p\mathrm{d}V=\int_{V_1}^{V_2}\nu RT\mathrm{d}V=\nu RT\ln\frac{V_2}{V_1}=p_1V_1\ln\frac{V_2}{V_1} \tag{2.6.23}$$

表明：如果系统等温膨胀，$V_2>V_1$，则$Q>0$，说明系统从外界吸收的热量全部用于对外界做功；如果系统等温压缩，$V_2<V_1$，则$Q<0$，即外界对系统所做的功全部转化为热量释放给了外界.

4. 绝热过程

绝热过程$đQ=0$，根据热力学第一定律$đQ=\nu C_{V,\mathrm{m}}\mathrm{d}T+p\mathrm{d}V$，当$đQ=0$时，有

$$p\mathrm{d}V=-\nu C_{V,\mathrm{m}}\mathrm{d}T \tag{2.6.24}$$

由理想气体物态方程$pV=\nu RT$，微分可得

$$p\mathrm{d}V+V\mathrm{d}p=\nu R\mathrm{d}T \tag{2.6.25a}$$

式(2.6.24)和式(2.6.25a)联立，消掉$\mathrm{d}T$，可得

$$-(C_{V,\mathrm{m}}+R)p\mathrm{d}V=C_{V,\mathrm{m}}V\mathrm{d}p \tag{2.6.25b}$$

因$C_{V,\mathrm{m}}+R=C_{p,\mathrm{m}}$，$\gamma=\dfrac{C_{p,\mathrm{m}}}{C_{V,\mathrm{m}}}$，可得

$$\frac{\mathrm{d}p}{p}=-\gamma\frac{\mathrm{d}V}{V} \tag{2.6.26}$$

积分可得

$$pV^{\gamma}=\text{常量} \tag{2.6.27}$$

此式称为泊松公式．它给出了理想气体在准静态绝热过程中p、V的变化关系，在p-V图中的曲线称为绝热线．由$\gamma>1$易证得绝热线比等温线（$pV=$常量）要陡一些，如图 2.6.4 所示．这也就意味着，在绝热过程中，随着气体体积V的增加，压强p降落得比等温过程要更快.

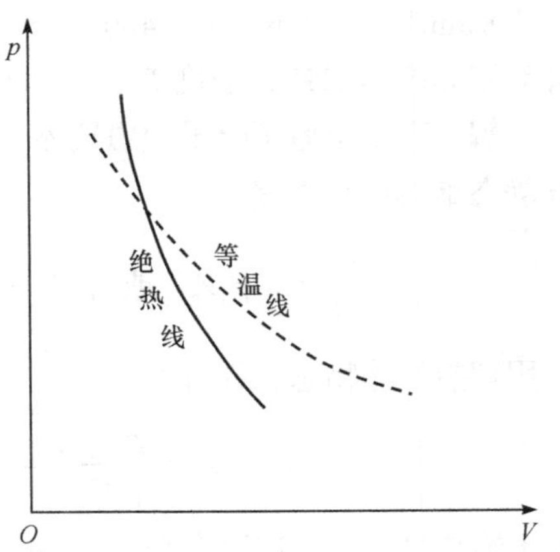

图 2.6.4　理想气体的绝热线

利用理想气体物态方程，我们还可以将式(2.6.27)变换成用其他两个参量表示的形式

$$TV^{\gamma-1}=\text{常量} \tag{2.6.28}$$

$$p^{\gamma-1}T^{-\gamma}=\text{常量} \tag{2.6.29}$$

式(2.6.27)～式(2.6.29)都称为理想气体的准静态绝热过程方程.

绝热过程中，外界对理想气体所做的功为

$$W=-\int p\mathrm{d}V=-C\int_{V_1}^{V_2}V^{-\gamma}\mathrm{d}V=-\frac{1}{1-\gamma}\left(CV^{1-\gamma}\right)\Big|_{V_1}^{V_2}$$

由于 $p_1V_1^\gamma=p_2V_2^\gamma=C$，故

$$W=\frac{p_1V_1}{\gamma-1}\left[\left(\frac{V_1}{V_2}\right)^{\gamma-1}-1\right]=\frac{p_2V_2-p_1V_1}{\gamma-1} \tag{2.6.30}$$

根据理想气体物态方程 $pV=\nu RT$，可得 $p_2V_2-p_1V_1=\nu R(T_2-T_1)$，于是式(2.6.30)可改写为

$$W=\frac{\nu R}{\gamma-1}(T_2-T_1)=\nu C_{V,\mathrm{m}}(T_2-T_1) \tag{2.6.31}$$

更为简单的算法是，根据热力学第一定律，利用内能的减少量来计算理想气体的绝热功. 对于理想气体经历的准静态绝热过程 $Q=0$，可得

$$W=\Delta U=U_2-U_1=\nu C_{V,\mathrm{m}}(T_2-T_1)$$

与式(2.6.31)结果完全一致.

例 2.6.1 某单原子分子气体用活塞封装在一个绝热的容器内. 初始状态时，$p_1=8\ \mathrm{atm}$，$V_1=4\ \mathrm{m}^3$，$T_1=400\ \mathrm{K}$. 经过准静态绝热膨胀后，末态压强 $p_2=1\ \mathrm{atm}$. 试计算末态的体积 V_2，温度 T_2，外界对气体所做的功 W 及气体内能的增量 ΔU.

解 对于单原子分子理想气体，$C_{V,\mathrm{m}}=3R/2$（见 5.4.4 节），$\gamma=5/3$. 通过准静态绝热过程方程

$$p_1V_1^\gamma=p_2V_2^\gamma \quad 或者 \quad V_2=V_1\left(\frac{p_1}{p_2}\right)^{1/\gamma}=4\left(\frac{8}{1}\right)^{3/5}=13.9\ (\mathrm{m}^3)$$

利用理想气体物态方程可得

$$T_2=\frac{p_2V_2}{p_1V_1}T_1=\frac{1\times13.9}{8\times4}\times400\approx174\ (\mathrm{K})$$

由于绝热过程，气体以自身内能的降低实现对外膨胀做功，所以温度和压强都会降低.

在气体绝热膨胀过程中，外界对气体做的功为

$$W=\frac{p_2V_2-p_1V_1}{\gamma-1}=\frac{1}{1.67-1}(1\times13.9-8\times4)\times1.013\times10^5\approx-2.74\times10^6\ (\mathrm{J})$$

由于 $Q=0$，故 $\Delta U=W=-2.74\times10^6\ \mathrm{J}$，内能减小了. 此外，内能的增量还可以利用 $\Delta U=\nu C_{V,m}(T_2-T_1)$ 来计算，即

$$\Delta U = \nu\left(\frac{3}{2}R\right)(T_2 - T_1) = \frac{p_1 V_1}{RT_1}\left(\frac{3}{2}R\right)(T_2 - T_1)$$

$$= \frac{8\times 1.013\times 10^5\times 4}{400}\times\frac{3}{2}\times(174-400)\approx -2.74\times 10^6\ \text{(J)}$$

5. 多方过程

实际上，气体经历的过程常介于等温与绝热之间，它们常用如下公式描述：

$$pV^n = 常量 \qquad (2.6.32)$$

式中的 n 为常数．满足式(2.6.32)的过程称为**多方过程**，n 称为多方指数，其值由实验测定．

不难看出，当 $n=1$ 时 $(pV=常数)$，为等温过程；当 $n=\gamma$ 时 $(pV^{\gamma}=常数)$，为绝热过程；当 $n=0$ 时 $(p=常数)$，为等压过程；当 $n\to\infty$ 时 $(V=常数)$，为等体过程，如图 2.6.5 所示．多方过程可视为所有等值过程和绝热过程的概括．

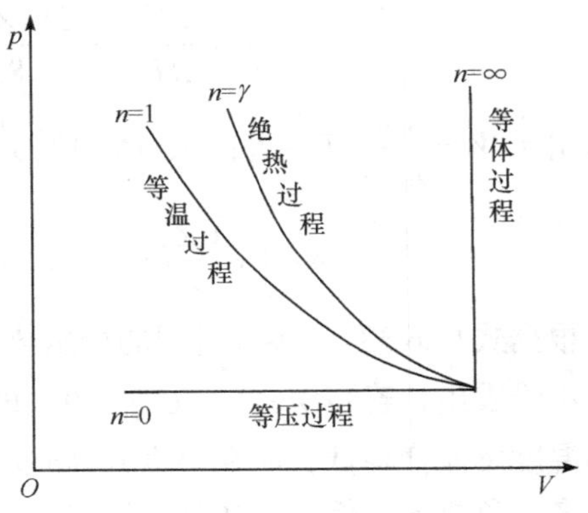

图 2.6.5 理想过程与多方过程的关系

类似于绝热过程，在理想气体从初态 (p_1,V_1,T_1) 变化到末态 (p_2,V_2,T_2) 的多方过程中，外界对气体所做的功为

$$W = \frac{1}{n-1}(p_2V_2 - p_1V_1) = \frac{\nu R}{n-1}(T_2 - T_1)$$

气体内能的改变仍表示为

$$\Delta U = \nu C_{V,\mathrm{m}}(T_2 - T_1)$$

气体吸收的热量为

$$Q = \nu C_{n,\mathrm{m}}(T_2 - T_1)$$

式中，$C_{n,\mathrm{m}}$ 为理想气体多方摩尔热容．由热力学第一定律可得

$$\nu C_{n,\mathrm{m}}(T_2 - T_1) = \nu C_{V,\mathrm{m}}(T_2 - T_1) - \nu\frac{R}{n-1}(T_2 - T_1)$$

可得

$$C_{n,\mathrm{m}} = C_{V,\mathrm{m}} - \frac{R}{n-1} = \frac{R}{\gamma-1} - \frac{R}{n-1}$$

由于 $\frac{R}{\gamma-1} = C_{V,\mathrm{m}}$，于是理想气体的 $C_{n,\mathrm{m}}$ 与 $C_{V,\mathrm{m}}$ 满足关系式

$$C_{n,\mathrm{m}}=\frac{n-\gamma}{n-1}C_{V,\mathrm{m}} \tag{2.6.33}$$

例 2.6.2 压缩气缸内的某理想气体，压缩前气体处于平衡态，体积为 5 L，温度为 27 ℃，压强为 1 atm，压缩后，测得温度为 273 ℃. 若整个压缩过程是多方过程，消耗外界的功为 1.515 kJ，求该过程的多方指数 n .

解 由理想气体物态方程可得气缸内气体的摩尔数为

$$\nu=\frac{pV}{RT}=\frac{1.013\times10^5\times5\times10^{-3}}{8.31\times300}=0.20\,(\mathrm{mol})$$

由于 $W=\frac{\nu R}{n-1}(T_2-T_1)=1.515\times10^3$ J，故

$$n=1+\frac{\nu R}{W}(T_2-T_1)=1+\frac{0.2\times8.31\times(273-27)}{1.515\times10^3}\approx1.27$$

根据式(2.6.33)，多方过程的摩尔热容 $C_{n,\mathrm{m}}$ 的值会随着多方指数 n 的变化而改变，不难看出，若 $1<n<\gamma$ ，$C_{n,\mathrm{m}}<0$ ，即多方摩尔热容为负. 这意味着系统在吸热时温度反而会降低，而在温度升高时却又会放热. 可以利用热力学第一定律来理解多方负热容. 例如，在某种情况下，气体膨胀对外做功大于它吸收的热量，则必然会消耗自身的一部分内能，因而造成温度降低，于是对于该过程 $C_{n,\mathrm{m}}$ 为负.

我们将理想气体典型的准静态过程的诸多公式汇总得到表 2.6.1.

表 2.6.1 理想气体准静态过程公式

过程	过程方程	内能增量 ΔU	外界对系统做功 W	系统吸收热量 Q
等体	$pT^{-1}=$ 常数	$\nu C_{V,\mathrm{m}}(T_2-T_1)$	0	$\nu C_{V,\mathrm{m}}(T_2-T_1)$
等压	$VT^{-1}=$ 常数	$\nu C_{V,\mathrm{m}}(T_2-T_1)$	$-p(V_2-V_1)$ $=-\nu R(T_2-T_1)$	$\nu C_{p,\mathrm{m}}(T_2-T_1)$
等温	$pV=$ 常数	0	$-\nu RT\ln\frac{V_2}{V_1}$ 或 $-p_1V_1\ln\frac{V_2}{V_1}$	$\nu RT\ln\frac{V_2}{V_1}$ 或 $p_1V_1\ln\frac{V_2}{V_1}$
绝热	$pV^{\gamma}=$ 常数	$\nu C_{V,\mathrm{m}}(T_2-T_1)$	$\frac{1}{\gamma-1}(p_2V_2-p_1V_1)=\nu\frac{R}{\gamma-1}(T_2-T_1)$	0
多方	$pV^{n}=$ 常数	$\nu C_{V,\mathrm{m}}(T_2-T_1)$	$\frac{1}{n-1}(p_2V_2-p_1V_1)$ $=\nu\frac{R}{n-1}(T_2-T_1)$	$\nu C_{n,\mathrm{m}}(T_2-T_1)$ 其中 $C_{n,\mathrm{m}}=\frac{n-\gamma}{n-1}C_{V,\mathrm{m}}$

注：(p_1,V_1,T_1) 为初平衡态，(p_2,V_2,T_2) 为末平衡态.

2.6.4　大气的垂直温度梯度　焚风*

在地球大气层的最下层——对流层里，由于阳光的照射，白昼地面温度较高、高空大气温度较低，所以较暖的气体缓慢上升，从而在垂直方向上频繁地进行着气体的对流．由于气流上升缓慢，且干燥的空气导热性很差，所以该过程可视为准静态绝热过程．下面我们来分析大气温度在垂直方向上的变化规律．

如图 2.6.6 所示，考虑厚度为 dz 的一薄层大气，在单位面积上由静力平衡条件不难得到

$$\mathrm{d}p = -\rho g\mathrm{d}z$$

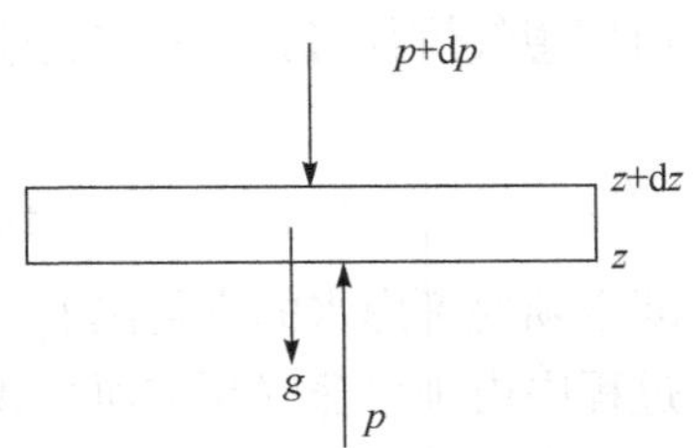

图 2.6.6　厚度为 dz 的一薄层大气

式中 $\rho = nm = n\dfrac{M}{N_{\mathrm{A}}}$，$M$ 为空气的平均摩尔质量，n 为单位体积内气体分子的个数，称为分子数密度．对于总分子数为 N，体积为 V 的理想气体，由理想气体物态方程可得

$$n = \frac{N}{V} = \frac{Np}{\nu RT} = \frac{N_{\mathrm{A}}}{RT}p$$

故 $\rho = n\dfrac{M}{N_{\mathrm{A}}} = \dfrac{M}{RT}p$，则

$$\frac{\mathrm{d}p}{\mathrm{d}z} = -\frac{Mg}{RT}p$$

对于绝热过程，由式(2.6.29)可得

$$\frac{\mathrm{d}p}{\mathrm{d}T} = \frac{\gamma}{\gamma-1}\frac{p}{T} \tag{2.6.34}$$

因

$$\frac{\mathrm{d}T}{\mathrm{d}z} = \frac{\mathrm{d}p}{\mathrm{d}z}\Big/\frac{\mathrm{d}p}{\mathrm{d}T}$$

则

$$\frac{\mathrm{d}T}{\mathrm{d}z} = -\frac{\gamma-1}{\gamma}\frac{Mg}{R} \tag{2.6.35}$$

此即未考虑空气组分变化的**大气垂直温度梯度**，特别是未考虑因水蒸气饱和凝结而形成降雨的情况．故式(2.6.35)称为**不饱和大气的绝热递减率**．常温下空气可视为刚性双原子分子气体，故 $\gamma = 7/5$（见 5.4 节），$M \approx 29\ \mathrm{g/mol}$，则

$$\frac{\mathrm{d}T}{\mathrm{d}z} = -9.8\ \mathrm{K/km} \approx -10\ \mathrm{K/km}$$

当不饱和气团上升时，每上升1 km，温度约下降10 K．

对于含有饱和水蒸气的大气(饱和大气)，绝热递减率会略有不同．饱和大气在上升的过程中，由于温度降低导致饱和蒸气压减小，从而引起水蒸气凝结，释放出大量的汽化热(见 7.2 节)，这将会强烈影响空气的热学状态．对于饱和大气，由理想气体物态方程和热力学第一定律可知

$$p\mathrm{d}V + V\mathrm{d}p = \nu R\mathrm{d}T$$

$$\text{đ}W = -p\mathrm{d}V = C_V\mathrm{d}T + L_{\mathrm{m}}\mathrm{d}\nu'$$

即必须要考虑水的汽化热 L_{m}．式中 ν' 代表气团中水蒸气的摩尔数，气团在上升的过程中由于水蒸气凝结而释放的汽化热将转化为气团内能的增量．将上面两式联立，可得

$$\nu RT\frac{\mathrm{d}p}{p} = C_p\mathrm{d}T + L_{\mathrm{m}}\mathrm{d}\nu'$$

两边同时除以气团中空气的摩尔数 ν，可得

$$RT\frac{\mathrm{d}p}{p} = C_{p,\mathrm{m}}\mathrm{d}T + \frac{L_{\mathrm{m}}}{\nu}\mathrm{d}\nu'$$

于是

$$\frac{\mathrm{d}p}{\mathrm{d}T} = \left(\frac{C_{p,\mathrm{m}}}{R} + \frac{L_{\mathrm{m}}}{\nu R}\frac{\mathrm{d}\nu'}{\mathrm{d}T}\right)\frac{p}{T}$$

式中 $\frac{C_{p,\mathrm{m}}}{R} = \frac{C_{p,\mathrm{m}}}{C_{p,\mathrm{m}} - C_{V,\mathrm{m}}} = \frac{\gamma}{\gamma - 1}$，故上式与式(2.6.34)对比，只多出了与水蒸气相关的一项．所以利用和前面相同的方法，可导出公式

$$\frac{\mathrm{d}T}{\mathrm{d}z} = -\frac{\gamma - 1}{\gamma}\left(\frac{Mg}{R} + \frac{L_{\mathrm{m}}}{\nu R}\frac{\mathrm{d}\nu'}{\mathrm{d}z}\right) \tag{2.6.36}$$

此即**饱和大气的绝热递减率**．由于水蒸气的凝结，水蒸气的量会随高度的增加而减少，于是 $\frac{\mathrm{d}\nu'}{\mathrm{d}z} < 0$，因此饱和大气的绝热递减率的绝对值比干燥大气的绝热递减率的绝对值要小，即潮湿空气的温度随高度的升高减小得要慢一些．对于潮湿空气，由于在温度降低时可能释放汽化热，故平均说来，每上升1 km，温度降低约6.5 K．

焚风(foehn)是一种局部范围内的空气运动形式，特指翻越高山的气团在背风坡下沉而变得干热的一种局域现象．在阿尔卑斯山脉、落基山脉、大小兴安岭、太行山脉等地均有焚风现象发生．

如图 2.6.7(a)所示，潮湿空气被迫沿着山坡向上爬升并翻越高山．气团在上

升过程中温度不断下降，饱和蒸气压不断减小，因水蒸气尚未饱和凝结，故可视为遵守不饱和大气绝热递减率．当气团到达一定高度时，水蒸气达到饱和并开始凝结，此后可视为遵守饱和大气绝热递减率．当越过凝结高度后，气团会在迎风坡上形成降雨．因此，气团越过山顶后会变得干燥．干燥气团在沿背风坡下沉时，会形成干热的焚风．图 2.6.7(b)给出了气团在上升和下沉阶段温度变化的曲线．

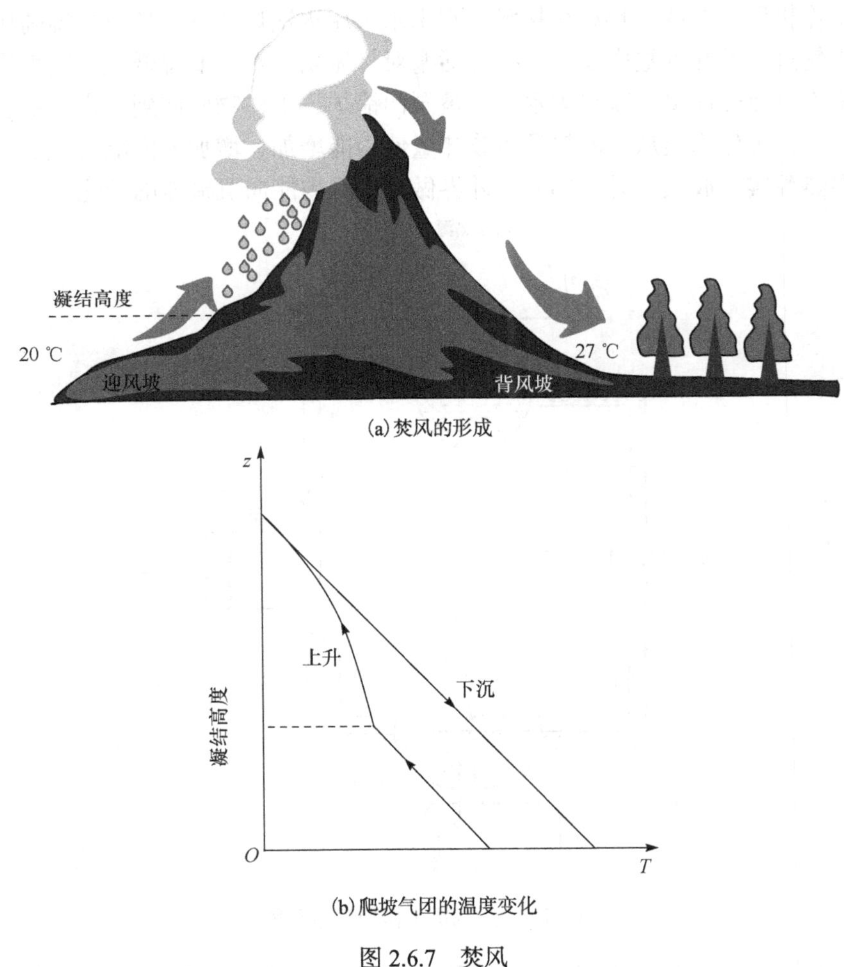

图 2.6.7　焚风

2.7　循环过程和卡诺循环

2.7.1　循环过程

热机(heat engine)在热力学理论中有重要的地位．早期的热力学理论就是在研究热机的工作性能的基础上发展起来的，热力学理论的发展反过来也促进了热机的改进．热机是利用热来做功的机器，如蒸汽机、喷气发动机等．实践表明，热机至少需要两个不同温度的热源，热机中的工作物质从高温热源吸收热量，向低温热源释放热量，同时实现循环对外做机械功．

蒸汽机是一种典型的热机．图 2.7.1 展示了它的工作原理．蒸汽机以水和水蒸气为工作物质，与两个热源相接触．水由水泵压进锅炉加热，变成高温高压的蒸汽进入气缸，并在气缸中膨胀，推动活塞对外做功；然后低温低压的废气进入冷凝器中冷却放热而最终凝结为水，再被泵回锅炉，工作物质回到原来的状态．在此过程中，工作物质从高温热源吸收热量使内能增加，增加的内能的一部分转移给低温热源实现放热，另一部分对外界做功实现内能向机械能的转化．

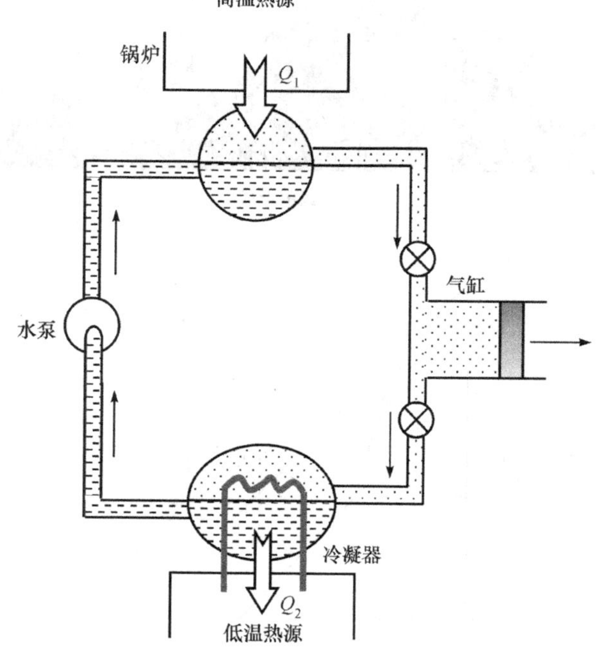

图 2.7.1　蒸汽机工作原理示意图

为了研究热机的工作过程，需要引入循环过程的概念．如果某一系统由初始状态出发，经历了一系列任意过程之后，又回到了最初的状态，整个过程即称为**循环过程**，简称循环(cycle)．准静态的循环过程在 p-V 图中是一条闭合的过程曲线．如果循环过程沿顺时针方向进行，则称为**正循环**；如果循环过程沿逆时针方向进行，则称为**逆循环**．

在正循环中，系统对外界所做净功为正值，净功的数值对应循环过程曲线所包围的阴影面积．如图 2.7.2 所示，系统从 a 状态经 b 到达 c 状态，系统体积膨胀，对外做正功，其值 W_1 对应为曲线段 abc 下面到 V 轴之间的面积；从 c 状态经 d 回到 a 状态，系统体积被压缩，外界对系统做正功，其值 W_2 对应为曲线段 cda 下面到 V 轴之间的面积．整个循环过程中，系统对外所做的功为 $W = W_1 - W_2 > 0$．正循环是热机的工作循环．

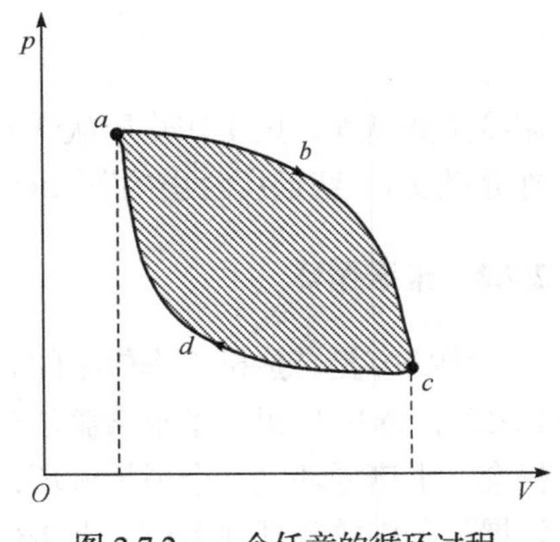

图 2.7.2　一个任意的循环过程

热机效率 η 是热机的一个重要指标．它表征热机能量转化的效率，即在一次正循环中热机的工作物质从高温热源吸收的热量 Q_1 有多大的比例转变为对外界做的功．热机效率 η 等于系统对外界做的净功 W 除以系统从外界吸收的热量 Q_1，即

$$\eta = \frac{W}{Q_1} \tag{2.7.1}$$

热机效率越大，则对外输出同样的净功（“我们想要获得的”），高温热源提供的热量（“我们所付出的”）越少，热机的工作性能就越好．

每经历一次循环，热机的工作物质的 $\Delta U = 0$，考虑其在高温热源吸收热量 Q_1，在低温热源放出热量 Q_2，则根据热力学第一定律可得

$$W = Q_1 - Q_2 \tag{2.7.2}$$

即工作物质从外界吸收的净热量等于其对外界所做的净功．将上式代入式(2.7.1)得

$$\eta = \frac{W}{Q_1} = \frac{Q_1 - Q_2}{Q_1} = 1 - \frac{Q_2}{Q_1} \tag{2.7.3}$$

注意此处 Q_1、Q_2 都是绝对值．

在逆循环中，外界对系统所做净功为正值，净功的数值对应于循环过程曲线所包围的阴影面积．整个循环过程中，外界对系统做功 $W > 0$，制冷机的工作物质从低温热源吸热 Q_2，向高温热源放热 Q_1．逆循环是制冷机的工作循环．

制冷系数 φ 是制冷机的一个重要指标，它的定义为

$$\varphi = \frac{Q_2}{W} \tag{2.7.4}$$

它表示在一次逆循环中制冷机的工作物质从低温热源吸收的热量 Q_2 与外界对系统做功 W 之比．每经历一次循环，$\Delta U = 0$，$W = Q_1 - Q_2$，由热力学第一定律得

$$\varphi = \frac{Q_2}{W} = \frac{Q_2}{Q_1 - Q_2} \tag{2.7.5}$$

制冷系数越大，则工作物质从低温热源吸收同样的热量（“我们想要获得的”），外界做功（“我们所付出的”）越少，制冷机的工作性能就越好.

2.7.2 卡诺循环

为研究提高热机工作效率的有效方法，法国人卡诺(N. L. S. Carnot，1796～1832)于 1824 年提出了**卡诺循环**(Carnot cycle)和**卡诺热机**(Carnot heat engine)的概念. 卡诺循环是一个理想循环，它体现了热机循环的基本特征. 因其在热力学发展过程中的奠基性工作，卡诺被广泛形容为“热力学之父”.

卡诺循环由四个准静态过程组成：两个等温过程，两个绝热过程.

按卡诺循环过程工作的热机叫做卡诺热机.

下面讨论以理想气体为工作物质的卡诺循环. 理想气体在 p-V 图中的循环曲线如图 2.7.3 所示，其四个分过程示意图如图 2.7.4 所示.

(1) **先分析两个准静态等温过程**. 由式(2.6.23)得，理想气体从高温热源吸收的热量为

$$Q_1 = \nu R T_1 \ln \frac{V_b}{V_a} \tag{2.7.6}$$

向低温热源释放的热量为

$$Q_2 = \nu R T_2 \ln \frac{V_c}{V_d} \tag{2.7.7}$$

则每经历一次循环，系统从外界吸收的总热量(净热量)为 $Q = Q_1 - Q_2$. 根据热力学第一定律，每经历一次循环，系统对外界做的净功等于净热量，即 $W = Q$.

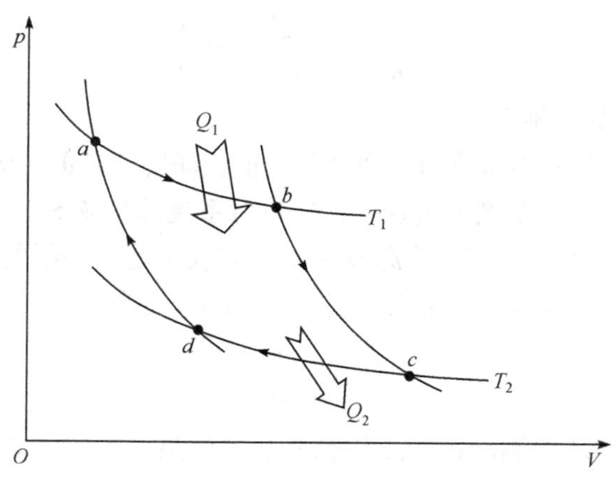

图 2.7.3　理想气体在 p-V 图中的卡诺循环曲线

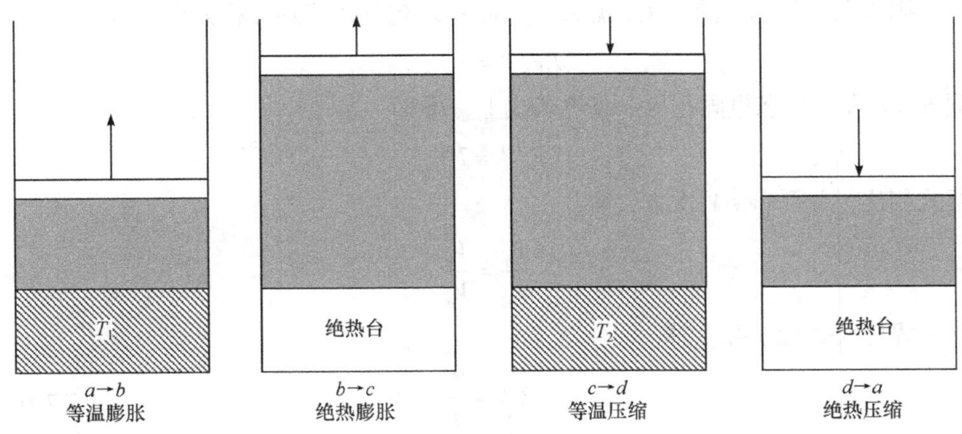

图 2.7.4　卡诺循环的四个分过程

(2) **再分析两个准静态绝热过程**.在这两个过程中,系统和外界没有热量交换,但有体积变化功. 绝热膨胀，系统对外做功. 绝热压缩，外界对系统做功.

以上分析结果如表 2.7.1 所示. 由此可计算热机效率. 在一个循环过程中，理想气体吸热 Q_1，放热 Q_2，内能不变，因此根据热力学第一定律，其对外所做的净功为

$$W = Q_1 - Q_2 = \nu RT_1 \ln\frac{V_b}{V_a} - \nu RT_2 \ln\frac{V_c}{V_d} \tag{2.7.8}$$

热机效率为 $\eta = \dfrac{W}{Q_1} = 1 - \dfrac{Q_2}{Q_1}$，而

$$\frac{Q_2}{Q_1} = \frac{\nu RT_2 \ln\dfrac{V_c}{V_d}}{\nu RT_1 \ln\dfrac{V_b}{V_a}} = \frac{T_2 \ln\dfrac{V_c}{V_d}}{T_1 \ln\dfrac{V_b}{V_a}} \tag{2.7.9}$$

表 2.7.1　卡诺循环过程中的热量和功

	过程	热量	功
$a\to b$	等温膨胀	$Q_1 = \nu RT_1 \ln\frac{V_b}{V_a}$（吸热）	$W_1 = Q_1$（系统对外做功）
$b\to c$	绝热膨胀	0	W_{Q1}（系统对外做功）
$c\to d$	等温压缩	$Q_2 = \nu RT_2 \ln\frac{V_c}{V_d}$（放热）	$W_2 = Q_2$（外界对系统做功）
$d\to a$	绝热压缩	0	W_{Q2}（外界对系统做功）

因 b 和 c 状态在同一条绝热线上，根据理想气体绝热过程方程可得

$$T_1V_b^{\gamma-1}=T_2V_c^{\gamma-1}$$

同理，a 和 d 状态也同在另一条绝热线上，可得

$$T_1V_a^{\gamma-1}=T_2V_d^{\gamma-1}$$

两式相比，并开 $(\gamma-1)$ 次方，得

$$\frac{V_b}{V_a}=\frac{V_c}{V_d}$$

将上式代入式(2.7.9)，得

$$\frac{Q_2}{Q_1}=\frac{T_2}{T_1} \tag{2.7.10}$$

则卡诺热机的效率为

$$\eta_{\mathrm{C}}=1-\frac{T_2}{T_1} \tag{2.7.11}$$

即理想气体卡诺循环的效率只由两个热源的温度决定. 虽然式(2.7.11)是在理想气体的卡诺循环中得到的，但它对于任意工作物质的卡诺循环都成立. 我们将在 3.4 节卡诺定理部分对此加以证明.

对于热机，高温热源温度大于低温热源温度，即 $T_1>T_2$，因此 $\eta<1$. 热机从高温热源吸收的热量，一部分释放给低温热源，剩余部分对外做功转化为机械能，因此热机效率小于 1 是自然的.

理论上，若低温热源温度固定，则高温热源温度越高，热机效率越高. 例如，若蒸汽机的高温热源温度为 350 ℃，低温热源温度为 35 ℃，则蒸汽机的效率为 $\eta=1-\dfrac{273+35}{273+350}=51\%$. 然而，因高温条件下蒸汽机的润滑剂问题以及摩擦和蒸汽泄漏等因素，实际上现代蒸汽机效率常常不超过 20%.

蒸汽机因结构笨重庞大且效率不高，现在已基本上被内燃机(见 2.8 节)取代. 但在某些情况下，蒸汽机仍有其独特优势. 例如，蒸汽机是目前利用可控核裂变原子能的主要方式，因为原子反应堆既不直接产生电能又不直接产生机械能，它实际上只是加热水并使其沸腾产生的蒸汽，通过蒸汽机才能转化为有用的功. 另外，蒸汽机也可利用太阳能聚热器产生的蒸汽，实现对外做功.

卡诺循环逆向工作就是卡诺制冷机，循环曲线如图 2.7.5 所示. 同理，可得理想气体准静态的逆卡诺循环的制冷系数为

$$\varphi_{\mathrm{C}}=\frac{Q_2}{W}=\frac{Q_2}{Q_1-Q_2}=\frac{T_2}{T_1-T_2} \tag{2.7.12}$$

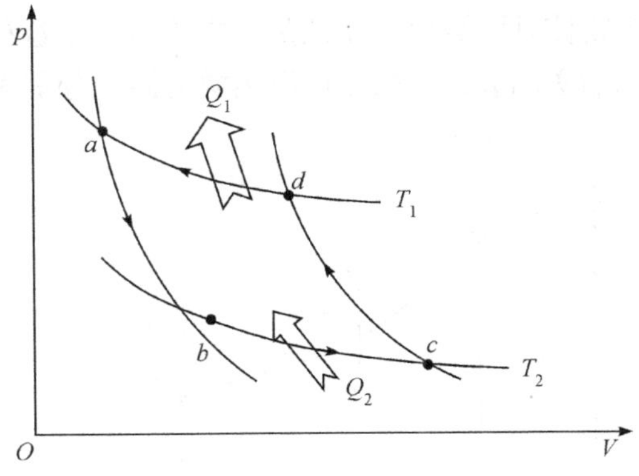

图 2.7.5　逆卡诺循环曲线

对于制冷机，外界做功的作用在于将热量从低温热源转移到高温热源，此热量不是外功转化而来，因此制冷系数可大于 1．对于我们常用的冰箱，制冷系数为 5～10．图 2.7.6 是冰箱的工作原理示意图．

在一般情况下，制冷机的高温热源就是周围的大气，T_1为室温．式(2.7.12)表明，要获得更低的制冷温度T_2，制冷系数会更小，制冷机的工作性能越低．炎炎夏日所用的空调就是制冷机，若将室内的制冷温度调高 2～5 ℃，数以亿计的空调将节约大量的电能，并间接减少发电厂大量的碳排放．

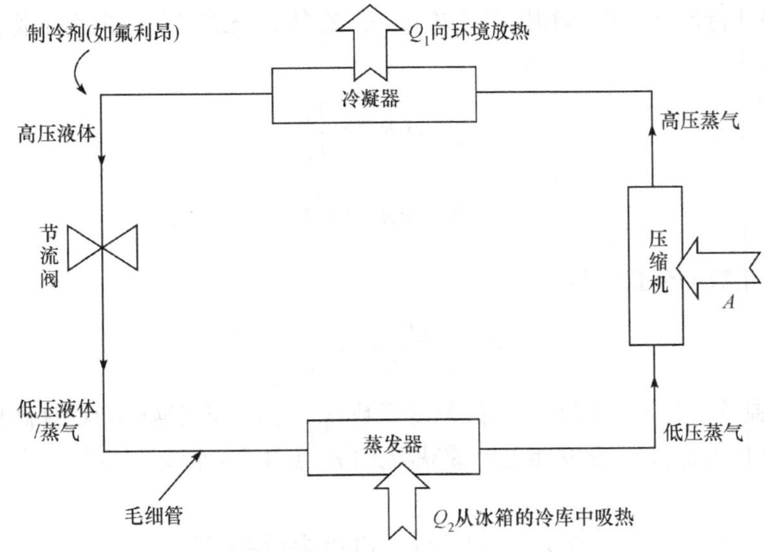

图 2.7.6　冰箱的工作原理示意图

例 2.7.1　有一种回热式制冷机，由两个等温过程和两个等体过程组成，叫作**逆向斯特林循环**(reversed Stirling cycle)，其循环曲线参见图 2.7.7．在两个等体过程中，气体与同一个物体(回热器)交换热量，把等体升压过程中吸收的热量再通过等体降压过程全部输送回去．设高、低温热源的温度分别为T_1、T_2，试求其制冷系数．

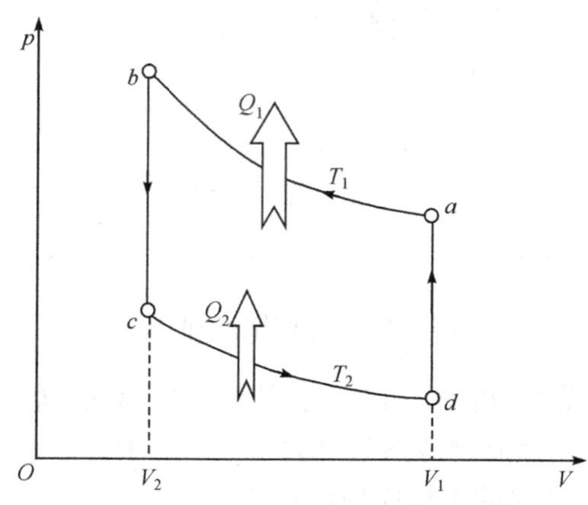

图 2.7.7 逆向斯特林循环曲线

解 在两个等体过程中，气体与同一个物体交换热量，而且两个等体过程工作在相同的两条等温线之间，故吸收和释放的热量相等，代数和为零．所以就整个循环过程而言，气体实际上并未自回热器吸收(或释放)热量．气体只在等温膨胀过程中从待制冷的低温物体吸收热量Q_2，在等温压缩过程中向高温物体释放热量Q_1，有

$$Q_1 = \nu RT_1 \ln\frac{V_1}{V_2}$$

$$Q_2 = \nu RT_2 \ln\frac{V_1}{V_2}$$

代入制冷系数的公式，得

$$\varphi = \frac{Q_2}{Q_1 - Q_2} = \frac{T_2}{T_1 - T_2}$$

可见，其制冷系数和卡诺制冷机的制冷系数φ_C一样．应用逆向斯特林循环可以得到90～12 K的低温，1979年已制成获得3.1 K低温的斯特林制冷机．

2.8 内燃机的理想循环*

根据燃烧过程在热机外部或内部的不同，热机可分为外燃机(external combustion engine)与内燃机(internal combustion engine)．18世纪开始广泛使用的蒸汽机属于外燃机，其外部的燃烧过程需要用到锅炉等加热设备，因而结构笨重且效率较低．内燃机与外燃机不同，它将燃烧过程转移到热机内部，直接以燃烧的气体或液体作为工作物质，因此会更轻便，而且因高温热源温度得到明显提高，根据卡诺热机理论，其效率会更高．事实上，1824 年卡诺已论述了这种装置，但因当时石油资源尚未被广泛开发利用(19 世纪下半叶石油开始被缓慢开采利用)而未能获得适当的燃料．

1860 年，比利时工程师勒努瓦(J. J. E. Lenoir，1822～1900)以天然气为燃料，制造了世界上第一台实用的内燃机，获得了专利并批量生产．1862～1876 年，德国工程师奥托(N. A. Otto，1832～1891)，制成了基于奥托循环的四冲程发动机原型，采用煤气为燃料将内燃机效率提高至 12%．1885 年，德国发明家戴姆勒(G. W. Daimle，1834～1900)制成了第一台使用汽油的内燃机．1886 年，德国工程师、奔驰汽车的创始人本茨(K. F. Benz，1844～1929)以汽油内燃机为核心设计制造出世界上第一辆能实际应用的汽车，虽然小有争议，但绝大部分学者将本茨视为“第一位现代汽车发明者”．1897 年，狄塞尔(R. Diesel，1858～1913)制造了世界首台柴油机，这也是一台四冲程发动机，它通过大幅提高压缩比的方法，使得效率接近了 26%，被称为“柴油机之父”．1903 年，挪威工程师艾林(J. W. Elling，1861～1949)制造了首台能靠燃烧产生的动力对外做功的燃气涡轮发动机，被称为“燃气涡轮发动机之父”．20 世纪 30 年代，英国工程师惠特尔(Sir F. Whittle，1907～1996)和德国物理学家奥海恩(H. J. P. von Ohain，1911～1998)取得了完全依赖燃气流产生推力的涡轮喷气发动机(简称喷气发动机)的专利，被认为是喷气发动机的发明人．时至今日，内燃机已广泛用作现代车辆、船舶、飞机等的发动机，对我们的日常生活与生产活动产生了深远影响．

下面我们简单介绍几种常用的内燃机循环过程．

1. 定容加热循环——奥托循环(Otto cycle)

奥托于 1876 年成功地制造出第一台四冲程火花塞点燃式内燃机，如图 2.8.1 所示．其工作原理如图 2.8.2 所示．内燃机的活塞从一个极限位置到另一个极限位置的过程，称为**冲程**．其工作循环即为奥托循环，循环过程曲线如图 2.8.3 所示．奥托循环简述如下：

(1) **吸气冲程**($e \to a$)：进气阀门打开，排气阀门关闭，活塞从气缸顶部开始下行，油气混合物被吸入气缸．整个冲程在大气压下进行，可视为**等压过程**．

(2) **压缩冲程**($a \to b$)：关闭进气阀门，活塞上行，将气缸内的工作物质(混合气体)压缩，工作物质体积减小，压强增大．由于压缩迅速，气缸散热较慢，故可视为**绝热压缩过程**．

图 2.8.1　19 世纪 80 年代的奥托机

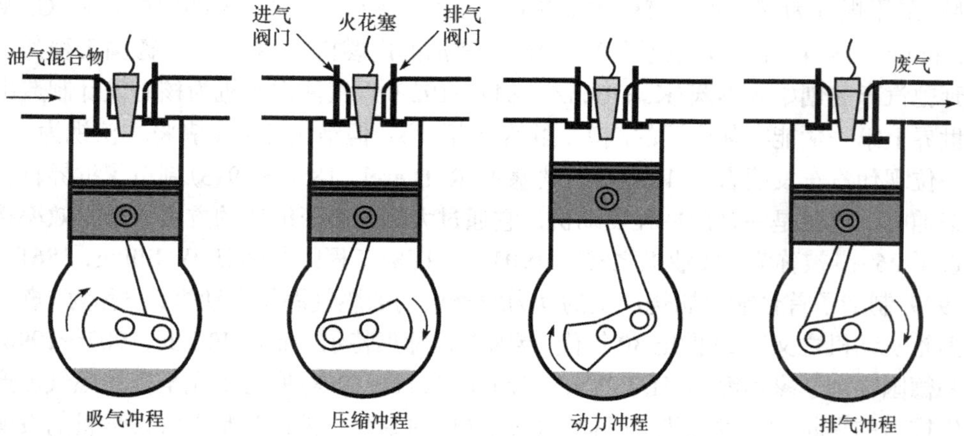

图 2.8.2　四冲程汽油机的工作原理示意图

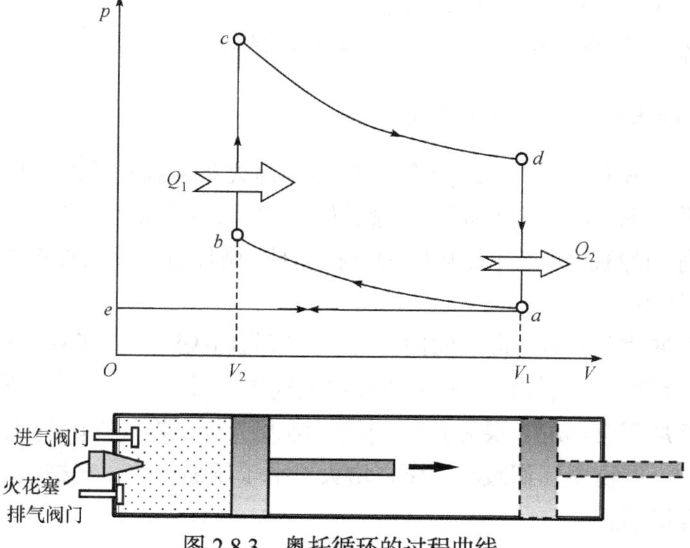

图 2.8.3　奥托循环的过程曲线

(3) **动力冲程**($b\to c\to d$)：接近压缩冲程顶点时，活塞上行至气缸顶端，由火花塞点燃混合气体，气体迅速燃烧，压强和温度急速升高．由于燃烧非常迅速，活塞的位移极小，气体体积的变化可忽略不计，故可视为**等体吸热过程**($b\to c$)；然后高温高压气体推动活塞下行对外做功，气体变为低温低压的废气．这一过程可视为**绝热膨胀过程**($c\to d$)．

(4) **排气冲程**($d\to a\to e$)：排气阀门打开，气体的压强迅速降低至大气压，虽有少量气体泄漏，但仍可近似为**等体放热过程**($d\to a$)；然后由于飞轮的惯性带动活塞上行，把剩余的废气排出气缸，这一过程可视为在大气压下进行的**等压过程**($a\to e$)．

根据前面的分析，内燃机的工作过程不是严格的闭合循环．由于存在吸气和排气过程，所以工作物质不是定量的气体，而且由于存在燃烧等化学反应，工作物质的化学成分亦发生了变化，系统最终无法完全回到最初的状态．但为了从理论上进行分析，我们可以假设气缸中的工作物质的成分不变(工作物质中 80%是氮气，它不参与燃烧，因而化学成分不变)，同时进气和排气过程的功相互抵消，我们可以仅分析封闭在气缸内的定量的气体，其循环过程即为 $abcda$．

在整个循环过程中，工作物质主要在等体升压过程($b\to c$)中吸热，在等体降压过程($d\to a$)中放热．假设气体的定体摩尔热容为 $C_{V,\mathrm{m}}$，并以 T_a、T_b、T_c、T_d 表示 a、b、c、d 的温度，则气体在两个等体过程中吸收和释放的热量分别为

$$Q_1 = \nu C_{V,\mathrm{m}}\left(T_c - T_b\right)$$

$$Q_2 = \nu C_{V,\mathrm{m}}\left(T_d - T_a\right)$$

然后代入热机的效率公式，有

$$\eta = 1 - \frac{Q_2}{Q_1} = 1 - \frac{T_d - T_a}{T_c - T_b}$$

由于 $a\to b$ 和 $c\to d$ 是绝热过程，满足

$$\frac{T_a}{T_b} = \left(\frac{V_2}{V_1}\right)^{\gamma-1}$$

$$\frac{T_d}{T_c} = \left(\frac{V_2}{V_1}\right)^{\gamma-1}$$

由此得

$$\frac{T_a}{T_b} = \frac{T_d}{T_c} = \frac{T_d - T_a}{T_c - T_b}$$

于是

$$\eta = 1 - \frac{Q_2}{Q_1} = 1 - \frac{T_a}{T_b} = 1 - \left(\frac{V_2}{V_1}\right)^{\gamma-1}$$

引入绝热压缩比$r = V_1 / V_2$，代入上式得

$$\eta = 1 - \frac{1}{r^{\gamma-1}} \tag{2.8.1}$$

由上式可以看到，奥托循环的效率只由绝热压缩比r所决定，r越大，效率η越大．但是，大的压缩比有可能使得油气混合物的温度过高，以至于还没有来到压缩冲程的顶点就出现早燃的现象；另一方面，大的压缩比也会使得油气混合物的密度过大，燃烧过于猛烈，从而使气缸和活塞受到极大的冲击力，产生爆震现象，不利于热机的平稳工作．因此，普通的内燃机采用的绝热压缩比不会超过10，通常为5～7.

2. 定压加热循环——狄塞尔循环(Diesel cycle)

德国工程师狄塞尔于1892年设计了压缩点火式内燃机，但第一台“真正的”压燃式柴油机的诞生却是在1897年1月，如图2.8.4所示．第一台柴油机仍然笨重，达4.5吨，但它的总效率达25.6%，相当于当时最好的蒸汽机效率的两倍．现今100%的重型汽车和40%的乘用型汽车的发动机是狄塞尔发明的柴油机．为了纪念他的贡献，只要打开柴油机驱动的汽车，我们都能看到发动机上“Diesel”的字样．

图2.8.4　第一台真正的压燃式柴油机诞生

在狄塞尔循环中，燃料气体在气缸中被压缩到它的温度超过其燃点，从而使得气体一边燃烧，一边推动活塞对外做功．狄塞尔循环是四冲程柴油机的工作循环，其循环曲线如图2.8.5所示．其工作过程简述如下．

(1) **吸气冲程**($e \to a$)：活塞下行，空气在大气压下被**等压**地吸入气缸．

(2) **压缩冲程**($a \to b$)：活塞上行至气缸顶端，空气被**绝热压缩**，体积由V_1变为V_2，温度升高到足够高的T_b，超过燃料的燃点．

(3) **动力冲程**($b \to c \to d$)高压柴油从喷嘴以雾状喷出，由于压缩空气的温度已超过柴油的燃点，故柴油自行燃烧，且一边燃烧一边膨胀，推动活塞对外做功，可视为**等压膨胀过程**($b \to c$)；当燃料燃烧完之后，气体继续**绝热膨胀**对外做功，直到活塞下行至气缸底端($c \to d$)．

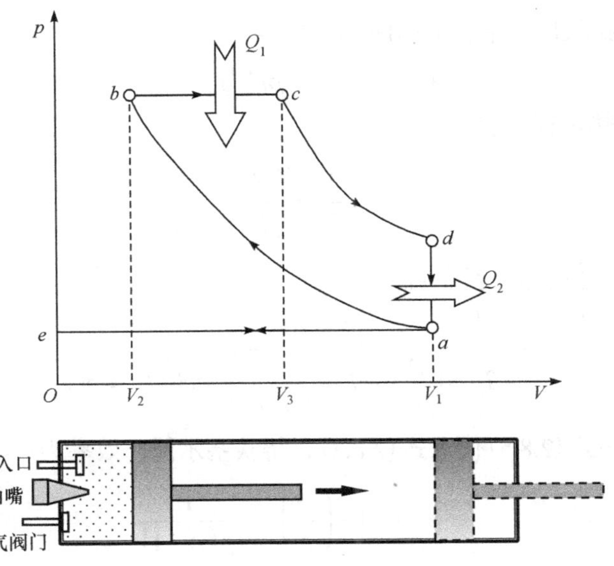

图 2.8.5　狄塞尔循环的过程曲线

(4) **排气冲程**($d \to a \to e$)：排气阀门打开，气缸内的气压迅速降至大气压，可视为**等体**放热过程($d \to a$)；然后活塞上行将剩余气体排出，此为**等压过程**($a \to e$).

与前面分析奥托循环类似，我们只考虑 $abcda$ 所示的循环主体过程．在这个循环过程中，气体从等压过程($b \to c$)中吸热 Q_1，在等体过程($d \to a$)中放热 Q_2，有

$$Q_1 = \nu C_{p,\mathrm{m}}\left(T_c - T_b\right)$$

$$Q_2 = \nu C_{V,\mathrm{m}}\left(T_d - T_a\right)$$

代入循环效率公式，可得

$$\eta = 1 - \frac{Q_2}{Q_1} = 1 - \frac{C_{V,\mathrm{m}}\left(T_d - T_a\right)}{C_{p,\mathrm{m}}\left(T_c - T_b\right)} = 1 - \frac{1}{\gamma} \cdot \frac{T_d - T_a}{T_c - T_b} \tag{2.8.2}$$

$a \to b$ 是绝热过程，有

$$\frac{T_a}{T_b} = \left(\frac{V_2}{V_1}\right)^{\gamma-1} = \frac{1}{r^{\gamma-1}}$$

得

$$T_b = r^{\gamma-1} T_a \tag{2.8.3}$$

$b \to c$ 是等压过程，有

$$\frac{T_c}{T_b} = \frac{V_3}{V_2} = \rho$$

ρ 称为定压膨胀比．结合上面两式，可得

$$T_c = \rho r^{\gamma-1} T_a \tag{2.8.4}$$

$c \to d$ 亦是绝热过程，有

$$\frac{T_d}{T_c} = \left(\frac{V_3}{V_1}\right)^{\gamma-1}$$

考虑到，$\dfrac{V_3}{V_1} = \dfrac{V_3}{V_2} \cdot \dfrac{V_2}{V_1} = \dfrac{\rho}{r}$，则

$$T_d = \left(\frac{\rho}{r}\right)^{\gamma-1} T_c = \left(\frac{\rho}{r}\right)^{\gamma-1} \cdot \rho r^{\gamma-1} T_a = \rho^{\gamma} T_a \tag{2.8.5}$$

将式(2.8.3)～式(2.8.5)代入式(2.8.2)，得狄塞尔循环效率为

$$\eta = 1 - \left(\frac{\rho}{r}\right)^{\gamma-1} \cdot \frac{1}{\gamma(\rho - 1)} \tag{2.8.6}$$

由上式可以看到，r 越大，效率 η 越高，这和奥托循环类似．由于柴油机没有爆震现象，所以压缩比可以充分提高．但是 r 也不能太大，否则为了能够承受压缩末态的巨大压强，机件会做得非常粗重．通常柴油机的压缩比可达 12～20，所以柴油机的工作效率高于汽油机．

思 考 题

2.1 外界对系统做功的公式 $W = -\int_{V_1}^{V_2} p \mathrm{d}V$ 对于非静态过程是否成立？如果用此式计算气缸中的气体通过活塞对外界输出的功，那么除了准静态过程这一条件外，还需要具备什么条件？

2.2 试指出下面说法是否正确，如有错误，指出错误所在．

(1) 高温物体所含热量多；低温物体所含热量少．

(2) 同一物体温度越高所含热量越多．

2.3 在日常生活中，有人将温度、热量、内能、热现象等不同概念全部称为“热”，试指出以下不同用语中的“热”指的是哪个概念．

(1) 摩擦生热；

(2) 热功当量；

(3) 这盆水太热；

(4) 热与工农业生产的关系非常密切．

2.4 热力学系统的内能是态函数，对此作如下理解是否正确？

(1) 一定量的某种气体处于某一定状态，就具有一定的内能；

(2) 此内能是可以直接测定的；

(3) 此内能只有一个数值；

(4)当参考状态的内能值选定之后，对应于某一内能值只可能有一个确定的状态.

2.5　热力学第一定律有以下三种常用的表达式：

$$\Delta U = Q + W$$

$$\Delta U = Q - \int p\mathrm{d}V$$

$$\nu C_{V,\mathrm{m}}\Delta T = Q - \int p\mathrm{d}V$$

请问，这三个表达式是否完全等价？提示：试从适用范围和条件上来加以分析.

2.6　某理想气体从初态 (p_0, V_0, T_0) 分别经等压、等温、绝热等不同的准静态过程膨胀到体积 V . 试分析在哪一过程中气体吸收的热量最多？各过程气体内能的改变是否相同？

2.7　某理想气体从同一初态出发，分别经等体、等压、绝热三种不同的准静态过程升高相同的温度：

(1)试在 p-V 图中作出这三条过程曲线；

(2)三个过程的末态并不相同，但气体内能的增量 ΔU 相同，为什么？

(3)如果不是理想气体，三个 ΔU 是否仍相同？

2.8　某理想气体按 $pV^2 =$ 常量 的规律膨胀，请分析在这一过程中气体的温度是升高还是降低？

2.9　理想气体从同一状态分别经历一个绝热过程 ab 和两个不同的多方过程 ac、ad 到达温度相同的末态，如图所示. 试分析两个多方过程的摩尔热容的正负.

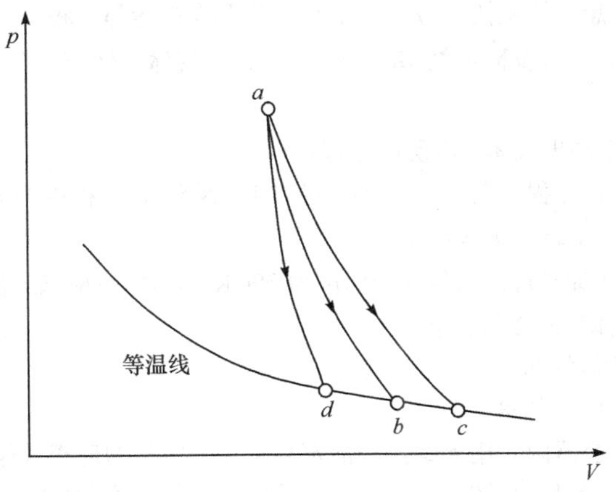

思考题 2.9 图

2.10　一定量的理想气体由初态 (p_1, V_1) 作绝热自由膨胀变成体积 $V_2 = 2V_1$ 的末态，由热力学第一定律可得 $T_2 = T_1$. 现在要求 p_2 ，有两种方法：

(1)按 $p_1V_1 = p_2V_2$ ，可得 $p_2 = \frac{1}{2}p_1$ ；

(2)按 $p_1V_1^\gamma = p_2V_2^\gamma$ ，可得 $p_2 = \frac{1}{2^\gamma}p_1$.

请问哪个答案是正确的？为什么？

2.11　请分析哪一种方法能够使卡诺热机的工作效率提高得更大：是将高温热源的温度增

加 ΔT，还是将低温热源的温度降低 ΔT？

2.12 制冷系数是否可大于 1？这是否违反热力学第一定律？

2.13 冬天用空调机或电炉取暖，哪一种方法更省电？

习 题

2.1 (1) 10^4 mol 的理想气体作准静态的等温压缩，压强从 1 atm 增加到 10 atm，温度为 300 K. 求在此等温压缩过程中外界对气体所做的功；

(2)压强恒为 30 atm 的水蒸气进入蒸汽机的圆柱形气缸内，推动直径为 0.4 m 的活塞行进 0.5 m，求水蒸气所做的功.

2.2 一定量（ν mol）的某理想气体处于初始平衡态 (T_1, p_1)，然后经一准静态过程压缩到原来体积的 1/2. 在整个压缩过程中，气体的温度不断变化，从而使得气体满足过程方程 $p = AV$，其中 A 为常量.

(1)求末态的温度 T_2，用 T_1 表示；

(2)求外界对气体所做的功，用 ν、T_1 和 R 表示.

2.3 在标准状态下，冰的密度为 $916.23\ \text{kg/m}^3$，而水的密度为 $999.84\ \text{kg/m}^3$. 请问，在此压强条件下，10 kg 的冰融化成水要做多少功？

2.4 一定量的理想气体从初态 (p_1, V_1)，经一准静态的等体过程，压强变为初态的 2 倍；然后气体等温膨胀，使压强又降回初态时的值 p_1；最后气体再经历一个等压过程，使体积回到初态的值 V_1.

(1)在 p-V 相图中画出气体所经历的过程；

(2)计算在每一个过程中外界对气体所做的功及整个过程的总功. 已知气体的量为 $\nu = 2\times10^3$ mol，$p_1 = 2$ atm，$V_1 = 4\ \text{m}^3$.

2.5 2 mol 的某单原子理想气体处于温度为 300 K 的初始平衡态. 若气体经历一准静态的等温过程膨胀为初始体积的 2 倍，求：

(1)外界对气体所做的功；

(2)气体从外界吸收的热量.

2.6 一圆柱形的容器内，用无摩擦的活塞封装了一定量的理想气体，气体经准静态过程 acb 由初态 a 变化到末态 b，如图所示. 已知在过程 acb 中，系统吸收了 80 J 的热量，对外做功 30 J.

(1)如果气体经 adb 过程由初态 a 到末态 b，系统对外做功 10 J，则系统吸收的热量是多少？

(2)如果系统由 b 态经图中虚线所代表的过程回到 a 态，外界对系统做功 20 J，求该过程中系统从外界吸收的热量.

(3)如果系统在 a 态时内能 $U_a = 0$ J，在 d 态时 $U_d = 40$ J，计算在 ad 和 db 两个过程中系统吸收的热量各为多少？

2.7 质量为 8 kg，体积为 $10\ \text{m}^3$ 的氧气处于 300 K 的初始平衡态，然后经历某准静态过程将其压缩到体积为 $5\ \text{m}^3$.

(1)若是等压压缩，求外界对系统所做的功；

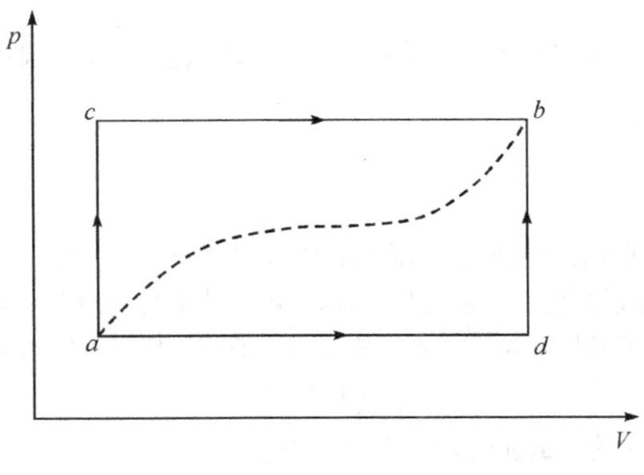

习题 2.6 图

(2) 若是等温压缩，求外界对系统所做的功；

(3) 求经历 (1) 的过程后，末态的温度；

(4) 求经历 (2) 的过程后，末态的压强.

2.8　已知一气象探测气球在上升的过程中体积由 1 m^3 膨胀为 1.8 m^3，而内部的气体(视为理想气体)的压强由 1 bar 减小为 0.5 bar($1\ \text{bar} = 10^5\ \text{Pa}$). 气球内气体的内能满足 $U = 800T$，式中 T 为热力学温度.

(1) 假设在气球上升过程(视为准静态过程)中，气体满足过程方程 $V = Ap + B$，求常量 A、B 的值；

(2) 如果初态温度为 300 K，求末态温度；

(3) 求膨胀过程中外界对气体所做的功；

(4) 求膨胀过程中气体吸收的热量.

2.9　在低温区，固体的摩尔热容满足德拜 T^3 律(Debye T^3 law)，即

$$C_{\mathrm{m}} = A\left(\frac{T}{\theta}\right)^3$$

其中 $A = 19.4\times10^2\ \mathrm{J/(mol\cdot K)}$，$\theta$ 为德拜温度，对于 NaCl 而言，$\theta = 320\ \mathrm{K}$. 求：

(1) NaCl 在温度为 10 K 和 50 K 时的摩尔热容的大小；

(2) 2×10^3 mol 的 NaCl 从 10 K 升温至 50 K 时吸收的热量.

2.10　设 1 mol 某非理想气体满足物态方程

$$(p+b)V_{\mathrm{m}} = RT$$

内能可表示为

$$U_{\mathrm{m}} = aT + bV_{\mathrm{m}} + U_{\mathrm{m}0}$$

试求：

(1) 等体摩尔热容 $C_{V,\mathrm{m}}$；

(2) 证明 $C_{p,\mathrm{m}} - C_{V,\mathrm{m}} = R$.

2.11　根据爱因斯坦的质能公式 $E = mc^2$，如果对物体加热，物体的质量会发生微小的增加. 如果将一块铜从 300 K 加热到 400 K，请估算铜块质量的相对增量的数量级. 已知在此温度范围内，铜的定压摩尔热容 $C_{p,\mathrm{m}} = 26\ \mathrm{J/(mol\cdot K)}$，铜的摩尔质量 $M = 63.5\times10^{-3}\ \mathrm{kg/mol}$.

2.12 常温下氧气分子可视为双原子刚性分子，其$C_{V,\mathrm{m}}=\dfrac{5}{2}R$．现将 2 mol 的氧气从 27 ℃升温至 227 ℃，求：

(1) 内能的增量；

(2) 焓的增量.

2.13 已知黑体空腔内的平衡辐射光场满足状态方程$p=aT^4/3$，其中p为光压，T为平衡温度，a是常量．辐射光场的能量满足$U=aT^4V$，其中V为空腔的容积.

(1) 如果辐射光场等温膨胀为原来体积的 2 倍，证明光场吸收的热量为

$$Q=(4/3)aT^4V$$

(2) 如果空腔是绝热的，试证明VT^3是一个常量.

2.14 原子弹爆炸的瞬时产生的火球内部有一个半径为 15 m，温度为3×10^5 K 的高温气体球，该气体球迅速膨胀（可视为绝热），试估算当气体球绝热膨胀到多大半径时，气体温度降至 3000 K．取$\gamma=1.4$．

2.15 设 1 mol 某非理想气体满足物态方程：$p(V_\mathrm{m}-b)=RT$，内能满足

$$U_\mathrm{m}=C_{V,\mathrm{m}}T+U_{\mathrm{m}0}$$

其中b、$U_{\mathrm{m}0}$、$C_{V,\mathrm{m}}$均为常量．证明：在准静态绝热过程中，该气体满足过程方程

$$p(V_\mathrm{m}-b)^\gamma=\text{常量}$$

其中$\gamma=C_{p,\mathrm{m}}/C_{V,\mathrm{m}}$．

2.16 卡诺热机工作在两个温度分别为 400 K 和 300 K 的恒温热源之间.

(1) 如果每经历一个循环，热机的工作物质就从高温热源吸收 1200 kcal 的热量，那么工作物质向低温热源释放多少热量？

(2) 如果工作物质逆向运转成为卡诺制冷机，工作物质从低温热源吸收 1200 kcal 的热量，则工作物质向高温热源释放多少热量？

(3) 对于 (1) 和 (2)，每经历一个循环，工作物质对外做的净功各为多少？

(4) 计算 (1) 的热机效率，及 (2) 的制冷系数.

2.17 某卡诺热机的工作物质是单原子理想气体．已知在等温膨胀中，工作物质的体积变为原来的 2 倍，而在绝热膨胀中，工作物质的末态体积与初态体积之比为 5.7．如果每经历一次循环，工作物质对外做功9×10^5 J，请问该卡诺循环中两个恒温热源的温度各为多少？假设工作物质的$\nu=1\times10^3$ mol．

2.18 如图所示为 1 mol 单原子理想气体所经历的准静态循环过程，由两个等压过程和两个等体过程构成．已知$p_1=2$ atm，$V_1=1\ \mathrm{m}^3$，$V_2=2\ \mathrm{m}^3$，$p_3=1$ atm．求该循环的效率.

2.19 如图所示，焦耳循环 (Joule cycle) 包括两个等压过程和两个绝热过程．假设工作物质是理想气体，等体摩尔热容和等压摩尔热容分别为$C_{V,\mathrm{m}}$和$C_{p,\mathrm{m}}$．试证明该循环的效率为

$$\eta=1-\left(\frac{p_1}{p_2}\right)^{(\gamma-1)/\gamma}$$

其中$\gamma=\dfrac{C_{p,\mathrm{m}}}{C_{V,\mathrm{m}}}$．

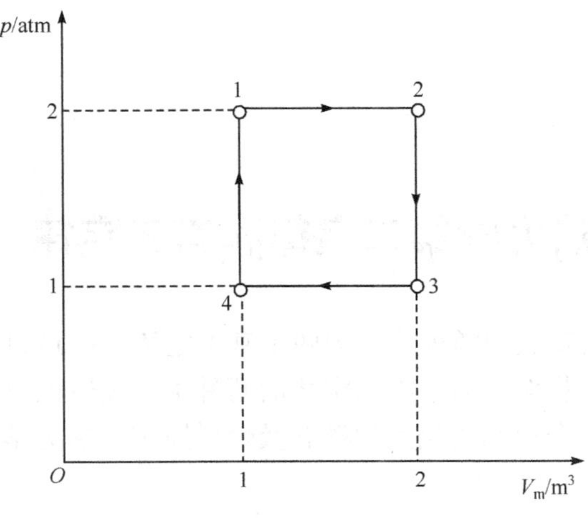

习题 2.18 图

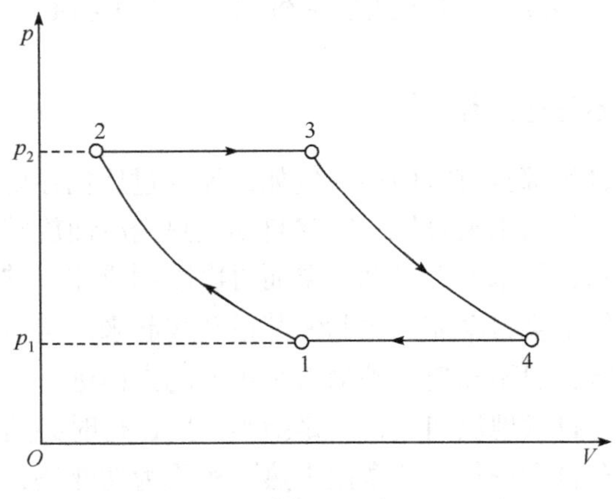

习题 2.19 图

2.20* 空调机是使室内降温的装置. 从本质上说，它就是一部制冷机，利用外界做功，从(较凉的)室内吸取热量并将其排放到(较热的)室外. 假设一部室内空调机按卡诺逆循环工作，高温热源 T_1 是室外空气，低温热源 T_2 是室内空气，且 $T_1 > T_2$. 当它连续工作时，从电网消耗的电功率为 P J/s .

(1) 每一秒钟，空调从室内吸取热量 Q_2，并向室外排放热量 Q_1. 试用 T_1 和 T_2 来表示空调机的工作效率 Q_2 / P；

(2) 漏到室内的热量 Q 满足牛顿冷却定律：$Q = A(T_1 - T_2)$，当空调机连续工作时，试导出 T_2 随 T_1、P 和 A 变化的关系式，假设室外温度 T_1 不变，室内温度 T_2 处处均匀.

第 3 章　热力学第二定律和第三定律

本章将介绍宏观热力学理论中的两条基本定律——热力学第二定律和热力学第三定律．我们将对热力学第二定律的两种不同表述以及统计意义作详细讨论，并在此基础上介绍和讨论熵的概念及熵增原理．热力学第三定律将只作简单介绍．

3.1　可逆过程和不可逆过程

3.1.1　可逆过程与不可逆过程

自然界的宏观过程都具有方向性．例如，风掠过后仍在旋转的风车，会因摩擦生热而自动停止，但从未见过风车能够自动由热变冷而旋转起来；初春暖阳照耀下冰逐渐融化为水，但水不会自动降温而再次凝固成冰；被扎破的轮胎会逐渐漏气而瘪下去，空气不会自动充入轮胎使其重新鼓起来．这些自然的**过程能够自发地沿某一方向进行，但不能自发地沿与之相反的方向进行，这就是过程的方向性**．这里所说的不能自发地反向进行，是指当反向进行时必然伴随着对外界的其他影响．例如，风车自发进行的“摩擦生热”实质为功变热，如果要反向进行把热变成功，需要借助热机，但热机在工作中会向外界释放热量；要让温暖环境中的水再次冻结成冰块，需要制冷机，而制冷机要运转必须有外界对其做功；要让瘪下去的轮胎重新鼓起，需要借助打气筒对其充气，即外界要对其做功．这些自然过程反向进行时，必然产生对外界的影响．由此，我们引入不可逆过程和可逆过程来描述过程的上述性质：

如果一个过程一旦发生，无论通过何种途径都无法使系统和外界都回到原来的状态，此过程即称为**不可逆过程**(irreversible process)．

如果一个过程可以反向进行使系统回到原来的状态而不对外界产生任何影响，此过程即称为**可逆过程**(reversible process)．

以上所列举的功变热、热传递、气体的自由膨胀过程都是不可逆过程．实际上，由于摩擦等耗散因素的存在，严格地说，一切与热现象有关的宏观过程都是不可逆的，即自然界所发生的一切与热现象有关的实际过程都只能沿一个方向进行，反方向的逆过程则不可能自发地进行.

可逆过程也是一种理想的极限概念，它在热学中有非常重要的地位. 如果一个无耗散的过程进行得足够缓慢，过程进行的任意时刻系统都可近似认为处于平衡态，则此过程可近似为可逆过程. 即，**无耗散的准静态过程就是可逆过程**. 显然，所有的可逆过程都是准静态过程. 但是准静态过程不一定是可逆过程，因其可能包含耗散因素.

3.1.2　典型的不可逆过程

如下是一些典型的不可逆过程：

(1) 电池通过电阻丝放电，电能转换为焦耳热，如图 3.1.1 所示. 逆向过程是不可能发生的：通过加热电阻丝使电池将能量转变为电能储存下来.

(2) 两种气体分子的扩散现象，抽去隔板之后两种气体将混合均匀，如图 3.1.2 所示. 逆向过程，即两种气体由均匀混合自动分开，再一次各自占据容器的左右两个部分，是不会发生的.

(3) 气体的绝热自由膨胀，容器右侧为真空，抽去隔板之后气体向真空作自由膨胀，最后均匀分布在整个容器内，如图 3.1.3 所示. 逆向过程，气体自动压缩回到原来的体积是不可能发生的.

(4) 热量可以自发地从高温物体流向低温热源，如图 3.1.4 所示，而逆向过程不可能自动发生. 如果 $T_2 > T_1$，则物体的温度最终将变为 T_1，与低温热源达到热平衡.

(5) 地球表面的重物（如苹果）下落（见例 3.9.3）.

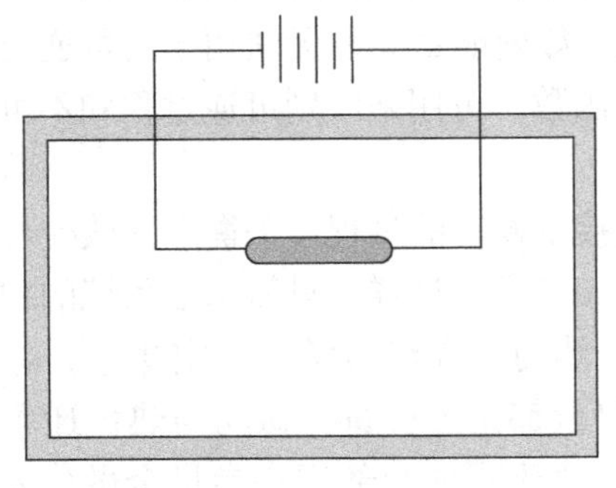

图 3.1.1　电池通过电阻丝放电，从而实现对周围介质加热

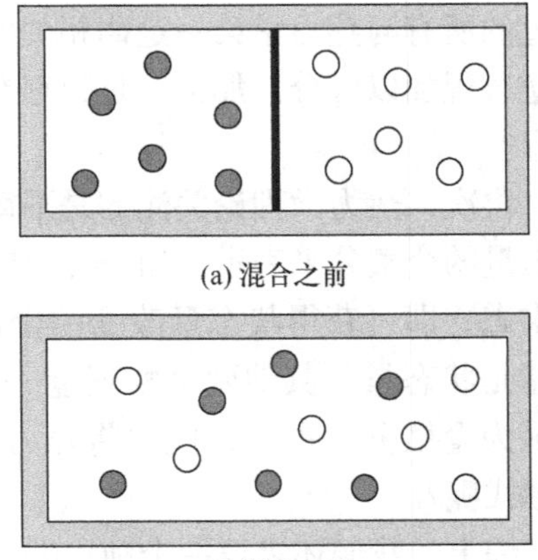

图 3.1.2　两种不同的气体

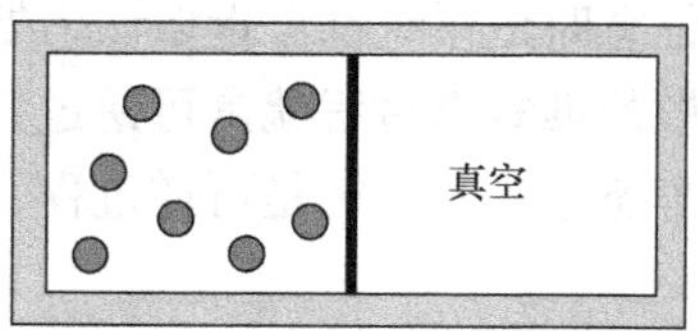

图 3.1.3 气体向真空作自由膨胀

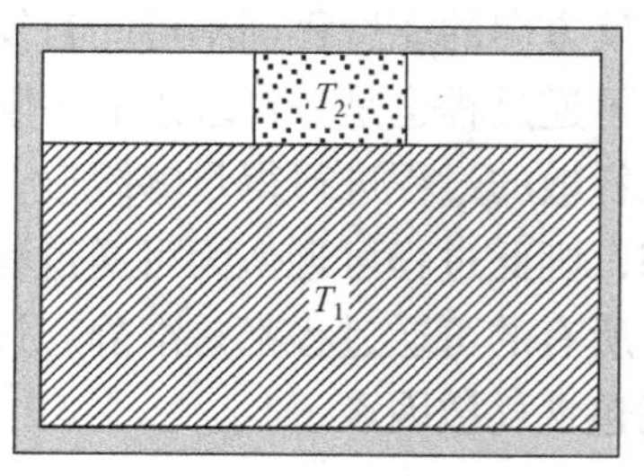

图 3.1.4 物体与低温热源发生热接触（达到热平衡之前）

这些过程都是不可逆过程，即它们的逆向过程是不可能自动发生的．它们都可以用 3.2 节介绍的热力学第二定律的两种表述来加以证明．

3.1.3 存在的问题*

热力学第一定律是涉及热现象的能量守恒和转换的定律，由于其简单、普适及实用性而众所周知．但是，热力学第一定律只是指出自然界的能量可以在不同物质、不同形式之间转换，并且转换时总量必然守恒，但对能量转换过程的方向性却不置一词．然而，正如上面所阐述的，自然界的宏观过程是有方向性的，自然过程的方向性会产生重要的结果．例如，我们不可能制造一个完美的热机，实现100% 的热功转换效率，尽管此热机并不与热力学第一定律矛盾．这意味着，如果只有热力学第一定律，描述自然界的热力学理论还不够完整．

其次，热力学过程分为可逆过程和不可逆过程．然而，迄今为止我们已经学习过的所有与热力学第一定律相关的态函数，如内能 U ，都无法用于对可逆与不可逆过程加以区分．那么，是否存在一个态函数，可用来区别可逆过程和不可逆过程？

再次，热力学理论关注的是平衡态和连接平衡态的过程．平衡态的改变可用状态量的全微分来表示，如 $\mathrm{d}p$ 、$\mathrm{d}V$ 、$\mathrm{d}T$ 、$\mathrm{d}U$ 等，这样，只需知道系统的初态和末态，即可获得状态量改变的全部信息．然而，在热力学第一定律中，除了内能是状态量，其他两个物理量——功和热量都是过程量，做功与热传递不能表示为全微分．那么，能否将热力学第一定律改写成全部用态参量全微分表达的形式呢？

综上，我们还需要一个独立的自然定律，即热力学第二定律，以及与这个定律相关的基本概念，来回答这些热力学第一定律无力解答的问题．此即为本章讨论的主要内容．

3.2　热力学第二定律

热力学第二定律是关于内能与其他形式的能量(如机械能与电磁能)相互转化过程的方向性的基本定律，它独立于热力学第一定律.

热力学第二定律是在研究如何提高热机效率的过程中被逐步发现的. 自 1679 年法国物理学家巴本(D. Papin，1647～1712)发明了第一部蒸汽机原型之后，1712 年起英国人纽可门制造的蒸汽机开始在全英国的煤矿业普遍使用. 18 世纪下半叶，英国人瓦特(J. Watt，1736～1819)改进的蒸汽机开始在工业上广泛应用，引领了以机器代替手工劳动为特征的第一次工业革命，彻底改变了世界的面貌. 如何提高热机的效率是当时的人们面临的重要课题. 为此，法国人卡诺于 19 世纪 20 年代提出卡诺循环和卡诺热机的概念，采用当时流行的“热质说”证明了热机效率公式和卡诺定理. 实践证明，卡诺抓住了热机效率的本质，卡诺定理是正确的. 然而，用来证明卡诺定理的热质说与热力学第一定律不符，是错误的. 为解决这一矛盾，克劳修斯和开尔文各自独立地提出了热力学第二定律.

3.2.1　热力学第二定律的两种表述

19 世纪中期，克劳修斯(R. J. E. Clausius，1822～1888)和开尔文分别提出了热力学第二定律的两种表述. 可以证明，这两种表述是等价的.

克劳修斯表述(1850 年)：

不可能把热量从低温物体传到高温物体而不引起其他变化.

克劳修斯表述实质上指出,自然界自发地进行的从高温物体到低温物体的“热传递现象是不可逆的”.

克劳修斯表述也可写作：热量不可能自发地从低温物体传递到高温物体. 显然，此表述意味着制冷系数 φ 为无穷大的卡诺制冷机是不可能实现的.

开尔文表述(1851 年)：

不可能从单一热源吸取热量，使之全部转化为有用的功而不引起其他变化.

开尔文表述实质上指出自然界自发进行的“摩擦生热(功热转化)是不可逆的”. 显然，此表述意味着效率 $\eta=100\%$ 的卡诺热机是不可能实现的. 我们把能够从单一热源吸取热量，使其全部转化为有用功输出的完美热机称为第二类永动机. 第二类永动机没有违背热力学第一定律，但是违背了热力学第二定律的开尔文表述，所以热力学第二定律的开尔文表述亦可写作：**第二类永动机是不可能造成的.**

3.2.2　热力学第二定律的两种表述的等价性

下面，我们证明克劳修斯表述和开尔文表述是等价的，论证采用反证法.

先假设克劳修斯表述不正确，则存在一个自动传热装置，能够将热量Q_2从低温热源T_2传到高温热源T_1而不对外界产生任何影响，如图 3.2.1 所示. 那么我们可以在两个热源之间设计一个卡诺热机，使它每经历一次循环能够从高温热源吸取热量Q_1，向低温热源释放热量Q_2，并实现对外做功$W = Q_1 - Q_2$. 将自动传热装置和卡诺热机联合运作，则每经历一次循环的总效果是，低温热源没有发生任何变化，系统从高温热源吸取热量$Q_1 - Q_2$，并全部转化为有用的功W对外输出. 这显然违背了热力学第二定律的开尔文表述. 因此，如果克劳修斯表述不正确，则开尔文表述也不正确.

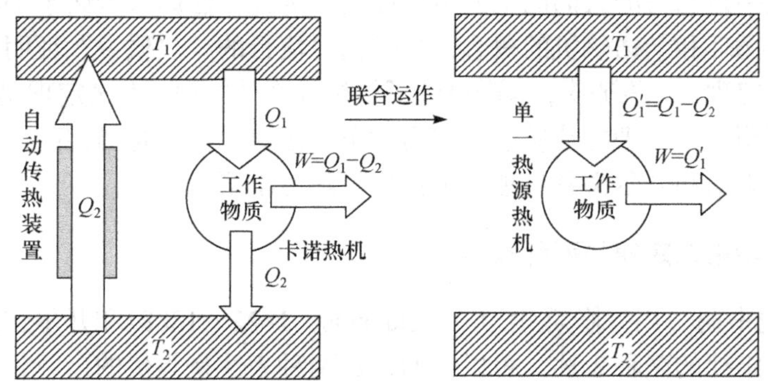

图 3.2.1　否定克劳修斯表述即否定开尔文表述

再假设开尔文表述不正确，则存在一个效率为100%的单一热源热机，能够将从高温热源吸取的热量Q_1全部转化为有用的功$W = Q_1$对外输出而不产生其他任何的影响，如图 3.2.2 所示. 那么，我们可用输出的功W去驱动一部卡诺制冷机工作，使其从低温热源吸取热量Q_2，并向高温热源释放热量$Q_1' = W + Q_2 = Q_1 + Q_2$. 将单一热源热机和卡诺制冷机联合运作，则每经历一次循环的总效果是，系统从低温热源吸取热量Q_2，向高温热源释放热量Q_2，此外没有任何其他的影响. 这显然违背了热力学第二定律的克劳修斯表述. 因此，如果开尔文表述不正确，则克劳修斯表述也不正确.

综上，即证得克劳修斯表述和开尔文表述的等价性. 因此，“摩擦生热(功热转化)”和“热传递”两类过程在其不可逆性的特征上是完全等效的，即由一个过程的不可逆性必然导出另一个过程的不可逆性. 事实上，自然界一切与热现象有关的实际宏观过程，都是不可逆的，而且各类不可逆过程之间都存在着等价性. 因此，热力学第二定律也可以有其他的表述.

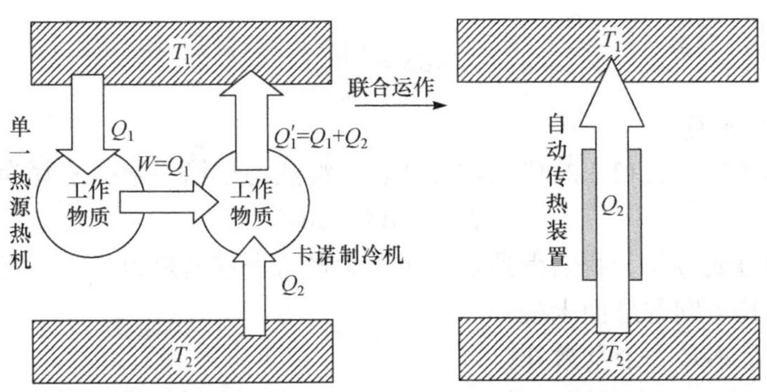

图 3.2.2　否定开尔文表述即否定克劳修斯表述

3.2.3　可能存在的全微分*

热力学第二定律实质上指出，与热相关的宏观过程是不可逆的，过程演变具有方向性．有无可能存在一个与热相关的新的态函数，以及与它对应的全微分，可以用于判断过程的方向性呢？现在我们做初步的探讨．

热力学第一定律的微分形式为

$$dU = đQ + đW \tag{3.2.1}$$

其中 $đQ$ 和 $đW$ 都不是全微分．

为讨论简便并抓住本质，我们研究状态可由态参量 p，V，T 描述的简单系统．对于其可逆过程，$đW = -p\mathrm{d}V$，于是

$$-\frac{đW}{p} = \mathrm{d}V \tag{3.2.2}$$

我们知道，V 是态参量，则 $\mathrm{d}V$ 是全微分．因此由式(3.2.2)可以看到，$đW$ 不是全微分，但乘以因子 $1/p$ 后 $đW$ 转变为一个全微分．

那么，对于 $đQ$，是否也存在一个因子，能够将其转变为一个全微分？

注意到：(1) p 和 V 与做功相关，且已在式(3.2.2)中出现，三个基本态参量只剩下温度 T，温度与热传递相关；(2) $đW$ 是广延量，p 是强度量，则 $\frac{đW}{p}$ 亦是广延量．因此，用广延量 $đQ$ 和强度量 T 构造广延量 $\frac{đQ}{T}$ 是自然的选择．我们通常把 $\frac{đQ}{T}$ 称为**热温比**．

若能证明 $\frac{đQ}{T}$ 是全微分，则可由此得到一个新的全微分 $\mathrm{d}S$ 以及与之对应的态函数 S，满足

$$dS = \frac{đQ}{T} \tag{3.2.3}$$

显然，dS 与热相关.

将式(3.2.2)与式(3.2.3)代入式(3.2.1)可将热力学第一定律改写为

$$dU = TdS - pdV \tag{3.2.4}$$

于是，对于可逆过程，我们得到全部用态参量来表述的热力学第一定律.

但仍有几个问题悬而未决：

(1) dS 是不是一个全微分?

(2) 式(3.2.4)仅适用于可逆过程,这是否意味着改写之后热力学第一定律的普适性降低了?

(3) dS 有无可能用于区分可逆过程与不可逆过程？关于这些问题，我们将在本章后面的内容中给予回答.

3.3　热力学第二定律的统计意义

热力学第二定律指出，自然界自发的宏观过程是不可逆的. 那么，怎样从微观的角度来理解热力学第二定律呢？本节我们以最简单的热力学系统——理想气体为例，从微观的角度讨论热力学第二定律的统计意义.

我们知道，气体是由气体分子组成的，气体分子不停地在做无规则运动. 事实上，这是气体动理论的基本内容(见 4.1 节). 假设有一个密闭的容器，被隔板分成左右两个等容的区域，称为左区和右区，如图 3.3.1 所示. 左区充有某种理想气体，分子数为 N，右区抽成真空. 假设左区只有 4($N=4$)个气体分子，分别用 a，b，c，d 来标记. 抽去隔板之前，4 个分子都在左区；抽去隔板之后，4 个分子则可能出现在左、右任一区内. 于是在宏观上，4 个分子在容器内的位置分布共有 5 种状态，称为系统的宏观状态. 在经典力学框架内，由于分子是可区分的(各有标记)，同一种宏观状态分别对应若干种不同的微观状态.

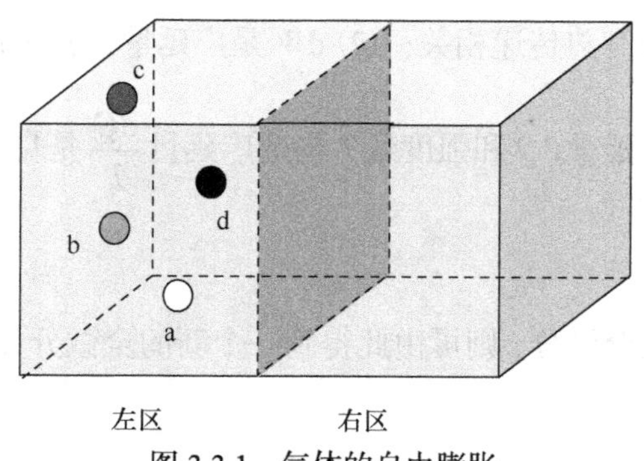

图 3.3.1　气体的自由膨胀

对于任一个分子，它处于左区和处于右区的概率相同，都是 1/2，即每一个分子的微观状态有两种，$n=2$．那么根据统计学的知识，这 4 个可区分的分子在容器中的可能分布，即系统的微观状态总数 N 应该是

$$n^N = 2^4 = 16$$

即 5 种宏观状态共有 16 种微观状态，如表 3.3.1 所示．

表 3.3.1　4 个分子的可能分布

宏观状态		微观状态		1 个宏观状态所包含的微观状态数
左区	右区	左区	右区	
4	0	a b c d	0	1
3	1	a b c	d	4
		b c d	a	
		d a b	c	
		a c d	b	
2	2	a b	c d	6
		a c	b d	
		a d	b c	
		b c	a d	
		b d	a c	
		c d	a b	
1	3	a	b c d	4
		b	c a d	
		c	b d a	
		d	a b c	
0	4	0	a b c d	1

由表 3.3.1 可以看出，4 个分子全部集中在左区（或右区）的宏观状态所对应的微观状态数最少（为 1），其出现的概率最小（1/16）；而分子均匀分布在左、右两区的微观状态数最多（为 6），其出现的概率最大（6/16）．

进一步，假设容器中有 10 个分子，如表 3.3.2 所示，系统共有 11 种宏观状态，$n^N = 2^{10} = 1024$ 种微观状态．其中 10 个分子全部集中在左区或右区的概率均为

$$\frac{1}{2^{10}} = \frac{1}{1024}$$

而 10 个分子在左、右两区中均匀分布，即两区中分子数相等 $(5,5)$ 的宏观状态出现的概率为

$$\frac{252}{2^{10}}=\frac{252}{1024}$$

为前者的 252 倍.

表 3.3.2　10 个分子的可能分布

宏观状态		1 个宏观状态所包含的微观状态数
左区	右区	
10	0	1
9	1	10
8	2	45
7	3	120
6	4	210
5	5	252
4	6	210
3	7	120
2	8	45
1	9	10
0	10	1

以此类推，不难得到，分子均匀分布的宏观状态包含最多的微观状态数，该宏观状态出现的概率最大，并且其概率随分子总数 N 的增加而急剧增大. 对实际系统，分子数为10^{23}数量级，这个概率几乎为 100%. 而分子全部集中在左区或右区的概率为$1/2^{6\times10^{23}}\to 0$，实际上是不会出现的.

若某一宏观状态所包含的微观状态的数目为Ω，则该宏观状态出现的概率 P 为

$$P=\Omega/2^{N} \tag{3.3.1}$$

很明显，在一定宏观条件下，系统存在多种可能的宏观状态，但是它们出现的概率各不相同，Ω大的宏观状态拥有较多的微观状态数，其出现的概率 P 亦较大. 实际上，我们观察到的系统的最终平衡态就是Ω最大的那一个宏观状态.

对于气体的膨胀过程，抽去隔板之前，所有分子都在左区，这个宏观状态的Ω最小；抽去隔板以后，系统经过自由膨胀达到新的平衡态，气体分子在整个容器中均匀分布，此末态的Ω最大. 反过来的过程，即分子自动地集中于左区，系统Ω不断减小的过程是不可能发生的. 因此，气体自由膨胀的不可逆性，从统计观点解释就是一个孤立的气体系统的自由膨胀过程总是向着使Ω增大的方向进行.

以上讨论是在经典物理框架内进行的. 按照量子力学的微观粒子全同性原理，同种气体分子是不可分辨的，因此Ω的具体数值会有变化，但定性的结论不会改变.

同理，对于热传递、功变热等过程的不可逆性，都可以用Ω来解释. 综上，

自发的自然宏观过程的方向性可以总结为：

一切孤立系统内部所发生的过程，总是由包含微观状态数较少的宏观状态向包含微观状态数较多的宏观状态方向进行的.

这就是热力学第二定律的统计意义.

3.4 卡诺定理

1824 年，卡诺提出了卡诺定理：

工作在两个恒温热源之间的一切热机，其效率不可能高于工作在相同的两个热源之间的卡诺热机.

正如 3.2 节提到，卡诺采用了当时流行的错误的“热质说”证明卡诺定理. 现在我们运用热力学第二定律的克劳修斯表述来证明卡诺定理.

3.4.1 卡诺定理的证明

如图 3.4.1 所示，假设卡诺定理不正确，则对于工作在两个恒温热源之间的卡诺热机 M，存在热机 M′，M 的效率低于 M′的效率，即 $\eta < \eta'$. 则由热机的循环效率公式可得

$$\frac{W}{Q_1} < \frac{W'}{Q_1'} \tag{3.4.1}$$

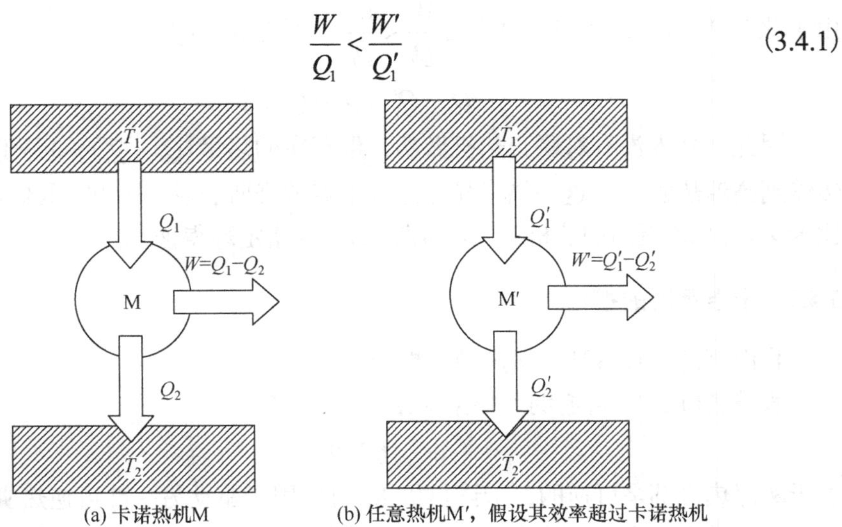

(a) 卡诺热机M　(b) 任意热机M′，假设其效率超过卡诺热机

图 3.4.1　两个热机

因卡诺循环是由四个准静态过程组成的，**卡诺热机 M 是可逆热机**，故可以在 M′的输出功的作用下逆向运转，成为卡诺制冷机，这时两者构成一部联合热机，如图 3.4.2 所示.

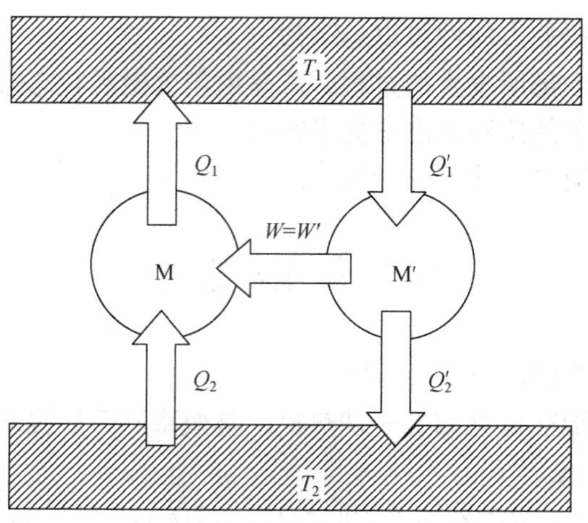

图 3.4.2 联合热机：任意热机 M′驱动卡诺热机 M 逆向运转

通过调节使每一次循环中 M 使用的功和 M′输出的功相等，即 $W = W'$ ，则

$$Q_1 - Q_2 = Q_1' - Q_2'$$

移项可得

$$Q_1 - Q_1' = Q_2 - Q_2'$$

由于此时 $W = W'$ ，式(3.4.1)变为 $\dfrac{W}{Q_1} < \dfrac{W}{Q_1'}$ ，可得 $Q_1 > Q_1'$ ，即

$$Q_1 - Q_1' = Q_2 - Q_2' > 0$$

因此，外界没有对联合热机做功，但有净的热量 $(Q_1 - Q_1') > 0$ 从低温热源 T_2 传输到高温热源 T_1. 这一结果显然违背了克劳修斯表述. 所以，我们假设的效率比卡诺热机 M 更高的热机 M′是不存在的. 卡诺定理得证.

3.4.2 卡诺定理的推论

我们可进一步得到卡诺定理的推论.

假设热机 M′是可逆的，根据卡诺定理，可得

$$\eta \geqslant \eta' \tag{3.4.2}$$

由于两部热机都是可逆的，卡诺热机 M 可以用于驱动另一部可逆热机 M′逆向运转，使其成为制冷机，并将二者构成一部联合热机. 根据前面的讨论，如果要不违背克劳修斯表述，必有

$$\eta \leqslant \eta' \tag{3.4.3}$$

式(3.4.2)和式(3.4.3)要同时成立，必有

$$\eta = \eta' \tag{3.4.4}$$

3.4.3　卡诺定理的完整表述

我们将卡诺定理及其推论结合起来，可以得到卡诺定理的完整表述：

(1) **工作在两个恒温热源之间的一切可逆热机，其效率等于工作在相同的两个热源之间的卡诺热机的效率，与工作物质没有关系.**

(2) **工作在两个恒温热源之间的一切不可逆热机，其效率小于工作在相同的两个热源之间的卡诺热机的效率.**

卡诺定理是卡诺从“热质说”出发得到的. 热质说与焦耳等的实验观测结果不符，是错误的. 但卡诺定理与大量实验结果一致，因而是正确的. 正是为了解决这一矛盾，克劳修斯与开尔文各自独立地提出了热力学第二定律的两种表述，重新证明了卡诺定理. 正如德国哲学家、马克思主义创始人之一恩格斯(F. Engels，1820～1895)所言，“他(卡诺)几乎已经探究到问题的底蕴，阻碍他完全解决这个问题的，并不是事实材料的不足，而只是一个先入为主的错误理论.” 这个错误理论就是热质说.

3.5　热力学温标

卡诺循环和卡诺定理是建立热力学温标的基础. 卡诺定理指出对于工作在相同的高温热源与低温热源之间的所有可逆热机，其热量之比 Q_2/Q_1 都是相同的，与工作物质无关，即具有独立于工作物质的属性. 开尔文洞察到这一点，在此基础上建立了与物质属性无关的**热力学温标**，也称**绝对温标**. 为纪念他的贡献，热力学温标的单位即以开尔文(Kelvin)命名.

用 θ 表示温度，在 θ-V 相图中可将卡诺循环分为工作物质相同的两个子循环，如图 3.5.1 所示. 对应的卡诺热机的工作原理如图 3.5.2 所示.

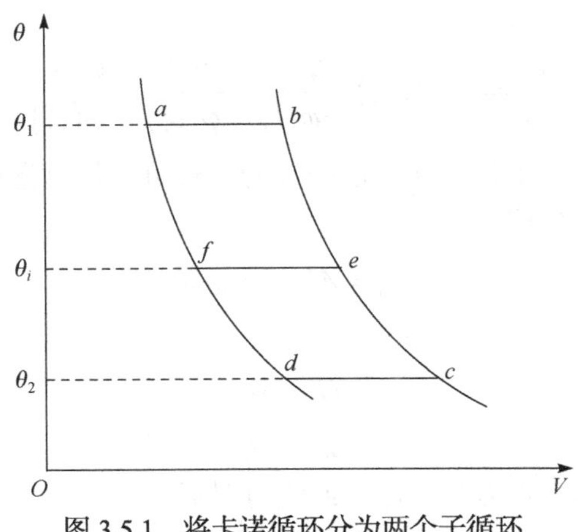

图 3.5.1　将卡诺循环分为两个子循环

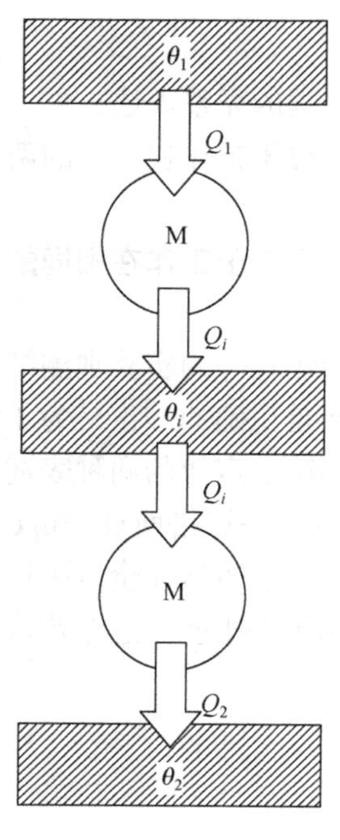

图 3.5.2　图 3.5.1 中的两个卡诺热机的工作原理示意图

在 θ-V 图中，由 $a\to b$ 表示一个等温膨胀过程，系统从外界吸取热量 Q_1．同理，$c\to d$ 表示一个等温压缩过程，系统向外界释放热量 Q_2．对于循环 $abcda$，

$$\frac{Q_2}{Q_1}=f\left(\theta_1,\theta_2\right)$$

式中，f 表示一个只与温度 θ_1 和 θ_2 有关的普适函数，与工作物质没有关系．

同理，在子循环 $abefa$ 中有

$$\frac{Q_i}{Q_1}=f\left(\theta_1,\theta_i\right)$$

同理，在子循环 $fecdf$ 中有

$$\frac{Q_2}{Q_i}=f\left(\theta_i,\theta_2\right)$$

由

$$\frac{Q_2}{Q_i}\cdot\frac{Q_i}{Q_1}=\frac{Q_2}{Q_1}$$

可得

$$f\left(\theta_i,\theta_2\right)f\left(\theta_1,\theta_i\right)=f\left(\theta_1,\theta_2\right)$$

由于等式的右边只与 θ_1 和 θ_2 有关，因此等式的左边也只能是 θ_1 和 θ_2 的函数，即 θ_i 必须要能消去．则函数 $f\left(\theta_1,\theta_i\right)$、$f\left(\theta_i,\theta_2\right)$ 必可表达为如下形式：

$$\frac{Q_i}{Q_1}=f\left(\theta_1,\theta_i\right)=\frac{\varphi(\theta_i)}{\varphi(\theta_1)},\quad \frac{Q_2}{Q_i}=f\left(\theta_i,\theta_2\right)=\frac{\varphi(\theta_2)}{\varphi(\theta_i)}$$

于是

$$\frac{Q_2}{Q_1}=f\left(\theta_1,\theta_2\right)=\frac{\varphi(\theta_i)}{\varphi(\theta_1)}\cdot\frac{\varphi(\theta_2)}{\varphi(\theta_i)}=\frac{\varphi(\theta_2)}{\varphi(\theta_1)}$$

φ 为另一个未知的普适函数．此普适函数的形式可以任意选取，不同的选择定义不同的温标．开尔文建议

$$\varphi(\theta)=A\theta,\quad A\text{是常数}\tag{3.5.1}$$

故

$$\frac{Q_2}{Q_1}=\frac{\theta_2}{\theta_1}\tag{3.5.2}$$

这样定义的温标 θ 称为热力学温标，或绝对温标．

式(3.5.2)只定义了两个热力学温度的比值，要确立热力学温标，尚需一个固定点．1954 年国际计量大会规定，水的三相点的热力学温度为 273.16 K，这样热力学温标就完全确定了．例如，对于一部工作在任意 θ 和 $\theta_2 = 273.16\ \mathrm{K}$ 的两个热源之间的卡诺热机，可得

$$\theta = 273.16\ \mathrm{K} \cdot \frac{Q}{Q_2} \tag{3.5.3}$$

Q 值越小，温度 θ 的值越小．Q 的极小值为 0，所以热力学温度 θ 的极小值为 0 K，称之为绝对零度．

式(3.5.2)的温度之比和我们分析理想气体作为工作物质的卡诺循环时，得到的温度之比

$$\frac{Q_2}{Q_1} = \frac{T_2}{T_1}$$

是一样的．因此

$$\frac{\theta_2}{\theta_1} = \frac{T_2}{T_1}$$

即取任意两个对应同样热量的热力学温度与理想气体温度，它们的比值相等．加之，热力学温标与理想气体温标都把水的三相点的温度值约定为 273.16 K，于是不难得出

$$\theta = T$$

即在理想气体温标可用的温度范围之内，热力学温标和理想气体温标的定值相等．因此，在实际测量中，可以利用理想气体温度计来测定热力学温度．此后，我们将统一用 T 来表示两种温度，不再予以区分．

3.6　克劳修斯等式和不等式*

对于卡诺循环，根据式(2.7.11)可知 $\frac{Q_2}{Q_1} = \frac{T_2}{T_1}$，即

$$\frac{Q_1}{T_1} = \frac{Q_2}{T_2}$$

如果将热量 Q 的符号还原为热力学第一定律的约定，则放热量 $Q_2 < 0$，上式变为

$$\frac{Q_1}{T_1} = -\frac{Q_2}{T_2}$$

或者

$$\frac{Q_1}{T_1}+\frac{Q_2}{T_2}=0 \tag{3.6.1}$$

将上式推广至一无限小(窄)的卡诺循环，即温度差是有限的，但是工作物质吸取和释放的热量是无穷小量，有

$$\frac{đQ_1}{T_1}+\frac{đQ_2}{T_2}=0 \tag{3.6.2}$$

考虑一个任意的可逆循环，在 p-V 图中用一个任意的闭合曲线来表示，将其用一系列无限小(窄)的卡诺循环来逼近，如图 3.6.1 所示.

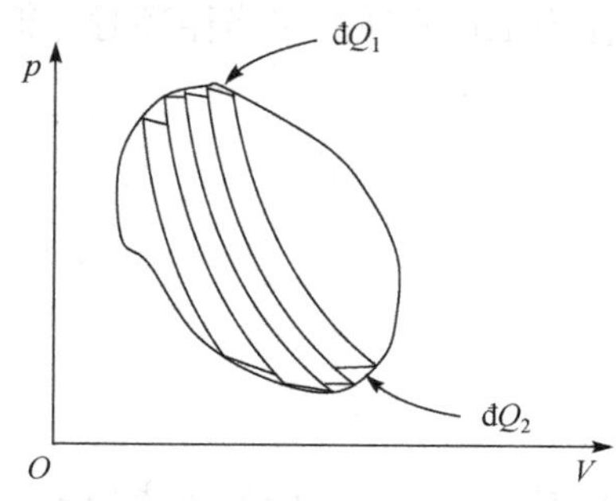

图 3.6.1　一个任意的可逆循环：用无限小(窄)的卡诺循环来逼近

这样，连续的循环曲线最终可被一个具有锯齿形台阶的轮廓线所代替：其内部的绝热过程参与相邻的两个无限小(窄)卡诺循环，效果彼此抵消，可忽略不计. 所有的无限小(窄)卡诺循环均满足式(3.6.2)，将它们叠加起来，得

$$\sum_i \frac{đQ_i}{T_i} \to \oint \frac{đQ}{T}=0 \tag{3.6.3}$$

在极限情况下，求和变为环路积分. 式(3.6.3)适用于可逆循环过程，称为克劳修斯等式.

接下来考虑一个不可逆过程. 根据卡诺定理，对于工作在相同的高温热源和低温热源之间的不可逆循环和可逆卡诺循环，输出相同的功，前者的循环效率小于后者，即 $\eta'<\eta$ ，也就是

$$\frac{Q_2'}{Q_1'}>\frac{Q_2}{Q_1}=\frac{T_2}{T_1}$$

考虑了热量的符号($Q_2'<0$)之后，可表示为

$$\frac{Q_1'}{T_1}+\frac{Q_2'}{T_2}<0 \tag{3.6.4}$$

对于一个无限小的不可逆循环，则有

$$\frac{đQ_1'}{T_1}+\frac{đQ_2'}{T_2}<0$$

用一系列无限小的不可逆循环来逼近任意的不可逆循环，可以得到

$$\oint \frac{đQ'}{T}<0 \tag{3.6.5}$$

将式(3.6.3)和式(3.6.5)合并起来就得到了克劳修斯不等式

$$\oint \frac{đQ}{T} \leqslant 0 \tag{3.6.6}$$

其中等号适用于可逆循环.

式(3.6.6)称为**克劳修斯等式和不等式**，是热力学第二定律的一种数学描述.

3.7　熵和熵增原理*

3.7.1　熵

3.6 节的式(3.6.3)表明：对于任何物质，$\frac{đQ}{T}$沿任意可逆循环的积分为 0；或者可表述为，在任意两个平衡态之间，$\frac{đQ}{T}$的积分是一个与过程无关的量值. 因此，热温比$\frac{đQ}{T}$，即式(3.2.3)，是一个全微分.

由此，我们可以引入态函数**熵** S (entropy)，它的定义是

$$S - S_0 = \int_{x_0}^{x} \frac{đQ}{T} \tag{3.7.1}$$

其中 x_0、x 表示任意给定的初、末两个平衡态，积分沿由 x_0 到 x 的任一可逆过程进行，S_0 为初态 x_0 的熵，S 为末态 x 的熵. 此式表明，系统从初态变到末态时，其熵的改变量(或熵变)等于由初态经任一**可逆过程**变到末态时热温比的积分.

式(3.7.1)只定义了系统在两态之间的熵变. 若初态 x_0 的熵值选定，则系统处于任一平衡态 x 的熵为

$$S = \int_{x_0}^{x} \frac{đQ}{T} + S_0 \tag{3.7.2}$$

对于无穷小的可逆过程，有

$$\mathrm{d}S = \frac{đQ}{T} \tag{3.7.3}$$

此即**熵的微分定义式**. 熵的量纲是能量除以温度，熵的单位为 J / K .

熵是态函数，同一个系统的初、末两个平衡态之间的熵变，只取决于这两个平衡态的性质，而与过程无关. 不论系统在初、末两个平衡态之间经历的过程是可逆或不可逆过程，熵变都是确定值.

3.7.2　熵增原理

现在讨论一个任意过程中的熵变. 如图 3.7.1 所示，由平衡态 1→2 是一个任

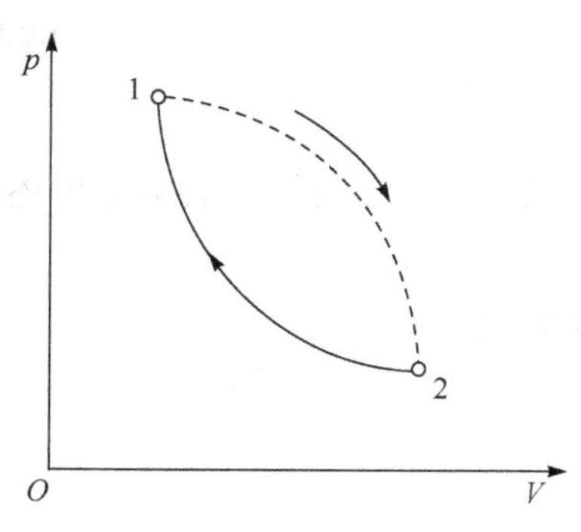

图 3.7.1 平衡态 1、2 之间的任意过程和可逆过程

意过程(虚线表示),由平衡态 2→1 是一个可逆过程(实线表示). 根据式(3.6.6)可知

$$\oint \frac{đQ}{T} = \int_1^2 \frac{đQ_i}{T} + \int_2^1 \frac{đQ_r}{T} \leqslant 0$$

其中下标 i 表示任意过程, r 表示可逆过程.

交换第二项的积分上下限，并添上一个负号，得

$$\int_1^2 \frac{đQ_i}{T} \leqslant \int_1^2 \frac{đQ_r}{T} = S_2 - S_1$$

即

$$\Delta S \equiv S_2 - S_1 \geqslant \int_1^2 \frac{đQ}{T}$$

或者表示为微分形式

$$\mathrm{d}S \geqslant \frac{đQ}{T} \tag{3.7.4}$$

其中，等号适用于可逆过程，不等号适用于不可逆过程.

对于绝热过程， $đQ = 0$ ，则 $\mathrm{d}S \geqslant 0$. 对于一个有限的绝热过程

$$\Delta S \equiv S_2 - S_1 \geqslant 0 \tag{3.7.5}$$

这就是**熵增原理**：

经绝热过程后，系统的熵永不减少.

若过程是不可逆的，则熵增加；若过程是可逆的，则熵不变. 熵增原理可以视为热力学第二定律的另一种表述形式. 事实上，克劳修斯首先明确地把热力学第二定律表达为“熵恒增”.

孤立系统与外界没有物质和能量的交换，故其中所发生的过程必然是绝热过程. 故熵增原理又常表述为：

孤立系统的熵永不减少.

根据这一事实，可以指出孤立系统内发生的实际过程进行的方向：在孤立系统中所进行的实际过程总是沿着熵增大的方向进行. 正因为如此，熵增原理又被描述为提供了自然过程演变发展的“时间箭头”.

然而，系统中某一部分的熵是可以减少的. 例如，如图 3.7.2 所示，在绝热容器内，热量从物体 A 流向温度较低的物体 B， $\Delta S_{\mathrm{A}} < 0$ (因为 $đQ_{\mathrm{A}} < 0$ ，物体 A 释放了热量)，但是系统总的熵变 $\Delta S = \Delta S_{\mathrm{A}} + \Delta S_{\mathrm{B}} > 0$ (请读者自行证明，参见 3.9.2 节的计算方法).

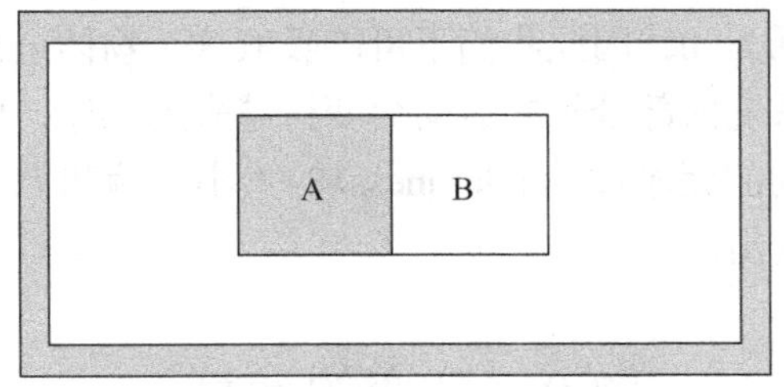

图 3.7.2　在绝热容器中发生热接触的两个物体

我们可以把处在绝热条件下的发生相互作用的所有物体看成一个整体，它包含了系统和环境，于是总的熵变为

$$\Delta S_{\text{total}} = \Delta S_{\text{system}} + \Delta S_{\text{surroundings}} \geqslant 0 \tag{3.7.6}$$

3.8　熵和可用能*

热力学第二定律还可以通过能量的可用程度来进行表述．热机从高温物体吸取热量将其转化为有用功输出，而热机的效率小于 100%，所以我们不可能将物体的内能全部转化为机械功．

假设一个温度为 T_1 的物体，一个温度为 T_2 的恒温热源（吸取热机释放的热量，但温度保持不变），一部可逆热机工作在两者之间，如图 3.8.1 所示．物体释放热量 $đQ$ 给热机的工作物质，其中只有一部分 $đQ(1-T_2/T_1)$ 转变为有用功输出．如果热机是不可逆的，则输出的有用功会更少，可用能为 $đQ(1-T_2/T_1)$，不可用的能量为 $T_2 đQ/T_1$．

在自发的过程中，熵始终增加，与此对应，在不可逆循环过程中，通常伴随着可用能的减少．我们可以得到如下的结论：

没有任何一个过程能够使可用能增加．

所以，熵增原理也可以表述为等价的“可用能减少原理”：能量总是会发生“退降”，即转化为其他形式的能量，以至于越来越难以产生有用的功向外输出．

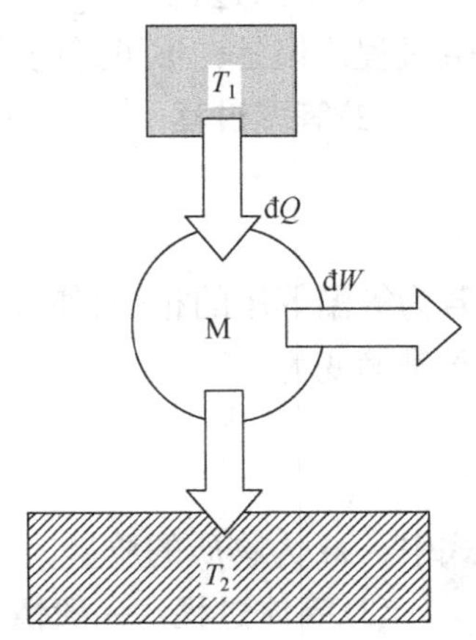

图 3.8.1　能够转化为有用功的热量为：$đW = đQ(1-T_2/T_1)$

当我们把热（物体的内能）和分子运动的能量联系起来后，熵的重要性就更加清晰了．能量之所以不能全部利用来产生功，归根结底是由于分子永不停歇的无规则热运动．我们不可能让物体内所有

分子的运动同时降低为 0，因此我们不可能吸取这个物体全部的内能．于是，熵增原理意味着孤立系统内部分子的运动会变得越来越无序，而熵则可以定量地描述系统这种内部运动的无序性(randomness)的大小．熵和无序性之间定量的关系需要用统计物理来给出．

3.9　熵变的计算*

根据熵的定义式(3.7.1)，若能发现或构造一个连接初、末两态的任一可逆过程，则可用积分方法求得熵变．这是计算熵变的一种基本方法．

3.9.1　可逆过程中的熵变

我们先讨论可逆过程中熵变的计算．对于可逆过程，热力学第一定律的微分形式为

$$\mathrm{d}U = đQ + đW \tag{3.9.1a}$$

若只考虑体积变化功，结合熵的概念，则

$$\mathrm{d}U = T\mathrm{d}S + đW = T\mathrm{d}S - p\mathrm{d}V \tag{3.9.1b}$$

式(3.9.1b)称为**热力学基本方程**．移项可得

$$\mathrm{d}S = \frac{đQ}{T} = \frac{\mathrm{d}U}{T} + \frac{p\mathrm{d}V}{T} \tag{3.9.2}$$

下面分析一些典型的可逆过程中的熵变．

(1)**绝热过程**：$đQ = 0$，$\mathrm{d}S = 0$，S 是一个常量．可逆的绝热过程是一个等熵过程．但是，不可逆的绝热过程不是等熵过程．

(2)**等温过程**：

$$S_2 - S_1 = \int_1^2 \frac{đQ}{T} = \frac{Q}{T} \tag{3.9.3}$$

若为等温等压的相变(如水变为水蒸气，参见 7.2 节)，则式(3.9.3)中的热量 $Q = ml$，于是熵变为

$$S_2 - S_1 = \frac{ml}{T} \tag{3.9.4}$$

式中，m 为物质的质量，l 为相变潜热．

(3)**等体过程**：一般情况下，物质的内能 $U = U(V,T)$．但在等体过程中，由于体积 V 保持不变，故内能只随温度而变化，$U = U(T)$，这和理想气体内能的性质是一样的，且 $\mathrm{d}U = C_V\mathrm{d}T$．所以

$$S_2 - S_1 = \int_1^2 \frac{\mathrm{d}U}{T} = \int_1^2 \frac{C_V \mathrm{d}T}{T}$$

定体热容 C_V 一般是温度 T 的函数．如果温度范围 $T_1 \sim T_2$ 变化不大，C_V 可视为一个常量，则

$$S_2 - S_1 = C_V \ln \frac{T_2}{T_1} \tag{3.9.5}$$

(4) **等压过程**：用焓来分析等压过程是非常方便的．因为

$$H = U + pV$$

$$\mathrm{d}H = \mathrm{d}U + p\mathrm{d}V + V\mathrm{d}p$$

将上式代入式(3.9.2)，得

$$\frac{đQ}{T} = \frac{\mathrm{d}H}{T} - \frac{V\mathrm{d}p}{T} = \mathrm{d}S$$

一般情况下，物质的焓 $H = H(p,T)$．但在等压过程中，压强 p 是一个常量，故焓只随温度而变化，$H = H(T)$，亦和理想气体焓的性质一样，且 $\mathrm{d}H = C_p \mathrm{d}T$．所以

$$S_2 - S_1 = \int_1^2 \frac{\mathrm{d}H}{T} = \int_1^2 \frac{C_p \mathrm{d}T}{T} = C_p \ln \frac{T_2}{T_1} \tag{3.9.6}$$

假设 C_p 是一个常数．

由 $\frac{đQ}{T} = \mathrm{d}S$ 可知，系统从平衡态 1 经历某一可逆过程达到平衡态 2，其吸收的热量可表示为

$$Q = \int_1^2 T\mathrm{d}S$$

不难看出，如果我们选择 T 和 S 作为独立变量，则 Q 的值等于 T-S 相图(温熵图)中过程曲线下的面积，如图 3.9.1 所示的阴影区域．特别的，在温熵图中，对于可逆的等温过程，T 是常量，过程曲线为平行线；对于可逆的绝热过程(即等熵过程)，过程曲线为垂直线．

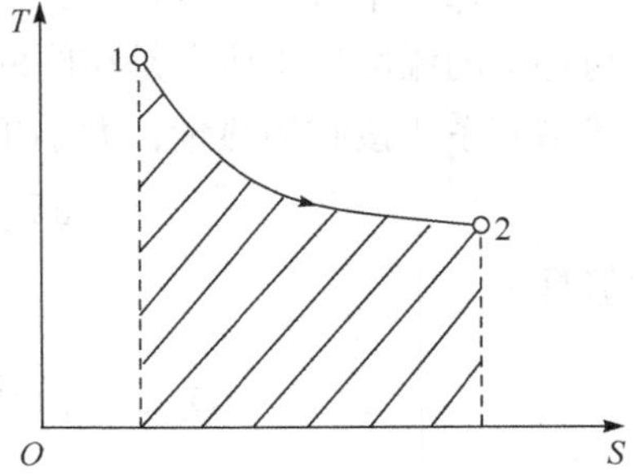

图 3.9.1 任意可逆过程的 T-S 曲线

下面在 T-S 图中分析卡诺循环，见图 3.9.2：$a \to b$ 是等温膨胀，$b \to c$ 是绝热膨胀，$c \to d$ 是等温压缩，$d \to a$ 是绝热压缩．在 T-S 图中，卡诺循环的过程曲线为一简单的矩形，矩形曲线所包围的面积为

$$\oint T\mathrm{d}S = \oint \text{đ}Q = Q_1 + Q_2$$

因为循环过程$\oint \mathrm{d}U = 0$，上式也就表明

$$W = Q_1 + Q_2 = Q_1 - |Q_2|$$

即循环过程中，净功等于净热量. 其实，对于任意的可逆循环，在T-S图中的过程曲线均是闭合曲线，曲线所包围的面积表示循环过程中系统吸收的净热量，也就等于p-V图中闭合的循环曲线所包围的面积(净功).

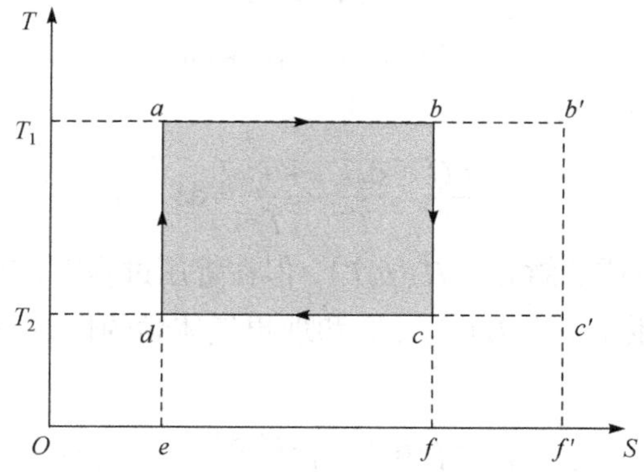

图 3.9.2 卡诺循环的T-S曲线

由T-S图描述的热量和面积的关系，可以写出卡诺循环的效率为

$$\eta_{\mathrm{C}} = \frac{abcda\text{包围的面积}}{abfea\text{包围的面积}} = \frac{\overline{ad}}{\overline{\overline{ae}}} = \frac{T_1 - T_2}{T_1} = 1 - \frac{T_2}{T_1} \tag{3.9.7}$$

而且，从T-S图中不难看出，只要T_1和T_2保持不变，只是改变等温过程的“长度”(见循环曲线$ab'c'da$)，尽管循环过程输出的净功会发生变化，但是循环效率η_{C}保持不变. 这和卡诺定理给出的结论是一致的.

在每一个可逆的过程中，系统与环境之间有热量在流动(交换)，系统的温度与环境的温度在本质上是相同的，仅有$\mathrm{d}T$的差别，如图 3.9.3 所示. 环境流出的热量和系统接收的热量，大小相同，仅符号相反. 于是，总的熵变为

$$\mathrm{d}S_{\text{total}} = \mathrm{d}S_{\text{system}} + \mathrm{d}S_{\text{surroundings}}$$

但是

$$\mathrm{d}S_{\text{surroundings}} = \left(\frac{\text{đ}Q}{T + \mathrm{d}T}\right)_{\text{surroundings}} \approx -\left(\frac{\text{đ}Q}{T}\right)_{\text{system}}$$

所以

$$\mathrm{d}S_{\text{surroundings}} = -\mathrm{d}S_{\text{system}}, \quad \text{故}\,\mathrm{d}S_{\text{total}} = 0$$

对于可逆过程，总的熵变为零，这也就意味着当系统的熵发生变化时，必定伴随着环境的熵的改变，并且环境的熵变与系统的熵变等值而异号．在可逆过程中，总的熵守恒．当然，可逆过程是理想的过程，实际的过程都是不可逆的，熵不守恒．

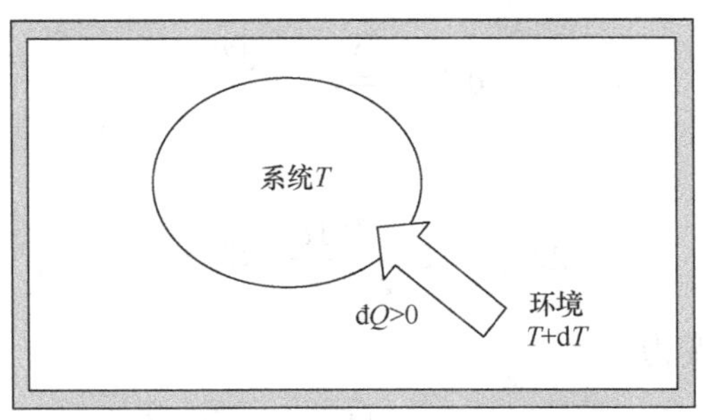

图 3.9.3　可逆过程中，系统从环境中吸取热量

3.9.2　不可逆过程中的熵变

$\frac{đQ}{T}=\mathrm{d}S$ 及 $\int_1^2\frac{đQ}{T}=\Delta S$ 只适用于计算可逆过程中的熵变，那么对于不可逆过程，其熵变又该如何计算呢？

熵是态函数，所以尽管熵变 ΔS 依靠热温比沿可逆过程的积分来计算，但所得的结果与过程无关．也就是说，无论系统经历的过程是可逆的或不可逆的，初、末平衡态的熵变是确定的量值．因此，计算不可逆过程的熵变 ΔS ，可以在初、末两个平衡态之间构造一个简单的可逆过程，然后沿该可逆过程来计算热温比的积分．

1. 热传递过程

温度为 T_1 的物体与温度为 T_2 的热源发生热接触，$T_2>T_1$，如图 3.9.4 所示．物体和热源通过热传递过程最终实现热平衡状态．由于存在着有限的温差，故这一过程是不可逆的．假设过程是在恒压下进行．

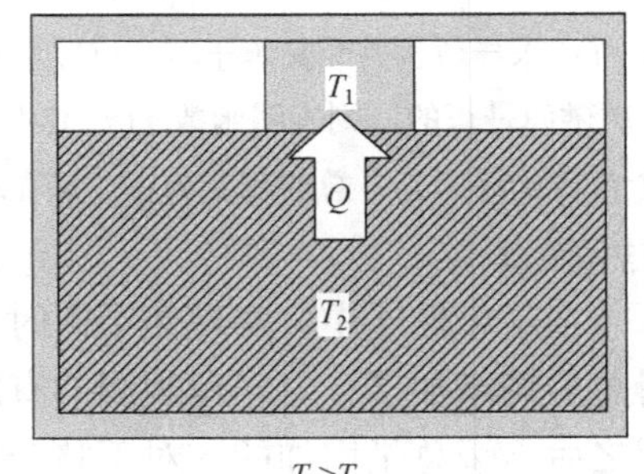

图 3.9.4　温度为 T_1 的物体与温度为 T_2 的热源发生热接触

我们设计一个可逆过程来连接初、末两个平衡状态：用一系列温度从 T_1 递增至 T_2 的 n 个热源来代替一个温度为 T_2 的热源，这样物体将依次与这 n 个热源进行热接触，经历一系列的热平衡状态，最终温

度到达 T_2. 当 $n \to \infty$ 时，过程趋近于准静态，准静态过程是可逆的(无耗散因素). 于是，在可逆的等压过程中，$\mathrm{d}p = 0$，则有

$$đQ = C_p \mathrm{d}T - V\mathrm{d}p = C_p \mathrm{d}T$$

于是物体的熵变为

$$\mathrm{d}S = \frac{đQ}{T} = C_p \frac{\mathrm{d}T}{T}$$

积分可得

$$\Delta S_{\text{body}} = C_p \int_{T_1}^{T_2} \frac{\mathrm{d}T}{T} = C_p \ln \frac{T_2}{T_1}$$

同时恒温热源的熵变为

$$\Delta S_{\text{reservoir}} = -\frac{Q}{T_2} = -C_p \frac{T_2 - T_1}{T_2}$$

热源在恒压下传递给物体的热量为 $Q = C_p (T_2 - T_1)$.

将物体和热源视为一个整体，则总的熵变为

$$\Delta S_{\text{total}} = \Delta S_{\text{body}} + \Delta S_{\text{reservoir}} = C_p \ln \frac{T_2}{T_1} - C_p \frac{T_2 - T_1}{T_2}$$

即

$$\Delta S_{\text{total}} = C_p \left(\ln \frac{T_2}{T_1} - \frac{T_2 - T_1}{T_2} \right) \tag{3.9.8}$$

不难证明，无论是 $T_2 > T_1$，还是 $T_2 < T_1$，总的熵变 $\Delta S_{\text{total}} > 0$，即熵增加.

式(3.9.8)括号内的那一项可以写为

$$\ln \frac{T_2}{T_1} - \frac{T_2 - T_1}{T_2} = \ln x - \left(1 - \frac{1}{x}\right) \equiv f(x)$$

将 $f(x)$ 求导数，并令其等于零，可以求得当 $x = 1$ 时，函数 $f(x)$ 取极值. 在 $x = 1$ 处，$f(x)$ 的二次微商是正的，则表明函数 $f(x)$ 有极小值：$f(x)_{\min} = f(1) = 0$. 因此，除了 $x = 1$ 之外，函数 $f(x)$ 始终为正，总的熵变为正，熵在增加. 在 $x = 1$ 处，即 $T_2 = T_1$，这时由于没有温差，没有热量的流动.

在这个例子中，实现热平衡时，物体熵的增量大于热源熵的减小量，从而使得总的熵增加了. 对于可观测的有限大小的孤立系统，经历有耗散因素的实际过程之后，熵总是增加的. 对于整个宇宙，由于涉及大爆炸后的膨胀过程以及自引力系统的负热容问题，熵增原理是否适用——即宇宙是否最终会达到熵为极大值、温度处处均匀的寂灭状态（热寂），仍然存在较大争议.

例 3.9.1　将 0.1 kg 的水从 95 ℃冷却至 27 ℃(室温)，已知水的比热为 $c_p = 4180\ \text{J}/(\text{kg}\cdot\text{K})$，求水的熵变与环境的熵变.

解　假设水通过与一系列温度从 $T_1 = 368\ \text{K}$ 变化到 $T_2 = 300\ \text{K}$ 的热源相接触，冷却过程则为可逆的等压过程，此过程中水的熵变中

$$\Delta S_{\text{water}} = mc_p \int_{T_1}^{T_2} \frac{\mathrm{d}T}{T} = mc_p \ln\frac{T_2}{T_1} = 0.1\times 4180\times \ln\frac{300}{368} = -85.3\ (\text{J}/\text{K})$$

系统(水)的熵在减小.

那么环境的熵变呢？环境的熵变应等于系统在冷却的过程中传递给环境的热量除以环境的温度(室温，恒值). 由于热量是由系统(水)流向环境，故热量的符号是负的. 环境的熵变为

$$\Delta S_{\text{surroundings}} = \frac{-mc_p\int_{T_1}^{T_2}\mathrm{d}T}{T_2} = \frac{-mc_p\left(T_2 - T_1\right)}{T_2} = \frac{0.1\times 4180\times\left(368-300\right)}{300}$$
$$= 94.7\ (\text{J}/\text{K})$$

所以，总的熵变为

$$\Delta S_{\text{total}} = \Delta S_{\text{water}} + \Delta S_{\text{surroundings}} = -85.3 + 94.7 = 9.4\ (\text{J}/\text{K})$$

总的熵的确在增加.

例 3.9.2　两个用绝热壁隔开的恒温热源，高温热源 $T_1 = 500\ \text{K}$，低温热源 $T_2 = 300\ \text{K}$，且两者构成一个孤立的系统. 如果有 $Q = 5\times 10^5\ \text{J}$ 的热量从高温热源流向低温热源，求系统总的熵变.

解

$$\Delta S_{\text{system}} = \Delta S_1 + \Delta S_2 = -\frac{Q}{T_1} + \frac{Q}{T_2} = -\frac{5\times 10^5}{500} + \frac{5\times 10^5}{300} \approx 667\ (\text{J}/\text{K})$$

当然，如果两个热源温度相等，则没有热量的流动，没有热传递发生，那么熵增 $\Delta S_{\text{system}} = 0$.

例 3.9.3　一个150 g 的苹果从1 m 高的树梢落到地面上，如图 3.9.5 所示. 苹果和环境的温度均为 27 ℃，保持不变. 计算苹果下落这一过程中，苹果的熵变，环境的熵变和总的熵变.

解　苹果下落的过程是不可逆的，但是我们可以假设苹果下落得足够缓慢，例如苹果被系在绳子上，而绳子则缠绕在滑轮上. 由于没有热量的交换，故 $\Delta S_{\text{system}} = 0$. 但是系统与外界的总势能减少了 $W = mgh$，这部分势能最终转化为环境的内能，则

$$\Delta S_{\text{total}} = \Delta S_{\text{surroundings}} = \frac{W}{T} = \frac{mgh}{T} = \frac{0.15\times 9.8\times 1}{300} = 0.0049\ (\text{J}/\text{K})$$

可以看到,物体(如苹果)从高处自由下落的过程是物体在重力作用下的自发过程,是熵增的过程.

图 3.9.5　从树上掉落的苹果

3.10　理想气体的熵*

熵是态函数,一个热力学系统从初态出发经历任意过程到达末态之后的熵变,只取决于初态和末态的性质,而与过程无关.因此,把熵作为态参量的函数形式表示出来,再代入初末两态的态参量值可求得熵变.这也是计算熵变的一种基本方法.

下面我们讨论理想气体的熵和熵变.

对于理想气体,考虑到 $\mathrm{d}U = C_V \mathrm{d}T = \nu C_{V,\mathrm{m}} \mathrm{d}T$,将其代入式(3.9.2),得

$$\mathrm{d}S = \frac{\text{đ}Q}{T} = \frac{\nu C_{V,\mathrm{m}} \mathrm{d}T}{T} + \frac{p\mathrm{d}V}{T} \tag{3.10.1}$$

根据理想气体物态方程有

$$\frac{p}{T} = \frac{\nu R}{V}$$

故

$$\mathrm{d}S = \nu C_{V,\mathrm{m}} \frac{\mathrm{d}T}{T} + \nu R \frac{\mathrm{d}V}{V}$$

积分可得

$$S = \nu C_{V,\mathrm{m}} \ln T + \nu R \ln V + S_0 \tag{3.10.2}$$

S_0 是积分常量，与参考态的选择有关．式(3.10.2)即为**理想气体熵的表达式**．

若理想气体从初态(T_1,V_1)经任意过程到达末态(T_2,V_2)，则系统的熵变为

$$S_2 - S_1 = \nu C_{V,\mathrm{m}} \ln \frac{T_2}{T_1} + \nu R \ln \frac{V_2}{V_1} \tag{3.10.3}$$

式(3.10.3)即为两个平衡态之间的熵变．在热力学中，我们更关注的是熵变，而不是系统在某一平衡态的熵的大小．

同理，我们也可以将理想气体的熵和熵变表示为(p,T)的函数形式

$$S = \nu C_{p,\mathrm{m}} \ln T - \nu R \ln p + S_0 \tag{3.10.4}$$

$$S_2 - S_1 = \nu C_{p,\mathrm{m}} \ln \frac{T_2}{T_1} - \nu R \ln \frac{p_2}{p_1} \tag{3.10.5}$$

例 3.10.1　理想气体绝热自由膨胀的熵变．

如图 3.10.1 所示，ν mol 的理想气体作绝热自由膨胀，体积由 V_0 变为 V_1，求熵变．

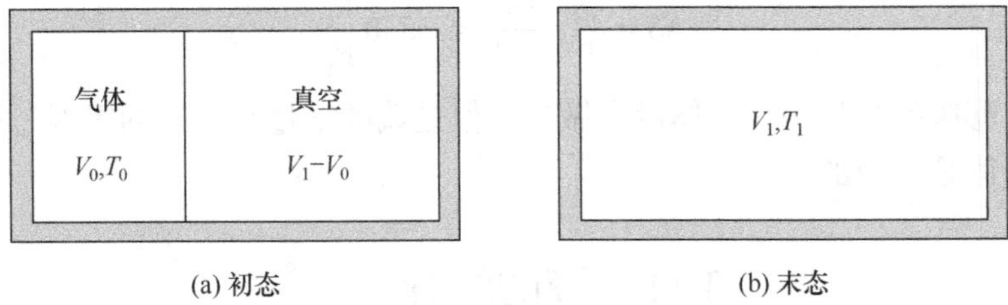

(a) 初态　　(b) 末态

图 3.10.1　理想气体的绝热自由膨胀

解　由于绝热 $Q=0$，且向真空膨胀 $W=0$，所以 $\Delta U=0$．膨胀前、后的平衡态满足

$$p_0V_0 = \nu RT_0,\ p_1V_1 = \nu RT_1$$

由于 $\Delta U=0$，故 $T_0=T_1$，膨胀后温度保持不变．

第一种计算方法：将系统初、末态的态参量(T_0,V_0)和(T_0,V_1)代入熵变的表达式(3.10.3)，得

$$\Delta S_{\text{system}} = \nu C_{V,\mathrm{m}} \ln \frac{T_0}{T_0} + \nu R \ln \frac{V_1}{V_0} = \nu R \ln \frac{V_1}{V_0} > 0 \tag{3.10.6}$$

第二种计算方法：由于 $T_0=T_1$，膨胀后温度不变．于是，$p_0V_0=p_1V_1$，即我们可以用一个**可逆的等温过程**来计算自由膨胀过程中气体的熵变．利用可逆等温

过程的熵变计算式(3.9.3)，有

$$\Delta S_{\text{system}} = \int_0^1 \frac{đQ}{T} = \frac{Q}{T_0}$$

其中等温过程中 $Q = -W = \nu RT_0 \ln\frac{V_1}{V_0}$，得

$$\Delta S_{\text{system}} = \frac{\nu RT_0 \ln\frac{V_1}{V_0}}{T_0} = \nu R \ln\frac{V_1}{V_0} > 0 \tag{3.10.7}$$

与式(3.10.6)的结果一致．可见，在不可逆的自由膨胀过程中，气体分子无规则热运动的无序性增加了，熵增加了．若 $V_1 = 2V_0$，即隔板将整个容器等分，那么

$$\Delta S_{\text{system}} = \nu R \ln 2 \tag{3.10.8}$$

注意到一个有意思的结果，对于可逆的等温过程，气体膨胀对外做的功为

$$-W = \nu RT_0 \ln\frac{V_1}{V_0}$$

由于 $\Delta U = 0$，$Q = -W$，则熵变为

$$\Delta S = \frac{Q}{T} = \frac{-W}{T} = \nu R \ln\frac{V_1}{V_0}$$

自由膨胀的过程中，气体没有做功，但是熵的增量和可逆的等温过程中气体做功的量值是对应的．

3.11　熵的统计意义*

熵增原理表明，实际过程中的熵只会增加，不会减少．处于平衡态时熵达到极大值．熵增原理指明了实际宏观过程自发进行的方向．那么，熵的本质是什么呢?

3.11.1　玻尔兹曼熵

要理解熵的本质，我们用微观的理论，引入另外一个熵的概念：玻尔兹曼熵，其又被称为微观熵．而前面利用热温比来定义的克劳修斯熵，被称为宏观熵．

玻尔兹曼给出了熵的一个微观定义，即

$$S = k \ln \Omega \tag{3.11.1}$$

式中，k 为玻尔兹曼常量，Ω 为某一宏观状态所拥有的微观状态数．在统计物理中可以证明，克劳修斯熵和玻尔兹曼熵是等价的．在这里，我们对其不作严格的证明，只通过一个特例来加以说明．

以气体作绝热自由膨胀为例来讨论. 假设容器内有 1 个分子，膨胀后它在整个容器内的概率为 1，它在左、右两边的概率各为 1/2. 如果有两个分子，如图 3.11.1 所示，两个分子单独存在时，在左、右两边出现的概率各为 1/2，于是这两个分子在整个容器内的分布情况共有 $2^2=4$ 种可能性，如图 3.11.1(a)所示，两个分子都在左边的概率为 1/4. 如果再加入一个分子，则三个分子在容器内的分布情况共有 $2^3=8$ 种可能性，如图 3.11.1(b)所示，三个分子都在左边的概率为 1/8. 由此类推，若系统内有 $N=\nu N_{\mathrm{A}}$（$\sim 10^{23}$数量级）个分子，每个分子单独存在时在左、右两边出现的概率都是各为 1/2，那么 N 个分子在整个容器内的分布情况共有 2^N 种可能性，即膨胀后系统的末平衡态拥有的微观状态数为 2^N，所有的分子都在左边的概率为 $1/2^N$.

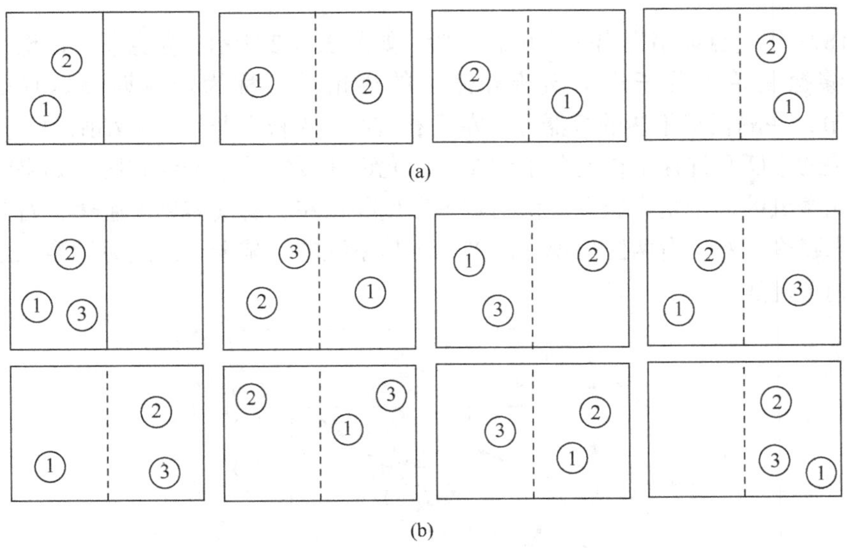

图 3.11.1　自由膨胀过程中的熵与概率

设系统的初态 1 和末态 2 所包含的微观状态数分别为 Ω_1 和 Ω_2，则由式(3.11.1)可得系统从初态 1 经绝热自由膨胀到末态 2 的过程中，玻尔兹曼熵变为

$$\Delta S=S_2-S_1=k\ln\frac{\Omega_2}{\Omega_1}$$

将 $\Omega_1=1$ 和 $\Omega_2=2^N$ 代入上式，得

$$\Delta S=k\ln 2^N=Nk\ln 2=\nu N_{\mathrm{A}}k\ln 2=\nu R\ln 2$$

这与由克劳修斯熵变计算的结果式(3.10.8)一致.

由此可以看出，玻尔兹曼熵和克劳修斯熵是等价的，因此熵增原理也适用于玻尔兹曼熵.

3.11.2 熵的统计意义

结合熵增原理和玻尔兹曼熵定义，熵增加，即意味着系统中微观粒子无规则运动的无序程度在增加. 末平衡态的熵值最大，拥有最多的微观状态数，也就表明系统的无序程度最大. 于是，从微观的角度来看，熵的本质是系统无序程度的量度：熵值高，系统无序度高；熵值低，系统整齐有序，无序度低. 因此，熵增原理的统计意义是：

孤立系统内发生的一切不可逆过程总是向着系统无序程度增加的方向进行.

3.11.3 麦克斯韦妖

1871 年麦克斯韦提出一个思想实验. 如图 3.11.2 所示，麦克斯韦设想存在一个能够探测单个分子运动轨迹和速度的小精灵，称为麦克斯韦妖(Maxwell demon). 一隔板将绝热的容器分为左区和右区，隔板上开有一个小闸门. 把守闸门开关的小妖允许速度快的分子到左区，允许速度慢的分子到右区. 如果闸门是完全无摩擦的，于是小妖无需做功就可以使隔板左侧的气体越来越热，右侧的气体越来越冷，左、右两区出现了温差，于是系统的熵减少了. 热力学第二定律似乎受到了挑战.

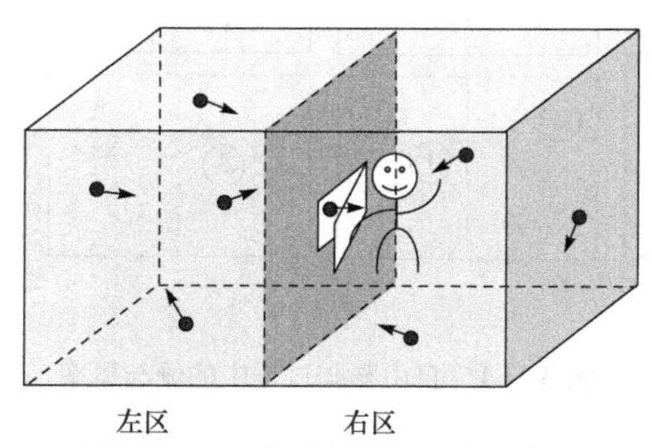

图 3.11.2 麦克斯韦妖

法国物理学家布里渊(L. N. Brillouin，1889～1969)在解释麦克斯韦妖的时候指出，小妖要控制分子的穿梭，必须要准确掌握所有分子的运动信息，而信息的获得必定要消耗一定的能量，比如它需要微型光源去照亮每一个分子，还要测量分子的速度，这些都会产生额外的熵. 这些额外的熵增加会抵消或大于系统熵的减少.

3.12　热力学第三定律*

1906 年，德国物理学家能斯特(W. H. Nernst，1864～1941)在研究低温现象的时候提出了一个新的规律，即凝聚系的熵在等温过程中的改变随绝对温度趋于零，即

$$\lim_{T\to 0}\left(\Delta S\right)_T = 0$$

称为能斯特定理(Nernst theorem)．式中$\left(\Delta S\right)_T$指等温过程中的熵变．

1912 年，能斯特又将这一规律表述为：

不可能使一个物体冷却到绝对温度的零度．

这就是**热力学第三定律**(the third law of thermodynamics)，亦称绝对零度不能达到原理．

1940 年，英国物理学家福勒(R. H. Fowler，1889～1944)和古根海姆(E. A. Guggenheim，1901～1970)提出热力学第三定律的另一种表述形式：

任何系统都不可能通过有限的步骤使自身温度降低到 0 K．

热力学第三定律指出，绝对 0 K 不能到达，但是可以无限接近．目前应用范围最广的低温技术是利用准静态绝热过程：系统通过消耗自身内能对外膨胀做功，从而实现降温．在这一过程中，还可以调整其他参量，如加磁场．利用绝热去磁的方法可以达到10^{-10} K 数量级．

1970 年，激光冷却技术被提出，该技术利用激光束使样品中的原子蒸气减速，温度降低．美国华裔科学家朱棣文(S. Chu，1948～)因在此领域的卓越贡献而获得 1997 年诺贝尔物理学奖．激光制冷的工作原理是：满足频率条件的激光光子被原子吸收，同时原子亦获得该光子的动量．激光光源的频率略小于原子的特征频率(即最小的能级差)，根据多普勒效应，对原子而言，那些反向飞来的光子，其频率由于多普勒效应而有略微的提高，从而满足原子的特征频率条件，被原子吸收，同时原子也获得了光子的反向动量而减速．该技术的关键是原子只吸收反向运动的光子．原子吸收了光子后，会自发地沿任意方向释放一个光子．选择性吸收与自发辐射最终导致原子受到沿激光光束方向上的一个平均阻力，从而原子减速，样品降温冷却．采用多对垂直正交的激光束同时照射样品，使原子朝各个方向上的运动都被阻止，该装置被称为“光学黏胶”．

目前，利用激光冷却技术可以将物体的温度降低至10^{-11} K 数量级．可以预期，随着更崭新的技术的出现，可以获得更低的温度，但根据热力学第三定律，绝对 0 K 是不可能达到的．

思 考 题

3.1 “热不能全部转化为功”，可以作为热力学第二定律的一种表述吗？

3.2 试分析以下几种说法是否正确：

(1) 功可以完全变成热，但热不能完全变成功；

(2) 热量不能从低温物体传到高温物体；

(3) 不可逆过程就是不能沿反方向进行的过程；

(4) 不可逆热机就是不能逆向进行而作为制冷机的机器.

3.3 两条绝热线可以相交么？请说明原因.

3.4 如图所示，体积为 $2V_0$ 的导热容器，中间用隔板隔开，左边装有理想气体，压强为 p，右边为真空，外界温度恒定为 T_0.

(1) 将隔板迅速抽掉，气体自由膨胀到整个容器，问在此过程中气体对外做的功和传递的热量各为多少？

(2) 然后，利用活塞将气体缓慢地压缩到原来的体积 V_0，在这一过程中外界对气体做的功及传递的热量各为多少？

(3) 由于存在(2)过程，能否说(1)过程是可逆过程？为什么？

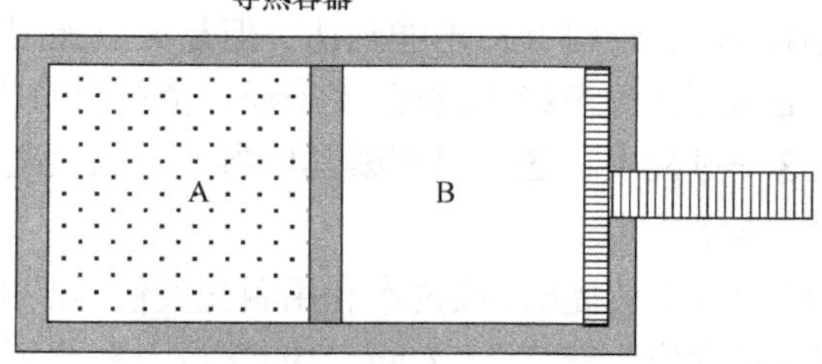

思考题 3.4 图

3.5 有人设计一种热机，利用海洋中深度不同处的水温不同而将海水的内能转变为有用的机械功. 这种热机是否违反热力学第二定律？

3.6 有人想，既然冰箱能够制冷，那么在夏天里使室内门窗紧闭而把冰箱的门打开，室内温度就会降低了. 这可能吗？为什么？

3.7 热机效率公式 $\eta=\dfrac{Q_1-Q_2}{Q_1}$ 和 $\eta=\dfrac{T_1-T_2}{T_1}$ 之间有何区别和联系？

3.8 在一个可逆卡诺循环中整个系统(工作物质+高温热源+低温热源)的熵是否增加了？有没有违背熵增原理？

3.9 如图所示，某理想气体的一条等温线和一族绝热线，试由熵的概念证明：越是在右边和等温线相交的绝热线所对应的熵值 S 越大.

3.10 某理想气体进行一任意过程 $a\to b\to c\to d$，如图所示. 试判断 $a\to b$、$b\to c$、$c\to d$ 各分过程是吸热还是放热？图中虚线表示绝热线.

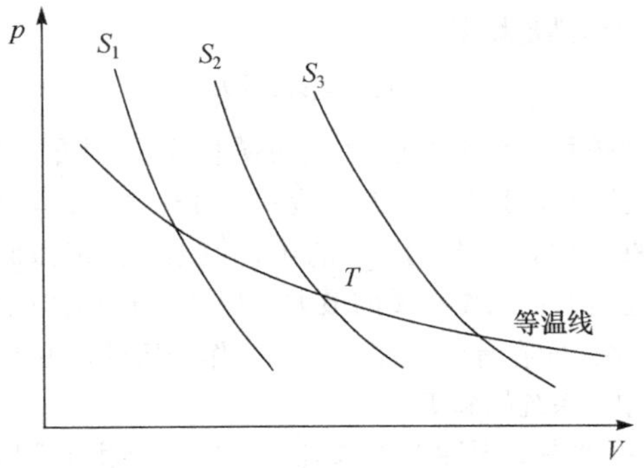

思考题 3.9 图

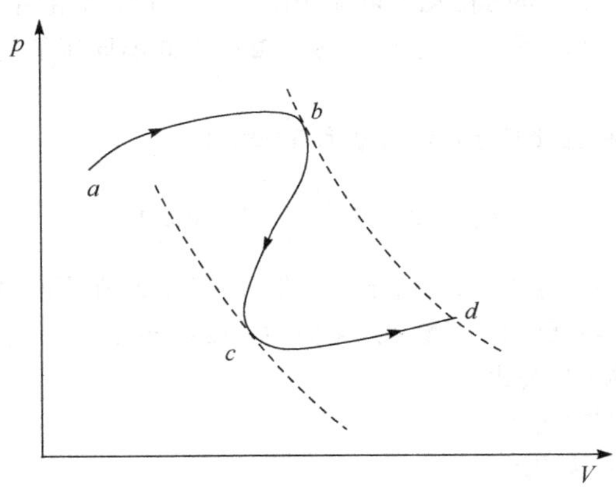

思考题 3.10 图

习 题

3.1 一理想气体作准静态卡诺循环，高温热源温度为 $T_1 = 400\,\text{K}$ ，低温热源温度为 $T_2 = 273\,\text{K}$ ，每经历一次循环，气体对外做净功 700 J．若维持低温热源温度不变，提高高温热源的温度，使净功增加为 1.4×10^3 J．问：

(1)此时高温热源的温度为多少？

(2)工作效率增加到多少？

设这两个循环都工作于相同的两条绝热线之间．

3.2 一热机工作于 30～500℃，在每一次循环中工作物质对外输出的净功为 4×10^5 J，求该热机在每一次循环中吸取和释放的最小热量．

3.3 证明：任意循环过程的效率，不可能大于工作于它所经历的最高温度热源与最低温度热源之间的可逆卡诺循环的效率．提示：任意可逆循环可以视为一连串微小的可逆卡诺循环的合成．

3.4　设某一非理想气体满足物态方程

$$p\left(V_{\mathrm{m}}-b\right)=RT$$

其中 b 是常量，V_{m} 是摩尔体积. 若将该气体作为可逆卡诺循环中的工作物质，求此卡诺循环效率. 已知高、低温热源的温度分别为 T_1 和 T_2 . 提示：可利用第 2 章习题 2.16 的结果.

3.5　一卡诺热机的工作物质是 1 kg 的甲烷(CH_4)，可以将其视为理想气体，且 $\gamma=1.35$. 如果在循环过程中，工作物质的最大体积 V_{c} 与最小体积 V_{a} 之比为 4，如图 2.7.3 所示，且工作效率为 25%. 问在等温膨胀过程中工作物质的熵变是多少?

3.6　计算下述过程中，系统的熵变：

(1) 1 kg 的水被电热丝加热，温度由 20 ℃增至 80 ℃，假设过程是可逆的. 已知水的比热为 $c_p=4.18\times10^3\ \mathrm{J/(kg\cdot K)}$;

(2) 在标准状态下，1 kg 的冰融化为同温同压下的水. 已知熔化潜热为 $3.34\times10^5\ \mathrm{J/kg}$;

(3) 在 100 ℃、1 atm 下，1 kg 的水蒸气凝结为同温同压下的水. 已知汽化潜热为 $2.26\times10^6\ \mathrm{J/kg}$.

3.7　在低温区，钻石的摩尔热容满足德拜 T^3 律，即

$$C_{\mathrm{m}}=1.88\times10^3\left(\frac{T}{\theta}\right)^3\ \mathrm{J/(mol\cdot K)}$$

其中德拜温度 $\theta=2230\ \mathrm{K}$. 若将 1 g 的钻石在体积保持不变的情况下，加热使其温度由 4 K 增至 300 K，则熵变是多少? 已知 C 的摩尔质量为 $M=12\ \mathrm{g/mol}$.

3.8　推导理想气体的熵公式.

(1) 以 T 和 V 为变量来表示;

(2) 以 T 和 p 为变量来表示.

假设气体的摩尔热容均为常量.

3.9　一单原子分子理想气体经历某一可逆膨胀过程，体积由 V_1 增至 V_2 . 利用习题 3.8 的结果，求：

(1) 若为等压膨胀，熵变是多少?

(2) 若为等温膨胀，熵变是多少?

(3) 哪个过程的熵变更大? 大多少?

3.10　设 1 mol 的某理想气体经历一可逆等温过程，体积变为原来的 2 倍.

(1) 求气体的熵变以及总的熵变(气体和环境的熵变之和);

(2) 若气体经历的是自由膨胀，则气体的熵变和总的熵变是多少?

3.11　(1) 证明在可逆的等体过程中，当物体的温度发生变化时，有

$$C_V=T\left(\frac{\partial S}{\partial T}\right)_V$$

(2) 假设某金属在低温区满足 $C_V=aT+bT^3$. 试写出其熵随温度的变化关系式.

3.12　设 1×10^3 mol 的某单原子理想气体经历如图所示的可逆循环过程，已知 $V_1=2\ \mathrm{m}^3$, $V_2=4\ \mathrm{m}^3$, $p_1=10\ \mathrm{atm}$. 试计算每一个分过程的熵变，并证明循环的总熵变为 0.

3.13　在 1 atm，0 ℃的标准状态下，冰的熔化热为 $l=3.348\times10^5\ \mathrm{J/kg}$．在标准状态下，冰的密度为 $\rho_{冰}=917\ \mathrm{kg/m^3}$，水的密度为 $\rho_{水}=999.8\ \mathrm{kg/m^3}$．如果有 10^3 mol 的冰融化成了水，求：

(1) 对外做的功；

(2) 内能的增量；

(3) 熔化过程中的熵变．

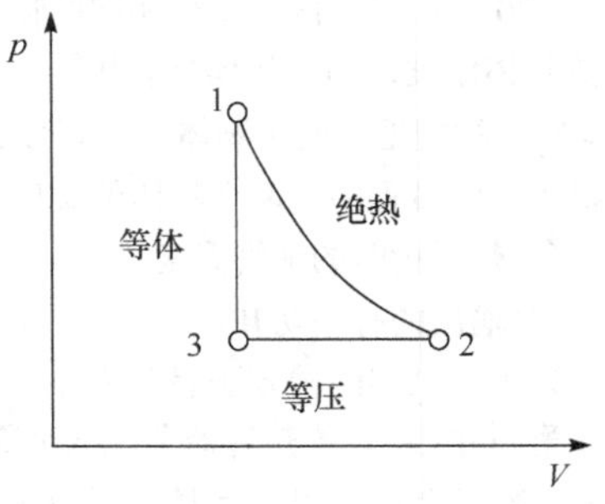

习题 3.12 图

3.14　设 10 kg 的 20℃的水与温度为−10℃的恒温热源相接触，使其转变为−10℃的冰，整个过程中压强恒定．若在该压强值下，水和冰的比热分别为 $c_{水}=4.18\times10^3\ \mathrm{J/(kg\cdot K)}$，$c_{冰}=2.09\times10^3\ \mathrm{J/(kg\cdot K)}$．水的熔化热为 $l=3.35\times\ 10^5\ \mathrm{J/kg}$．求总的熵变，即整个转变过程中物体(水)的熵变和热源的熵变之和．

3.15* 　计算下面各过程中总的熵变：

(1) 0.4 kg 的 100 ℃的铜块落入 10 ℃的湖水中，已知铜块的热容量为 150 J/K；

(2) 同样的 10 ℃的铜块从 100 m 高处落入湖水中；

(3) 1 mol 的 0 ℃的气体经可逆的绝热膨胀过程，体积变为原来的 2 倍；

(4) 1 mol 的 0 ℃的气体经绝热自由膨胀过程，体积变为原来的 2 倍．

3.16* 　如图 3.9.4 所示的物体和热源，如果物体的温度为 $T_1=200\ \mathrm{K}$，其比热为 $c_p=10\ \mathrm{J/(kg\cdot K)}$，物体的质量为 1 kg．

(1) 若热源的温度为 $T_2=400\ \mathrm{K}$，则当两者实现热平衡时，物体和热源的熵变各为多少？

(2) 若热源的温度为 $T_2'=100\ \mathrm{K}$，则相应的熵变为多少？

(3) 求解 (1) 和 (2) 两种情况下，总的熵变．

3.17　一理想气体的等体摩尔热容满足 $C_{V,\mathrm{m}}=A+BT$，其中 A 和 B 是常量．证明：1 mol 的气体从初态 $(V_{\mathrm{m}1},T_1)$ 变化到末态 $(V_{\mathrm{m}2},T_2)$ 时，熵变为

$$\Delta S_{\mathrm{m}}=A\ln\frac{T_2}{T_1}+B(T_2-T_1)+R\ln\frac{V_{\mathrm{m}2}}{V_{\mathrm{m}1}}$$

3.18　同为 ν mol 的两份水，温度分别为 T_1 和 T_2，让它们在绝热的环境中混合在一起，压强始终保持不变．

(1) 证明总的熵变为

$$\Delta S=2\nu C_{p,\mathrm{m}}\ln\frac{T_1+T_2}{2\sqrt{T_1T_2}}$$

式中 $C_{p,\mathrm{m}}$ 为在该压强下水的等压摩尔热容．

(2) 证明：对于任意有限小大的 T_1 和 T_2，$\Delta S>0$ 始终成立(提示：对于实数 a 和 b，有 $(a-b)^2>0$)．

3.19　两个恒温热源，温度分别为 $T_1=400\ \mathrm{K}$，$T_2=200\ \mathrm{K}$．假设两个恒温热源发生了短时的热接触，传递了 1 J 的热量．求两个热源构成的系统总的熵变．

3.20* 假设有两个完全相同的物体，具有内能$U = NCT$，其中C是常数，N为分子总数，T为物体温度．两个物体具有相同的N和C的值．最初，两个物体的温度分别为T_1和T_2，且$T_1 > T_2$．我们把这两个物体作为高温热源和低温热源，让一部可逆卡诺热机工作其间．在卡诺热机工作的过程中，两个物体的温度逐渐接近，最终达到热平衡，并输出一部分有用功．求：

(1) 热平衡时的最终温度T_f；

(2) 输出的有用功W．

3.21* 试用两种方法混合两种理想气体．

第一种：将一绝热容器分成两个部分，左侧充ν_A mol 气体 A，容积为V_A，右侧充ν_B mol 气体 B，容积为V_B．两种气体通过隔板上开的一个小孔来完成混合，如图(a)所示．

第二种：一密封的容器通过两个有选择性的刚性薄膜分成两个部分．左侧充ν_A mol 气体 A，容积为V_A，右侧充ν_B mol 气体 B，容积为V_B．左侧的薄膜可使气体 A 完全透过但不能渗透气体 B，右侧的薄膜则刚好相反．两个薄膜分别与通到外面的杆连接，而整个容器与温度为T的恒温热源相接触．在这种情况下，两种气体的混合可以通过缓慢地将左侧的薄膜往左拉，将右侧的薄膜往右拉来实现，如图(b)所示．

(1) 计算第二个过程中系统的熵变；

(2) 计算第一个过程中系统的熵变；

(3) 在(1)问中，温度为T的热源的熵变是多少？

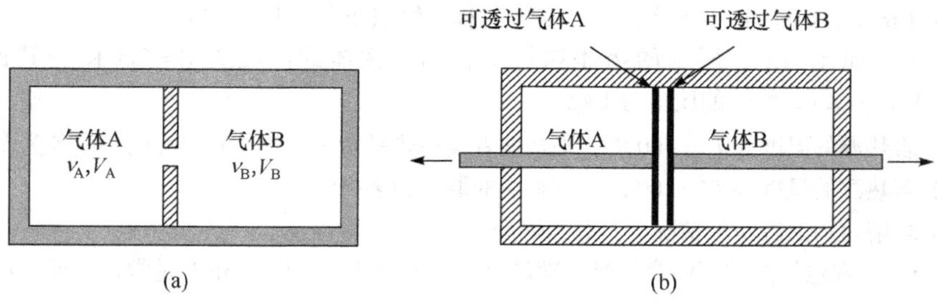

习题 3.21 图

第 4 章　气体动理论的基本概念

气体动理论(又称分子运动论)是以物质的微观模型为基础建立起来的．物质的微观模型则是人们在对自然现象的长期观察和大量实验事实的基础上归纳总结得到的．

古希腊朴素唯物主义哲学家德谟克利特(Democritus,公元前 460～公元前 370 或 356)认为，物质是由不可分的原子构成的．17 世纪开始，热力学迅猛发展，人们开始进一步思考物质的结构问题．1738 年，荷兰数学家伯努利(D. Bernoulli，1700～1782)提出气体动理论的初步概念．1744 年俄国自然科学奠基人罗蒙诺索夫(M. V. Lomonosov，1711～1765)提出热现象是分子无规则运动的表现．1857 年，克劳修斯提出考虑分子平动、转动和振动的更复杂的气体动理论．1859 年，麦克斯韦(J. C. Maxwell，1831～1879)在克劳修斯工作的基础上，提出了物理学史上第一个统计定律——麦克斯韦速度分布律．1871 年，奥地利物理学家玻尔兹曼(L. E. Boltzmann，1844～1906)推广了麦克斯韦的工作，提出了麦克斯韦-玻尔兹曼分布．然而，20 世纪初的一些学者仍然认为分子(或原子)只是假想的，直到 1905 年爱因斯坦关于布朗运动的理论解释以及 1908～1913 年法国科学家佩兰(J. B. Perrin，1870～1942)的实验验证发表之后，他们才放弃此想法．时至今日，大量的实验事实已经验证了分子的实在性，物质的微观模型以及气体动理论已经确立起来了．

4.1　物质的微观模型

物质结构的微观模型主要包括以下三个基本要点．

4.1.1　物质是由大量微观粒子——分子(原子)组成的

自然界的很多现象告诉我们，物质的结构具有不连续性，物质是由大量的彼此之间存在空隙的微观粒子(原子或分子，物理学上一般不加区分，都称为分子)组成的．气体分子之间具有较大的空隙，所以给气体加压时气体很容易被压缩；液体分子之间同样存在空隙，只是液体通常不易压缩，表明空隙很小，但是如果把水和酒精两种不同的液体加以混合，混合液体的体积将小于原来二者的体积之和，液体分子之间存有空隙的事实得以体现；固体分子排列更紧密，但它们之间也有空隙，例如将机油装入一个厚壁的钢筒中，加上 2 万个标准大气压后可观察到钢筒“流泪”了，即有机油从钢筒里渗透出来，这说明即使是密堆积的固体分子之间也是存有空隙的.

不同物质的分子有大有小，但通常都在10^{-10} m 量级，如氧和氮分子的直径约为3×10^{-10} m . 20 世纪 80 年代早期，IBM 苏黎世研究实验室的德国物理学家罗雷尔(H. Rohrer，1933～2013) 和宾宁(G. Binnig，1947～) 根据量子力学基本原理发明了扫描隧道显微镜，为直接观测微观物质世界提供了有力的工具，两人因此获得了 1986 年的诺贝尔物理学奖. 在此基础上发展起来的现代高分辨率电子显微镜成像技术已可观察到单个的原子，例如图 4.1.1 中的二维材料石墨烯中的碳原子，这是物质是由微观粒子组成的最直接的证明.

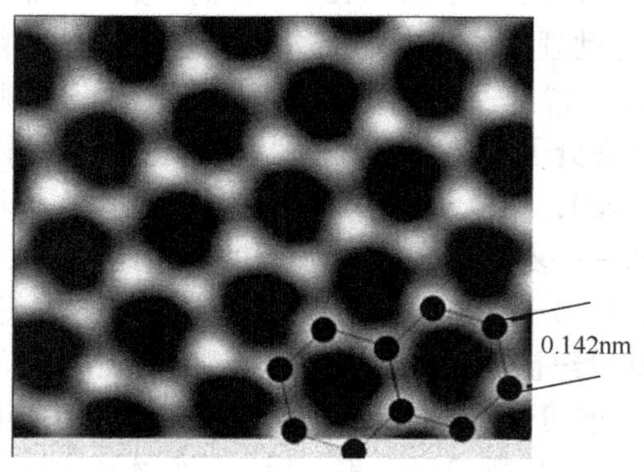

图 4.1.1　透射电子显微镜下的石墨烯结构

4.1.2　一切物质的分子都在不停地做无规则热运动，运动的剧烈程度与物体的温度有关

从厨房飘来的美食的香味，漫步梅林闻到的沁人的清香，这是气体的扩散现象. 将牛奶缓慢地冲入浓浓的咖啡中，观察到咖啡颜色的变化，这是液体的扩散现象，如图 4.1.2 所示. 堆放煤炭的墙角，墙面会慢慢变黑；两块紧密压在一起的不同金属，经过一段时间之后在每一块金属的接触面内都能够发现另一种金属的成分，这是固体的扩散现象. 无论是气体、液体，还是固体物质，组成它们的分子都在不停地做无规则热运动，从而导致了分子朝四面八方扩散.

鉴于分子微小的线度，早期的人们是通过间接观察到分子运动而确认分子存在的. 1827 年，英国植物学家布朗(R. Brown，1773～1858) 在显微镜下看到悬浮在水中的花粉颗粒忽左忽右不停地做无规则运动，这种运动被称为布朗运动. 排除了一些可能的外界扰动(如振动、对流等因素)之后，布朗运动仍然存在. 1905 年，爱因斯坦(A. Einstein，1879～1955)依据分子运动论原理指出微粒的布朗运动来自于液体分子对其不均衡的碰撞. 当颗粒较大时，从各个方向碰撞它的液体分子的数量足够多，在任一瞬时，颗粒受到的沿各个方向的冲力基本抵消，所以颗粒保持静止或做缓慢运动. 当颗粒的线度足够小，约为10^{-6} m 数量级时，碰撞它的分子数较少，在任一瞬时沿不同方向的冲力不能完全抵消，于是颗粒就会沿着冲力较强的方向运动，而在下一个瞬时，可能又是另一个方向冲力占优势，颗粒就会朝另一方向运动. 图 4.1.3 中的折线是每隔 30s 记录的布朗粒子(如藤黄微粒)的位置依序连接而成. 当记录的时间间隔减小时，图中的每一个短直线则被更多更短的折线所替代.

图 4.1.2　一杯香浓的牛奶咖啡，白色的牛奶与黑色的纯咖啡混合后呈现出咖啡色

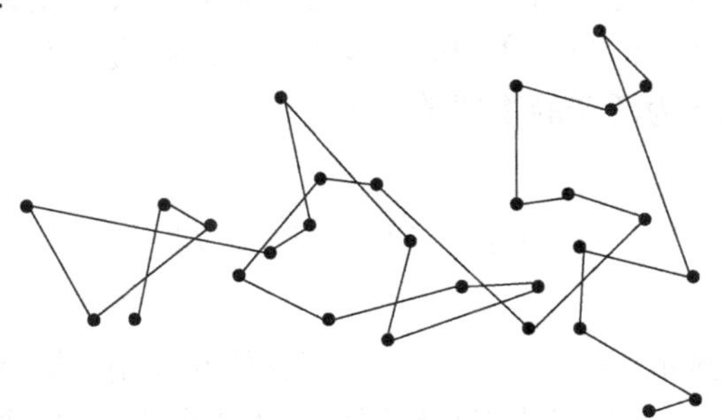

图 4.1.3　布朗运动示意图

图中黑点代表布朗粒子每隔 30 s 所在的位置

因此，布朗运动的无规则性来源于液体分子无规则的碰撞，是物质分子无规则运动的直接结果. 进一步的实验表明，布朗运动受温度的影响显著，温度越高颗粒的运动越剧烈，这反映出物质分子的运动剧烈程度与物体的温度有关，所以我们把这种分子的无规则运动称为分子的热运动.

4.1.3　分子之间存在着相互作用——分子力

我们已知道，一切物质分子都在不停地做无规则的热运动，但是生活经验又告诉我们，液体和固体具有一定的体积，固体还具有一定的形状，说明液体和固体的分子不会自动散开. 这些现象说明，固体、液体分子之间存在着相互的吸引力. 两个表面光滑的铅块压紧后不易分开，胶水能够将两张纸黏合在一起，都是因为分子之间有吸引力的缘故. 拉断一个固体通常需要较大的拉力，而分开液体就轻而易举，分开气体则无需外力，这说明吸引力是短程力，会随着分子间距离的增加而迅速减小.

另一方面，液体、固体很难被压缩，即使是气体也不能被无限压缩，这表明分子之间还存在着相互作用的排斥力. 当分子间非常接近时，排斥力才会表现出来，所以排斥力也是一种短程力.

分子之间存在着的相互作用力称为分子力. 分子力包括吸引力和排斥力，分子力是吸引力和排斥力综合表现的结果. 分子力的起源及半定量的描述将在 4.2 节作进一步介绍.

综上，物质结构的微观模型是在大量实验的基础上归纳而成的，它包括：**物质是由大量的分子(或原子)所组成；所有分子处于不停的无规则热运动中；分子间存在着相互作用的分子力**. 事实上，物质对外呈现出来的状态，是固体、液体，还是气体，就是分子无规则热运动和分子力相互竞争的结果. 一般而言，在较高的温度下，热运动占优，分子的运动完全无规则，物质表现为气体；在较低的温度下，热运动被抑制，分子力将占主导地位，物质表现为凝聚态，即固体和液体等. 因固体和液体在生活与生产中的重要地位，研究凝聚态的物理学，即凝聚态物理，目前已成为最为活跃的物理学分支之一.

4.2 分 子 力

大量实验事实显示，物质分子之间存在着相互作用，即分子力. 定性而言，当两个分子比较接近时，它们的相互作用表现为吸引力；当两个分子非常接近时，则表现为排斥力. 然而，若要从微观的角度来分析物质的各种热学性质，我们需要对分子力的性质和规律作更细致的讨论，并在此基础上建立合理的物理图像.

4.2.1 分子力的起源和性质

按照现代物理学理论，分子(或原子)由带正电的原子核和绕核运动的带负电的电子组成，绕核运动的电子在核外形成电子云.

分子之间的吸引力起源于带电粒子间的静电力. 分子可分为两类，即极性分子和非极性分子. 极性分子的电子云重心和原子核不重合，因而可视为电偶极子. 电偶极子之间的电相互作用，会导致相互接近的极性分子发生转动，使它们相反的极性相对，于是异号电荷之间的吸引力略大于同号电荷之间的排斥力，故分子间表现为净的吸引力. 对于非极性分子，要根据量子力学原理才能够解释其来源和本质．在这里可以作如下定性的理解：尽管非极性分子电子云的重心和原子核重合，但这是时间平均的统计结果，在每一瞬时，它们实际上不一定重合，存在瞬时的极化．可以证明，两个非极性分子由于瞬时极化所产生的电相互作用的净效果也是吸引力．

分子之间的排斥力主要起源于泡利原理．当两个分子非常接近时，它们的外层电子云发生重叠，由于泡利不相容原理的限制将产生相互排斥的作用．

4.2.2　分子力的半经验半定量描述

由分子力的起源可以看到，分子之间的相互作用是很复杂的，实验上很难直接观测，理论上也很难得到普适的简单的公式．可行的方法是在实验的基础上采用简化模型来作半经验半定量的处理．

一种常用的简化模型是假设分子力是有心力，具有球对称性，由此可以得到一个简单的公式来近似表示两个分子之间的相互作用力

$$f = \frac{\alpha}{r^s} - \frac{\beta}{r^t} \quad (s > t) \tag{4.2.1}$$

式中，r 为两个分子中心之间的距离，α，β，s，t 都是正数，其值需要由实验来确定．式子中的第一项为正，代表排斥力；第二项为负，代表吸引力．对于不同的分子，t 值通常介于$4 \sim 7$，s 值介于$10 \sim 13$，表明随着距离的增加，两种力都会迅速减小，都属于短程力，而且由于$s > t$，排斥力比吸引力随距离的增加会减小得更快．

图 4.2.1 为分子力随距离变化的曲线图．图中两条点线分别表示吸引力和排斥

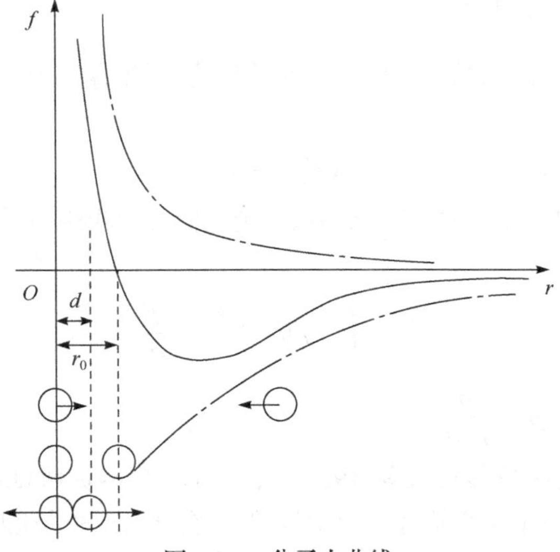

图 4.2.1　分子力曲线

力随距离 r 的变化情况，实线表示合力 f 随距离 r 变化的情况. 由图中可以看出，当 $r=r_0=\left(\dfrac{\beta}{\alpha}\right)^{1/(t-s)}$ 时，排斥力和吸引力抵消，合力为零，故 r_0 称为平衡位置. 对于不同种类的分子，r_0 的数值略有不同，但是数量级相同，均为 $10^{-10}\,\mathrm{m}$. 当 $r>r_0$ ，$f<0$ 时，表明分子间吸引力起主要作用. 当分子间距远大于 r_0 时，吸引力迅速减小，当 $r\to 10^{-9}\,\mathrm{m}$ 时，曲线趋于横轴，吸引力就可以忽略不计了. 当 $r<r_0$ ，$f>0$ 时，表明分子间排斥力起主要作用. 随着距离的减小，曲线变得非常陡峭，即排斥力急剧增大.

我们可以利用分子力曲线，定性分析两个同类气体分子之间的“正碰撞”问题. 不考虑其他分子的作用，在碰撞问题中最关键的是两个分子之间的相对运动. 我们可以假设其中一个分子是静止的，并且处在坐标原点，而另一个分子从很远处以一定的相对运动速度自右向左向它靠近. 随着距离 r 的减小，两个分子之间的分子力不再忽略不计，且当 $r>r_0$ 时表现为吸引力. 于是在逐渐接近的过程中，引力做正功，运动分子的速率及动能逐渐增加，在 $r=r_0$ 时运动分子的速率及动能达到极大值；而后 $r<r_0$ ，强大的排斥力将使运动分子急剧减速；当速度减小为零时，分子不再接近，此时两个分子中心的距离设为 d. 此后，运动分子在强大的排斥力的作用下被推开. 整个过程非常类似于两个弹性小球之间的碰撞. 我们通常将在整个碰撞过程中两个分子中心最接近的距离 d 定义为弹性小球的直径，称为**分子的有效直径**. 由图 4.2.1 可以看到，d 和 r_0 数量级相等，前者略小，d 的具体数值取决于分子的初始速率，即初动能的大小.

4.2.3　分子间的势能曲线

分子力属于保守力，故可以引入相应的势能. 根据保守力与势能的一般关系，即

$$\mathrm{d}E_\mathrm{p}=-f\mathrm{d}r \tag{4.2.2}$$

令两个分子间距离 $r\to\infty$ 时为势能零点，则它们之间相距为任意 r 时，系统的势能为

$$E_\mathrm{p}=\int_\infty^r -f\mathrm{d}r=\frac{\alpha'}{r^{s-1}}-\frac{\beta'}{r^{t-1}} \tag{4.2.3}$$

式中，$\alpha'=\dfrac{\alpha}{s-1}$ ，$\beta'=\dfrac{\beta}{t-1}$.

分子间的势能函数形式众多，1924 年，英国人兰纳-琼斯（J. E. Lennard-Jones，1894～1954）提出一个用来描述两个中性原子（分子）之间的相互作用模型，称为兰纳-琼斯势（Lennard-Jones 势，也称 L-J 势，或 6-12 势）

$$E_{\mathrm{p}}=\varepsilon\left[\left(\frac{r_0}{r}\right)^{12}-2\left(\frac{r_0}{r}\right)^{6}\right]$$

式中，r_0 为平衡位置；ε 与 r_0 处的势能大小有关，即 r_0 处势阱的深度. L-J 势函数模型简单，计算量小，适用于中性原子，尤其是惰性气体原子. 此外，实践表明 L-J 势函数在晶体结构的分析中也是适用的.

由式(4.2.3)可知，势能随距离 r 变化的函数关系与分子力随距离 r 变化的关系类似，只是 r 的幂次相应减 1. 由式(4.2.3)可作分子势能曲线，如图 4.2.2 所示. 由图不难看出，在平衡位置 r_0 处，合力 f 为零，势能则达到极小值，这是与关系式 $f=-\dfrac{\mathrm{d}E_{\mathrm{p}}}{\mathrm{d}r}$ 相一致的. 同理，当 $r>r_0$ 时，曲线斜率 $\dfrac{\mathrm{d}E_{\mathrm{p}}}{\mathrm{d}r}>0$，则 $f<0$，说明分子力为吸引力；当 $r<r_0$ 时，曲线斜率 $\dfrac{\mathrm{d}E_{\mathrm{p}}}{\mathrm{d}r}<0$，则 $f>0$，说明分子力为排斥力.

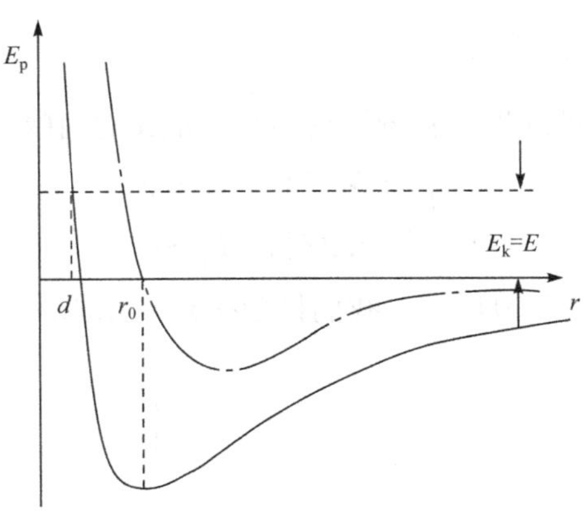

图 4.2.2　分子间的势能曲线

其中实线为势能曲线，点线为分子力曲线

下面从能量的角度来分析两个分子间的“碰撞”过程. 由于分子力是保守力，两个分子构成的系统在整个过程中机械能守恒. 如图 4.2.2 所示，运动分子的初始动能 E_{k} 就是系统的总机械能 E，即当 $r\to\infty$ 时，系统的分子力势能 $E_{\mathrm{p}}=0$，故 $E=E_{\mathrm{k}}$. 当 $r=d$ 时，$E_{\mathrm{k}}=0$，因而 $E=E_{\mathrm{p}}$，说明当两个分子间的距离为 d 时，运动分子动能减小为零，系统的机械能表现为排斥力势能($E_{\mathrm{p}}>0$). 由图中还可以看出，系统的总能量 E，即运动分子的初始动能 E_{k} 决定了分子有效直径 d 的大小，初始动能 E_{k} 越大，两个分子会靠得更近，d 值越小. 但是由于势能曲线左半部分斜率很大，故由此引起的 d 值的差别实际上很小.

4.2.4　分子的简化模型

在气体动理论中，除了上述由半定量公式(4.2.1)和分子势能公式(4.2.3)描述的分子模型之外，还有其他更简单的简化模型．其中较为典型的包括以下几类：

1. 无引力的质点模型

不考虑分子的线度，将气体分子视为相互之间没有分子力作用的质点，则其 E_p 随 r 的变化关系为

$$\begin{cases} 当r>0时，& E_p=0 \\ 当r=0时，& E_p=\infty \end{cases}$$

势能曲线如图 4.2.3(a)所示．后面，讨论理想气体的压强和温度的微观本质时，采用的就是无引力的质点模型．

2. 无引力的刚球模型

考虑了分子自身的线度，将分子视为直径是 d 的刚球，其势能函数满足

$$\begin{cases} 当r>d时，& E_p=0 \\ 当r\leqslant d时，& E_p=\infty \end{cases}$$

势能曲线如图 4.2.3(b)所示．我们将会在第 6 章采用该模型来讨论分子之间的碰撞问题．

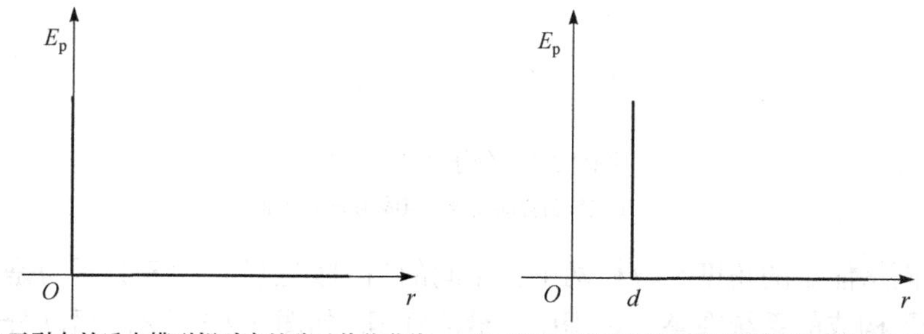

(a) 无引力的质点模型相对应的分子势能曲线　(b) 无引力的刚球模型相对应的分子势能曲线

图 4.2.3

3. 有引力的刚球模型

假设势能函数满足

$$\begin{cases} 当r>d时，& E_p=-\dfrac{\beta'}{r^{t-1}} \\ 当r\leqslant d时，& E_p=\infty \end{cases}$$

势能曲线如图 4.2.4 所示. 该模型既考虑了分子之间的引力，又考虑了分子之间的排斥力.

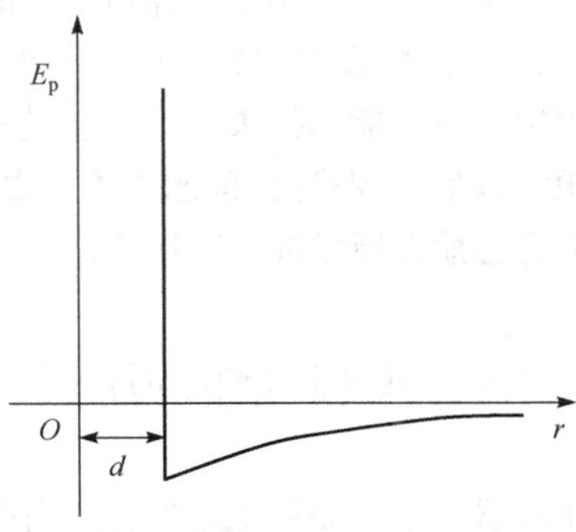

图 4.2.4　有引力的刚球模型相对应的分子势能曲线

在第 7 章介绍更接近于实际气体的范德瓦耳斯气体方程时，利用的就是有引力的刚球模型.

4.3　理想气体的微观模型

在第 1 章中我们已经从宏观的角度定义了什么是理想气体. 现在，我们从微观的角度介绍理想气体的分子运动模型.

1. 气体分子本身的体积可以忽略不计

根据阿伏伽德罗定律，在标准状态下 1mol 气体的体积为 22.4L. 如果将其切分成一系列的小立方块，确保每一立方块内只有一个分子，那么每一个立方块的体积为 $22.4\times10^{-3}\ \mathrm{m}^3/6.02\times10^{23}\approx37\times10^{-27}\ \mathrm{m}^3$. 分子之间的间距等于立方块的边长，约为 $3.3\times10^{-9}\ \mathrm{m}$，比气体分子有效直径($\sim10^{-10}\mathrm{m}$)高一个数量级. 因此，分子自身的直径与分子间的距离相比足够小，分子的体积可忽略不计.

2. 除碰撞的瞬间外，气体分子之间及气体分子与器壁分子之间均无相互作用

分子力是短程力，只有在两个分子比较接近时才起作用. 理想气体极其稀薄，分子在运动的过程中平均距离较大，故除了碰撞的那一瞬间，分子间的作用力可以忽略不计. 又因分子的平均速率很大，室温下约为 $10^2\mathrm{m/s}$ 数量级，而气体在容器中运动时高度的变化很小，通常不超过 $10^0\mathrm{m}$ 数量级，故分子的平均动能远大于分子在重力场中势能的改变，因此，分子所受的重力也可忽略不计.

3. 碰撞是完全弹性的

我们已知道，当气体处于平衡态时温度是保持不变的. 我们后面会学习，平均平动动能只与温度有关，在平衡态时气体分子的平均平动动能不变. 因此，可以假设分子在碰撞的过程中没有动能的损失，即碰撞是完全弹性的.

用一句话来描述理想气体的微观模型：**理想气体是由大量做无规则热运动的，彼此之间无相互作用力的弹性质点所组成**. 其分子势能曲线示意图见图 4.2.3(a).

4.4 理想气体的压强

我们已经知道，气体对器壁单位面积上施加的压力即为气体的压强. 这个定义是从宏观角度出发而得到的，不能反映出压强的微观本质. 现在我们从微观角度对气体压强进行讨论.

4.4.1 气体压强的微观本质

从微观的角度来看，压强是大量气体分子频繁碰撞器壁的结果. 每个人都有在雨中打伞的经历，当雨点稀疏时，单个雨滴打在伞面上的冲力是脉冲式的，时大时小、断断续续，因此伞下的我们感受到伞面各处受力不均、时断时续；但是当密集的雨滴倾泻而下时，我们就会感受到一个持续的、均匀的向下的压力. 气体对器壁的压力也是如此. 由于分子在做无规则的热运动，单个分子对器壁的碰撞是断续的，每次给予器壁的冲力也是偶然的，大小不定，碰在器壁哪个位置也是偶然的，无法预测. 但是气体分子的数量是如此巨大(10^{23}个/mol 数量级)，在每一个瞬时都有足够多的分子在和器壁发生频繁的碰撞，就时间平均的效果而言，器壁会受到一个连续的、均匀的压力. 单位面积上受到的压力即为气体的压强. 这就是气体压强的微观本质.

4.4.2 理想气体的压强公式

基于气体压强的微观本质，我们可推导理想气体的压强公式. 我们从两方面考虑：一是对单个的气体分子，假设其运动遵从经典力学规律①；二是对大量气体分子所构成的系统，假设其整体运动遵从统计学规律.

---

① 严格地说，分子的运动应遵循量子力学规律，但满足经典近似条件时，即分子热运动对应的德布罗意波的平均波长远小于分子的平均间距时，可近似认为其运动遵循经典力学规律. 统计物理学可以证明，常温常压下的实际气体满足经典近似条件.

具体而言，大量理想气体分子的统计假设如下：

(1) 平衡态时气体分子在容器空间任意点出现的机会均等，即气体分子按位置分布均匀，**分子数密度处处相等**.

(2) **分子运动速度各不相同**，并且由于频繁碰撞在不停改变.

(3) **分子沿各个方向运动的机会均等**，也就是说，分子速度按方向的分布均匀，故分子速度的各分量的平方的平均值相等，即

$$\overline{v_x^2}=\overline{v_y^2}=\overline{v_z^2} \tag{4.4.1}$$

其中，$\overline{v_x^2}=\dfrac{v_{1x}^2+v_{2x}^2+v_{3x}^2+\ldots+v_{Nx}^2}{N}$，$\overline{v_y^2}=\dfrac{v_{1y}^2+v_{2y}^2+v_{3y}^2+\ldots+v_{Ny}^2}{N}$，$\overline{v_z^2}=\dfrac{v_{1z}^2+v_{2z}^2+v_{3z}^2+\ldots+v_{Nz}^2}{N}$，$N$ 代表系统分子的总数. 其中任一分子 i 的速率 v_i 满足 $v_i^2=v_{ix}^2+v_{iy}^2+v_{iz}^2$，则其对 N 个分子求平均值为 $\overline{v^2}=\overline{v_x^2}+\overline{v_y^2}+\overline{v_z^2}$，考虑到式(4.4.1)，有

$$\overline{v_x^2}=\overline{v_y^2}=\overline{v_z^2}=\frac{1}{3}\overline{v^2} \tag{4.4.2}$$

假设容器内有一定质量的同种理想气体，分子总数为 N，每个分子的质量为 m. 容器中分子的运动速度各不相同，但我们可以将分子按运动的速度区间进行分组，其中 $\boldsymbol{v}_i \sim \boldsymbol{v}_i+\mathrm{d}\boldsymbol{v}_i$ 速度区间的一组分子，都可以认为具有相同的速度 $\boldsymbol{v}_i$（包括大小和方向）. 单位体积内属于该组的分子数，即分子数密度为 n_i，那么，总分子数密度 n 即为所有速度区间的分子数密度的代数和，即

$$n=n_1+n_2+\cdots+n_i+\cdots=\sum_i n_i$$

为了计算气体的压强，我们选取容器上一块小面积 $\mathrm{d}A$. 在垂直于 $\mathrm{d}A$ 的方向上建立 x 轴，并规定指向容器外为其正方向，如图 4.4.1 所示.

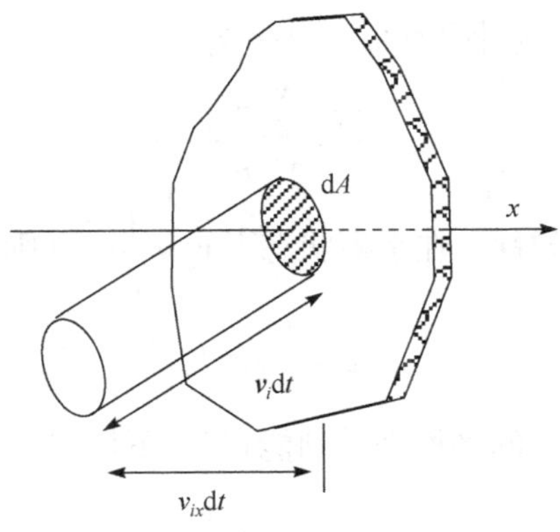

图 4.4.1　速度为 $\boldsymbol{v}_i$ 的分子组对 $\mathrm{d}A$ 的碰撞

1. 考察处于 $\boldsymbol{v}_i \sim \boldsymbol{v}_i + \mathrm{d}\boldsymbol{v}_i$ 速度区间内的分子的碰撞

不难分析出，在 $\mathrm{d}t$ 的时间间隔内碰撞在 $\mathrm{d}A$ 面上的速度约为 $\boldsymbol{v}_i$ 的分子数为 $N_i = n_i v_{ix} \mathrm{d}t\mathrm{d}A$，其中 $v_{ix}\mathrm{d}t\mathrm{d}A$ 是 $\mathrm{d}A$ 以为底，以 $v_i\mathrm{d}t$ 为斜高的柱体体积. 每个分子与器壁碰撞是完全弹性的，若假设器壁非常光滑，则器壁对分子没有切向力的作用，则分子每次碰撞将产生 $2mv_{ix}$ 的动量改变，同时向器壁施以同样大小的冲量. 于是 $\mathrm{d}t$ 时间内 $\mathrm{d}A$ 面积器壁所受到的冲量为

$$N_i \cdot 2mv_{ix} = 2mn_i v_{ix}^2 \mathrm{d}t\mathrm{d}A$$

2. 考察各种速度分组内的分子的碰撞

各种速度的分子与器壁的碰撞，在 $\mathrm{d}t$ 时间内 $\mathrm{d}A$ 面积器壁所受到的总冲量为

$$\mathrm{d}I = \sum_{i,(v_{ix}>0)} 2mn_i v_{ix}^2 \mathrm{d}t\mathrm{d}A$$

即对所有的速度分组 i 进行求和，并且考虑到只有 $v_{ix} > 0$ 的分子才会飞向 $\mathrm{d}A$ 而与之发生碰撞，$v_{ix} < 0$ 的分子则正在远离. 由于运动的完全无规则性，就统计平均而言，$v_{ix} > 0$ 和 $v_{ix} < 0$ 的分子数各占总分子数的一半，所以将求和式子中 $v_{ix} > 0$ 的限制条件去掉后，值会增加一倍，为保持原值需除以 2，即

$$\mathrm{d}I = \sum_i mn_i v_{ix}^2 \mathrm{d}t\mathrm{d}A$$

由于单位时间的冲量是对器壁的力，而单位面积器壁的力即为压强，故

$$p = \frac{\mathrm{d}I}{\mathrm{d}t\mathrm{d}A} = \sum_i mn_i v_{ix}^2 \tag{4.4.3}$$

3. 引入统计平均值，导出压强公式

用 $\overline{v_x^2}$ 表示分子 v_{ix}^2 的统计平均值，其值为

$$\overline{v_x^2} = \frac{\sum n_i v_{ix}^2}{n}$$

由于分子运动的各向均匀性，在平衡状态下 $\overline{v_x^2} = \frac{1}{3}\overline{v^2}$，则式(4.4.3)变为

$$p = \frac{1}{3} mn\overline{v^2} \tag{4.4.4}$$

若用 $\bar{\varepsilon}_\mathrm{t}$ 表示每个气体分子的平均平动动能(其中下标“t”表示平动)，即

$$\bar{\varepsilon}_\mathrm{t} = \frac{1}{2} m\overline{v^2} \tag{4.4.5}$$

代表分子作为一个质点所具有的动能的平均值. 把它代入式(4.4.4)有

$$p=\frac{2}{3}n\overline{\varepsilon}_{\mathrm{t}} \tag{4.4.6}$$

克劳修斯于 1857 年即得到这一重要关系式，称为**理想气体压强公式**.

在推导的过程中，我们假设器壁是光滑的．如果没有此假设，也能得到相同的结果．如果器壁不是非常光滑，在碰撞时任一面元对分子都存在切向作用力，则分子的入射角不等于反射角，但是由于分子运动的无规则性和极其频繁的碰撞，总有其他的分子具有此反射角，因此从统计平均来看，大量分子对器壁碰撞的平均效果在沿面元切向方向上都相互抵消了，这就相当于器壁是光滑的.

4.4.3　理想气体压强公式的物理意义

理想气体的压强公式是气体动理论的基本方程，它将宏观物理量压强 p 和微观物理量分子的平动动能 $\varepsilon_{\mathrm{t}}=\frac{1}{2}mv^2$ 的统计平均值 $\overline{\varepsilon}_{\mathrm{t}}$ 联系起来，表明宏观物理量取决于微观物理量的统计平均值．同时，分子数密度 n 因有涨落也是一个统计平均值．因此，压强公式只有对大量气体分子才有意义，即气体压强具有统计意义.

理想气体压强公式从微观角度给出了压强的定义，即**压强是大量分子对器壁碰撞的平均值**．这比“压强是单位面积上所受的力”更能深入反映压强的本质.

理想气体压强公式成立的前提是气体分子的数量足够大．如果气体分子的数量太少，则与分子无规则热运动相联系的随机涨落会导致压强公式理论值与压强测量值的巨大偏差．判断分子数量是否足够大的经验规则，是薛定谔(E. Schrödinger，1887～1961)的“N 的平方根律”．对于封闭在固定体积容器中的理想气体，若气体由 N 个气体分子组成，则实验可以验证，在某个时刻去测量此理想气体的压强，随机涨落引起的测量值与理论值会有偏离，多次测量后发现其偏离的数量级约为 $\sqrt{N}$．即如果 $N=100$，则偏离值约为 10，相对误差为 10%；如果 $N=10^4$，则相对误差为 1%；若 $N=10^{22}$ (约 0.1 mol)，则相对误差小于 $\frac{1}{10^{11}}$，测量值与理论值的误差趋近于零．因此，理想气体压强公式对于常见的理想气体系统是成立的.

4.4.4　气体压强推导的简化版

由于气体分子运动的无规则性，所以分子的速度按方向的分布是均匀的．在第 5 章我们会看到，在一定温度下，气体分子的速率分布是一定的，服从麦克斯韦分布律，但作为一个系统，存在一个平均速率 $\overline{v}$，故可以假设所有的分子都是

以 $\bar{v}$ 在运动．由此我们可以将上述问题简单化，建立一个简化模型：所有的分子以平均速率 $\bar{v}$ 沿±x，±y，±z 六个方向在运动．由于分子运动的各向同性，沿这 6 个方向运动的平均分子数密度均为 $\frac{1}{6}n$．其中对器壁上的压强有贡献的只有沿+x 方向的这一组分子，那么在 dt 时间内与 dA 面积发生碰撞的总分子数为

$$\Delta N=\frac{1}{6}n\bar{v}\mathrm{d}t\mathrm{d}A$$

所以单位时间与单位面积发生碰撞的平均分子数为

$$\Gamma=\frac{1}{6}n\bar{v} \tag{4.4.7}$$

每个分子每次碰撞交换动量 $2m\bar{v}$，故压强为

$$p=\frac{1}{3}mn\bar{v}^2 \tag{4.4.8}$$

同式(4.4.4)比较，略有区别．在第 5 章中我们可以看到，$\bar{v}\approx\sqrt{\overline{v^2}}$（$\sqrt{\overline{v^2}}$ 称为方均根速率，通常用 v_{rms} 来表示），故 $\overline{v^2}\approx\bar{v}^2$，于是我们得到与式(4.4.4)相同的公式．这种简化模型的数学处理极为简单，突出了物理思想，揭示了压强的主要微观本质．

利用式(4.4.7)和式(4.4.8)也可以分析其他类型的非理想气体的压强．按照狭义相对论，光子的速度 $v=c$，动量 $p=mc=\frac{\varepsilon}{c}$，故对于相对论情形的光子气体，其压强为 $p=\frac{1}{6}nc\cdot2\frac{\bar{\varepsilon}}{c}=\frac{1}{3}n\bar{\varepsilon}$，即光子气体的压强可用光子数密度 n 和光子的平均能量 $\bar{\varepsilon}$ 来表示．

例 4.4.1 有一个半径为 R 的球形容器，内封装有某种理想气体．分子数密度为 n，每个分子的质量为 m．(1)若某一分子的速率为 v_i，与器壁法线成 θ_i 角射向器壁并发生完全弹性碰撞，问每次撞击给予器壁的冲量是多少？(2)该分子每秒钟撞击器壁多少次？(3)试采用这种方法导出理想气体压强公式．

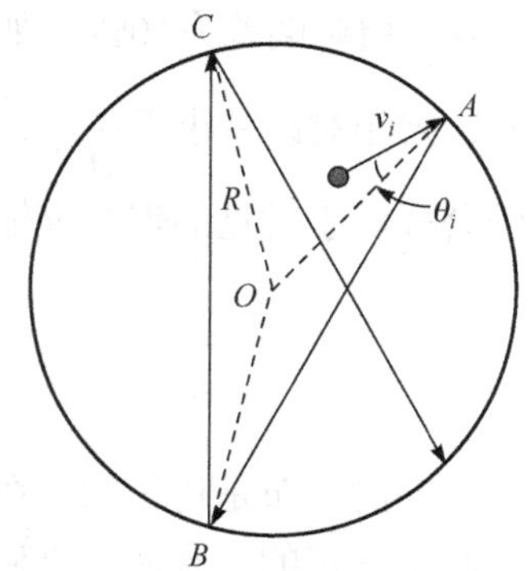

图 4.4.2 例 4.4.1 解答图

解 根据题设条件，可以画出该分子在球形容器内的运动轨迹示意图(图 4.4.2)．由于碰撞是弹性的，故反射角等于入射角．

(1)由图可以看出，分子每次碰撞给予器壁的冲量为 $2mv_i\cos\theta_i$．

(2)设该分子连续两次碰壁之间的时间间隔

为Δt_i，由图不难得到，连续两次碰壁之间飞行的距离为$\overline{AB}=2R\cos\theta_i$，故

$$\Delta t_i=\frac{2R\cos\theta_i}{v_i}$$

那么单位时间内该分子碰撞器壁的次数为

$$N_i=\frac{1}{\Delta t_i}=\frac{v_i}{2R\cos\theta_i}$$

(3)在单位时间内，该分子给予器壁的总冲量为

$$I_i=N_i\cdot 2mv_i\cos\theta_i=\frac{v_i}{2R\cos\theta_i}\cdot 2mv_i\cos\theta_i=\frac{mv_i^2}{R}$$

设总的分子数为N，则单位时间内所有分子给予器壁的总冲量为

$$I=\sum_i I_i=\sum_{i=1}^{N}\frac{mv_i^2}{R}=\frac{Nm}{R}\cdot\frac{\sum_i v_i^2}{N}=\frac{Nm}{R}\overline{v^2}$$

由于$N=\frac{4}{3}\pi R^3\cdot n$，代入上式，得

$$I=\frac{4}{3}\pi R^3 n\cdot\frac{m}{R}\overline{v^2}=\frac{1}{3}4\pi R^2\cdot nm\overline{v^2}$$

考虑到气体压强是大量分子在单位时间内碰撞器壁单位面积的平均冲量，所以压强应等于上式除以球形容器的面积$4\pi R^2$，即

$$p=\frac{I}{4\pi R^2}=\frac{1}{3}nm\overline{v^2}$$

该式与式(4.4.4)完全相同.

4.5　温度的微观解释

在第 1 章中，我们基于热平衡定律(热力学第零定律)引入了态函数温度的定义. 现在，我们从微观的角度探讨温度的本质.

4.5.1　温度的公式

我们知道，理想气体的物态方程为$pV=\nu RT$，考虑到气体的摩尔数$\nu=\frac{N}{N_{\mathrm{A}}}$，体积$V=\frac{N}{n}$，于是$p=\frac{\nu RT}{V}=\frac{nRT}{N_{\mathrm{A}}}$，令$k=\frac{R}{N_{\mathrm{A}}}=1.38\times10^{-23}\ \mathrm{J/K}$，称为**玻尔兹曼常量**，得

$$p=nkT \tag{4.5.1}$$

式中，n 为气体的分子数密度．上式同样可称为理想气体的物态方程．

玻尔兹曼常量 k 是针对单个气体分子的常量，具有微观性质，在描述单个分子统计规律的公式中会经常出现．

将式(4.5.1)代入压强公式 $p=\frac{2}{3}n\overline{\varepsilon}_{\mathrm{t}}$，即由式(4.4.6)可得

$$\overline{\varepsilon}_{\mathrm{t}}=\frac{3}{2}kT \tag{4.5.2}$$

此即**气体分子的平均平动动能公式**，也是气体动理论的基本方程之一．该式表明，气体分子的平均平动动能只与温度有关，与温度成正比，而与气体本身的性质无关．也就是说，在相同的温度下，所有气体分子的平均平动动能相等．

由于 $\overline{\varepsilon}_{\mathrm{t}}=\frac{1}{2}m\overline{v^2}$，结合式(4.5.2)不难得到

$$\sqrt{\overline{v^2}}=\sqrt{\frac{3kT}{m}}=\sqrt{\frac{3RT}{M_{\mathrm{mol}}}} \tag{4.5.3}$$

$\sqrt{\overline{v^2}}$ 具有速度的量纲，将其定义为分子的方均根速率，用 v_{rms} 表示．v_{rms} 是分子速率的一种统计平均值．在第 5 章中，我们将利用麦克斯韦速率分布函数来推导理想气体方均根速率的表达式．

4.5.2　温度的微观本质

式(4.5.2)从气体动理论的角度定义了温度，将“表示物体冷热程度”的温度与组成物体的分子的运动相联系．事实上，统计物理学表明，该式对其他三维物质形态的分子平动能依然成立．该式揭示了**温度的微观本质：**

温度是物质内部分子无规则热运动的剧烈程度的量度．

温度越高，分子的平均平动动能越大，分子运动越剧烈．同时，公式(4.5.2)反映了宏观量 T 和微观量的统计平均值 $\overline{\varepsilon}_{\mathrm{t}}$ 的关系，是一个统计关系式，因此温度具有统计意义：对单个分子讨论温度是没有意义的，温度只适用于描述大量分子的整体性质．从这个角度来理解热力学第三定律的“绝对零度不可能达到”，其实即意味着在现实世界中，一个系统的平均动能不可能等于零．

既然物体的温度取决于其内部的微观粒子(分子或原子)的运动，那么只要能够利用某种机制使内部粒子运动的剧烈程度降低，使粒子减速，在宏观上即可实现降温．激光冷却技术就是利用激光和物质原子的相互作用来减速原子的运动，以获得超低温的高新技术．1985 年朱棣文等利用激光冷却的方法获得的最低温度为 $2.4\times10^{-8}\mathrm{K}$．目前，利用激光冷却法能够获得 $10^{-11}\mathrm{K}$ 的极低温，已经非常接近绝对零度了．

需要注意的是，$\bar{\varepsilon}_t$ 是与物体内部分子的无规则热运动相联系的动能平均值，不包括系统作为一个整体的定向运动的动能. 从经典力学的角度来看，将物体视为质点系，**所有的质点(微观粒子)相对于质心参考系的动能即为 $\bar{\varepsilon}_t$**，而与质心运动相联系的平动能属于定向运动的动能，这部分动能与物体的温度无关. 也就是说，对于一个静止在地面上的篮球和同样一个在空中匀速飞行的篮球，其内部空气的温度是没有差别的.

4.5.3　基本方程的间接验证

压强公式(4.4.6)和分子平均平动动能公式(4.5.2)是气体动理论的两个基本公式，二者都是联系宏观量和微观量的统计平均值的方程，而微观量的统计平均值不能直接测量，所以这两个基本方程的正确性是无法用实验直接加以验证的. 不过，我们可以利用这两个方程来解释或推导理想气体的其他实验定律，从而间接证明它们的正确性.

1. 阿伏伽德罗定律

阿伏伽德罗定律：在相同压强和温度下，摩尔数相等的各种气体(严格地说是指理想气体)所占的体积相同.

由压强公式和分子平均平动动能公式

$$p=\frac{2}{3}n\bar{\varepsilon}_t\,,\quad \bar{\varepsilon}_t=\frac{3}{2}kT$$

可知，在相同温度 T 和压强 p 下，不同种类的气体的分子数密度 n 是相同的，那么，具有相同总分子数的不同种类的气体必然占有相同的体积. 而 1mol 的任何气体拥有相同的分子数，所以，在同温度、同压强的情况下，1mol 的任何气体的体积都相同. 这就从理论上解释了这条实验定律——阿伏伽德罗定律.

2. 道尔顿分压定律

道尔顿分压定律：混合气体的压强等于各个组分气体的分压强之和，即

$$p=p_1+p_2+\cdots+p_i+\cdots \tag{4.5.4}$$

注意：由于混合气体处于平衡态，所以各个组分的气体具有相同的温度 T，并且体积相同，均为容器的容积 V. 用 n_1，n_2，…，n_i，…表示各个组分的分子数密度，则总分子数密度为

$$n=n_1+n_2+\cdots+n_i+\cdots$$

由于温度 T 相同，则各类分子具有相同的平均平动动能 $\bar{\varepsilon}_t$，根据压强公式可得各组分的分压强为

$$p_1=\frac{2}{3}n_1\overline{\varepsilon}_t,\ p_2=\frac{2}{3}n_2\overline{\varepsilon}_t,\ \cdots,\ p_i=\frac{2}{3}n_i\overline{\varepsilon}_t,\ \cdots$$

对混合气体而言，其压强为

$$\begin{aligned}p&=\frac{2}{3}n\overline{\varepsilon}_t\\&=\frac{2}{3}(n_1+n_2+\cdots+n_i+\cdots)\overline{\varepsilon}_t\\&=\frac{2}{3}n_1\overline{\varepsilon}_t+\frac{2}{3}n_2\overline{\varepsilon}_t+\cdots+\frac{2}{3}n_i\overline{\varepsilon}_t+\cdots\\&=p_1+p_2+\cdots+p_i+\cdots\end{aligned}$$

由此，我们推导得到了实验定律——道尔顿分压定律.

例 4.5.1　容器内储存有一定质量的某种气体，其压强为 1atm，温度为 27 ℃，求：

(1) 单位体积内的分子数，即分子数密度；

(2) 分子间的平均距离；

(3) 分子的平均平动动能.

解　已知 $p=1.013\times10^5$ Pa，$T=300$ K.

(1) 由式(4.5.1) $p=nkT$，可得分子数密度 n 为

$$n=\frac{p}{kT}=\frac{1.013\times10^5}{1.38\times10^{-23}\times300}\approx2.45\times10^{25}\ (\text{m}^{-3})$$

(2) 分子间的平均距离为

$$l=\sqrt[3]{\frac{1}{n}}=\sqrt[3]{\frac{1}{2.45\times10^{25}}}\approx3.44\times10^{-9}\ (\text{m})$$

可见，在标准状态下，分子之间的平均距离远大于分子自身的线度(10^{-10} m)，的确可以视为理想气体.

(3) 分子的平均平动动能 $\overline{\varepsilon}_t$ 为

$$\overline{\varepsilon}_t=\frac{3}{2}kT=\frac{3}{2}\times1.38\times10^{-23}\times300=6.21\times10^{-21}\ (\text{J})$$

思　考　题

4.1　布朗运动是否是分子运动？如果不是，二者有何关系？图 4.1.3 所示是不是布朗粒子的轨迹？

4.2　什么是理想气体？其微观模型是什么？实际气体满足什么条件即可视为理想气体？

4.3　在推导理想气体压强公式的过程中，哪些地方用到了理想气体微观模型的假设？哪些地方用到了平衡态的条件？哪些地方用到了统计平均的概念？

4.4　在推导理想气体的压强公式时，我们用到了分子速度按方向的分布是各向同性的，即

$$\overline{v_x^2}=\overline{v_y^2}=\overline{v_z^2}=\frac{1}{3}\overline{v^2}$$

若有重力场存在，上式是否成立？理想气体的压强公式还成立吗？

4.5　当气体处于平衡态时，分子无规则运动的平均速度有多大？

4.6　气体处于平衡态时，分子热运动速率满足空间各向均匀的统计规律，即

$$\overline{v_x^2}=\overline{v_y^2}=\overline{v_z^2}$$

(1) 如果气体处于非平衡态，上式是否成立？

(2) 当气体整体沿一定方向运动时，上式是否成立？

4.7　如果氦与氢的温度相同，两种气体分子的平均平动动能是否相同？方均根速率是否相同？

4.8　能否说速度快的分子温度高、速度慢者温度低？为什么？

4.9　试证明道尔顿分压定律等效于道尔顿分体积定律：混合气体的体积等于各个组分气体的分体积之和，即 $V=V_1+V_2+\cdots+V_i+\cdots$，其中 V 是混合气体的体积，V_1，V_2，… 是各组分气体的分体积．所谓某一组分气体的分体积是指该组分单独存在，而温度和压强与混合气体的温度和压强相同时所具有的体积．

习　题

4.1　计算在温度为 77 K，压强为 10^{-10} torr 的超高真空的环境中的分子数密度.注意：$1\ \text{torr}=133.3\ \text{Pa}$．

4.2　目前能够获得的极限真空度为 1.33×10^{-11} Pa 数量级，请问在此真空度下每立方厘米内有多少个空气分子？设空气的温度为 300 K．

4.3　对电子管抽真空到最后阶段时，还应该将电子管内的金属丝加热，使金属丝表面上吸附的单分子层的气体释放出来，再进行抽气．设电子管的容积为 $V=25\ \text{cm}^3$，其中灯丝是用半径 $r=0.02\ \text{mm}$，长 $l=600\ \text{mm}$ 的铂丝绕制而成，而每个气体分子在灯丝表面上占的面积为 $S=9.0\times10^{-16}\ \text{cm}^2$，不考虑电子管内其他部分的吸附．当灯丝加热到 1000 ℃时，所有吸附的气体分子都从铂丝上跑出，均匀散布在整个电子管内，如果此释放出来的气体不抽出，试问它产生的压强是多少？

4.4　气体密度为 $6\times10^{-2}\text{kg/m}^3$，分子的方均根速率为 $\sqrt{\overline{v^2}}=500\ \text{m/s}$．求气体施予器壁的压强．

4.5　在一密封容器内，储存有 A、B、C 三种理想气体，处于平衡状态．A 种气体的分子数密度为 n_1，它产生的压强为 p_1，B 种气体的分子数密度为 $2n_1$，C 种气体的分子数密度为 $3n_1$，求混合气体的压强．

4.6 常温(27 ℃)下，气体分子的平均平动动能是多少？如果分子的平均平动动能为 10 eV，则此时的温度是多少？该温度是太阳表面温度(约 6000 K)的多少倍？已知 $1\,\mathrm{eV}=1.6\times10^{-19}\,\mathrm{J}$.

4.7 质量为 1 g 的氧气，在一个标准大气压下的体积为 $600\,\mathrm{cm}^3$，求氧分子的平均平动动能.

4.8 质量为 10 g 的氮气，当压强 $p=1.01\times10^5\,\mathrm{Pa}$，体积 $V=7.7\times10^{-3}\,\mathrm{m}^3$ 时，其分子的平均平动动能 $\bar{\varepsilon}_\mathrm{t}$ 是多少？

第 5 章　平衡态统计分布的初级理论

第 4 章我们学习了气体动理论的一些基本思想、基本概念和基本方程，初步了解到描述平衡态系统的宏观物理量取决于对应的微观物理量的统计平均值. 本章将进一步从微观的角度探讨处于平衡态的理想气体的重要统计规律，包括大量分子热运动的速度及能量的分布规律.

5.1　统计规律的基本知识

19 世纪的科学家们已经了解，对于包含少量物体的系统，其运动可以由以牛顿力学为代表的经典力学描述. 例如，对于包含 3 个物体的系统，描述各自的行为需要 3 个方程，描述其两两相互作用需要 3 个方程，描述 3 个物体都不存在时系统的行为需要 1 个方程(即场方程)，共 7 个方程. 类似地，对于含有 n 个物体的系统，需要 $\left(\frac{1}{2}n^2+\frac{1}{2}n+1\right)$ 个方程. 经验表明，计算量通常与方程数目的平方成正比，即若方程数目增长为原来的 2 倍，同样一台计算机的运算时间将增长为原来的 4 倍. 因此，随着 n 增加，牛顿力学将越来越捉襟见肘，直至无能为力. 例如，1 mol 的分子组成的气体系统包含有数量巨大(10^{23} 个)的分子，若要用牛顿力学描述此系统，则需要约 10^{46} 个方程，其计算量已经远远超越了所有的人脑和计算机. 因此，描述气体系统需要新的规律. 事实上，19 世纪的物理学家们发现，包含巨大数目分子的气体系统整体上遵从的是另一种规律——统计规律.

5.1.1　统计规律性

什么是统计规律性呢? 对于一定质量的热力学系统而言，大量分子永不停歇地做无规则热运动，分子速度的大小、方向由于频繁的碰撞而瞬息万变，分子运动具有随机性和偶然性. 但是，处于平衡态的系统却表现出稳定的压强和温度. 这表明，大量随机事件在整体上会表现出一定的规律性，这就是**统计规律性**. 统计规律不同于个体规律. 统计规律不是个体事件随机性的简单叠加，而是个体事件数目足够大的系统所具有的必然性.

随机事件大量重复出现的系统，称为**大数系统**．普遍而言，对于大数系统，在同样条件下重复试验多次，随机事件出现的频率逐渐逼近它出现的概率，呈现必然的规律．这就是**大数定律**．大数定律实质上说明，观测样本的数目越多，则观测值越接近预测的统计平均值．

抛硬币是一个大家都熟悉的例子．抛一枚 1 元的硬币让其落在桌面上，因为复杂的外力因素，其结果是正面朝上还是反面朝上，完全是偶然的，无法预料．这是个体随机性．但是如果重复抛掷成千上万次，或者一次性抛出成千上万个硬币，那么对得到的结果做统计会发现，正面和反面朝上的次数几乎各占一半，近似等于其 1/2 的概率，这就是统计规律性．

我们还可通过伽尔顿板实验来理解统计规律性．

如图 5.1.1 所示，一个竖直放置的木板上部均匀地排列着很多钉子，下部用隔板隔出若干等宽的狭槽，木板顶端有一漏斗形入口，表面上再封装一块透明的玻璃或塑料，这就是伽尔顿板．

准备一盒小球．先投入一个小球，观察到小球与若干钉子碰撞后落入某一个狭槽内；若紧接着再投入第二个小球，它可能落入另一个狭槽内．该实验表明，对于单个的小球而言，其在下落过程中与哪些钉子相碰，最后落入哪个狭槽内属于偶然事件，不可预测，具有随机性．但如果我们连续投入大量的小球，则会观察到小球在狭槽内的分布具有规律性，如图 5.1.1 所示．在靠近投入口下方的狭槽内，小球的个数最多，而在离投入口较远的狭槽内，小球的个数最少．我们可以在玻璃板上绘制出一条曲线来描述小球的个数按狭槽位置的分布，如图 5.1.1 中的曲线所示．重复上述实验，可以获得类似的结果，尽管每次落入各个狭槽内小球的数目会有所不同，但是所得到的分布曲线的形状均相差无几．

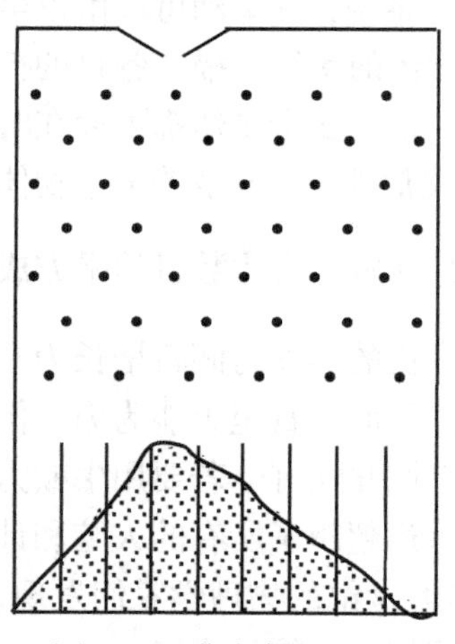

图 5.1.1 伽尔顿板实验

实验表明，单个小球落入哪个狭槽是偶然的，但大量小球在狭槽内的分布是确定的，这就是小球分布的统计规律性．但是也要注意，每次获得的小球分布曲线基本相同但又不完全相同，这说明单个偶然事件相对于统计规律会出现一定的偏差，即**涨落现象**．统计规律总是伴随着涨落，但只要包含的偶然事件的数目足够多，涨落就显得微不足道，可以忽略不计(见 4.4 节)．

5.1.2　概率和归一化条件

在概率论中，一定条件下在个别实验中呈现不确定性，但在大量重复实验中其结果又具有一定规律性的现象被称为**随机现象**．随机现象的每一种可能出现的结果称为随机事件．随机现象事前不可预言，例如前面提到的抛掷硬币，其结果可能国徽朝上也可能数字朝上，无法提前预测．

在一切可能发生的事件中，发生某一个随机事件的机会或者可能性的大小称为该随机事件出现的概率．例如投掷硬币，国徽朝上和数字朝上的概率相等，各为$\dfrac{1}{2}$；再如投掷骰子，1～6 点朝上的概率各为$\dfrac{1}{6}$．但是对于更多的随机现象，例如伽尔顿板实验，小球落入不同狭槽内的概率是不同的．下面我们将利用概率论的方法进一步分析伽尔顿板实验的结果．

假设小球总数为 N(代表随机事件的总量)，并将所有狭槽按照从左到右的顺序进行编号$(1,2,\cdots,n)$，共 n 个狭槽，其中落入第 i 个狭槽的小球数为 ΔN_i，那么，落入第 i 个狭槽的小球数占总个数的百分比为$\dfrac{\Delta N_i}{N}$．当 $N\to\infty$ 时，该百分比的极限值就定义为任一小球落入第 i 个狭槽的概率，用 P_i 来表示，即

$$P_i=\lim_{N\to\infty}\frac{\Delta N_i}{N} \tag{5.1.1}$$

概率 P_i 的大小是由哪些因素来决定呢？首先，P_i 的大小与狭槽 i 的位置有关．由图 5.1.1 不难看出，投入一个小球，它落进投入口下方狭槽内的概率(机会)最大，落进远离投入口的狭槽内的概率(机会)最小．沿狭槽排列方向建立 x 轴，用 x_i 标注第 i 个狭槽的位置，于是我们可以引入一个与位置有关的函数 $f(x_i)$，它描述了狭槽位置对概率的影响；此外，P_i 的大小还与狭槽的宽度 Δx_i 成正比，于是有

$$P_i=f(x_i)\Delta x_i \tag{5.1.2}$$

注意到，投入一个小球，它必定落进某一个狭槽内，因此所有概率的总和必定等于 100%，即

$$\sum_{i=1}^{n}P_i=\lim_{N\to\infty}\sum_{i=1}^{n}\frac{\Delta N_i}{N}=\sum_i f(x_i)\Delta x_i=1 \tag{5.1.3}$$

这就是**概率的归一化条件**，式中 $N=\sum\limits_i N_i$．

若令狭槽的宽度 $\Delta x_i\to 0$，记为 $\mathrm{d}x$，狭槽位置的标记则由离散的 x 值变为连续变化的 x 坐标，落至 x 坐标处 $\mathrm{d}x$ 区间内的小球个数记为 $\mathrm{d}N$．于是在伽尔顿板实验中，小球落进 $x\to x+\mathrm{d}x$ 区间内的概率为

$$\mathrm{d}P=\frac{\mathrm{d}N}{N}=f(x)\mathrm{d}x \tag{5.1.4}$$

式中，$f(x)$ 称为**概率分布函数**，表示小球出现在 x 坐标处单位宽度区间内的概率，故又称为概率密度．由于概率满足归一化条件，$\sum \mathrm{d}P=1$，得

$$\int\frac{\mathrm{d}N}{N}=\int f(x)\mathrm{d}x=1 \tag{5.1.5}$$

在随机现象中，我们通常会求解某一物理量的统计平均值．假设物理量 A，其可能出现的测量值为 A_1，A_2，…，A_n，每一种测量值出现的次数分别为 N_1，N_2，…，N_n，总次数 $N=\sum_{i=1}^{n}N_i$，则 A 的算术平均值为

$$\overline{A}=\frac{\sum_{i=1}^{n}N_iA_i}{\sum_{i=1}^{n}N_i}=\frac{\sum_{i=1}^{n}N_iA_i}{N} \tag{5.1.6}$$

例如调查一个小区的户平均人口数，首先要统计出每户有 1 人、2 人、3 人、……的户数各为多少，如表 5.1.1 所示．

表 5.1.1　某小区户数及户人口数据表

家庭人口数 A	户数(户) N	百分比 $N/\sum N$
1	20	11.4%
2	25	14.3%
3	70	40.0%
4	33	18.9%
5	27	15.4%
合计	175	100%

根据表 5.1.1，可以求出该小区平均每户的人口数(即户平均人口数)为

$$\overline{A}=\frac{\sum_{i=1}^{n}N_iA_i}{\sum_{i=1}^{n}N_i}=\frac{20\times1+25\times2+70\times3+33\times4+27\times5}{20+25+70+33+27}=\frac{547}{175}\approx3.1\text{人/户}$$

这是算术平均值，其值取决于有限的具体的测量次数，也就是取决于这个小区总的户数．换一个小区，户平均人口数会发生明显的变化．

如果测量的总次数 N 足够大，$N\to\infty$，此时 $\lim\limits_{N\to\infty}\frac{N_i}{N}=P_i$，则式(5.1.6)可表示为

$$\overline{A}=\sum_{i=1}^{n}\frac{N_i}{N}A_i\bigg|_{N\to\infty}=\sum_{i=1}^{n}P_iA_i \tag{5.1.7}$$

如果 A 值是连续变化的，则上述的求和用积分代替，得

$$\overline{A}=\int A\frac{\mathrm{d}N}{N} \tag{5.1.8}$$

式(5.1.7)和式(5.1.8)是求物理量 A 的**统计平均值**的一般公式．与算术平均值式(5.1.6)最大的不同之处在于，当 $N\to\infty$ 时，统计平均值是一个确定的量值，这是统计规律起作用的结果．

5.2　气体分子的麦克斯韦速度分布律

当气体处于平衡态时，气体具有稳定的宏观性质．从微观的角度来看，气体分子仍在永不停歇地做无规则热运动，分子速度的大小和方向由于频繁的碰撞而不断地发生变化．因此，在任一瞬时，单个气体分子的速度如何完全是偶然的，无法预测．但是对大量气体分子的整体而言，它们的速度分布却服从一定的统计规律．1859 年，麦克斯韦(J. C. Maxwell，1831～1879)提出处于平衡态的理想气体的分子按速度的分布具有确定的规律，称为**麦克斯韦速度分布律**．如果不考虑分子速度的方向，只关注速度的大小，相应的统计规律称为**麦克斯韦速率分布律**．

5.2.1　速率分布函数

因气体的大量分子碰撞频繁(标准状态下约 10^9 次/s)，分子速率不断改变，所以追踪单个分子并描述其速率的变化，从技术上来说无法实现也没有必要．分析大量分子运动速率的状况时，可以用分子数按速率的分布来进行描述，即给出在某一速率 v 附近，在速率 $v\to v+\mathrm{d}v$ 区间内的分子数 $\mathrm{d}N$ 占总分子数 N 的百分比 $\frac{\mathrm{d}N}{N}$．类比伽尔顿板实验的式(5.1.4)，百分比 $\frac{\mathrm{d}N}{N}$ 在不同的速率区间段 $v\to v+\mathrm{d}v$ 是不同的，并且与速率区间的大小 $\mathrm{d}v$ 成正比，于是有

$$\frac{\mathrm{d}N}{N}=f(v)\mathrm{d}v \tag{5.2.1}$$

式中，$\frac{\mathrm{d}N}{N}$ 代表任一气体分子的速率处在 v 附近 $\mathrm{d}v$ 速率区间内的概率值．

式(5.2.1)中的函数 $f(v)=\frac{\mathrm{d}N}{N\mathrm{d}v}$ 称为**速率分布函数**，它表示速率在 v 附近单位速率区间中的分子数占总分子数的百分比，或者说，单个分子速率处在速率 v 附

近单位速率区间的概率．故函数 $f(v)$ 又可称为**分子速率的概率密度函数**(probability density function)．

将式(5.2.1)对全速率区间($0\to\infty$)积分，由概率的归一化条件可得分布函数也具有归一化性质

$$\int_0^\infty f(v)\mathrm{d}v=1 \tag{5.2.2}$$

即所有速率区间内的分子数的总和 $\int_0^N \mathrm{d}N$ 占总分子数 N 的百分比为 100%，或总概率 $\int_0^N \frac{\mathrm{d}N}{N}=1$．可以这样理解，由于全部分子的速率总会出现在 $0\to\infty$ 的范围之内，故在全速率区间内分子出现的概率当然为 1．

5.2.2 麦克斯韦速率分布律

对于处于平衡态的理想气体，其速率分布函数 $f(v)$ 具有怎样的形式呢？麦克斯韦指出：在温度为 T 的平衡态下，速率在 v 附近处于速率间隔为 $v\to v+\mathrm{d}v$ 内的分子数占总分子数的百分比为

$$\frac{\mathrm{d}N}{N}=4\pi\left(\frac{m}{2\pi kT}\right)^{3/2}\exp\left(-\frac{mv^2}{2kT}\right)v^2\mathrm{d}v \tag{5.2.3}$$

式中，T 为气体的温度；m 为分子的质量；k 为玻尔兹曼常量．式(5.2.3)即为麦克斯韦速率分布律．

对比式(5.2.1)，麦克斯韦速率分布函数 $f(v)$ 为

$$f(v)=4\pi\left(\frac{m}{2\pi kT}\right)^{3/2}\exp\left(-\frac{mv^2}{2kT}\right)v^2 \tag{5.2.4}$$

可以看到，对于一定质量的某种理想气体(m 一定)，麦克斯韦速率分布函数只与温度 T 有关．

以 v 为横轴，以 $f(v)$ 为纵轴，依据式(5.2.4)画出的曲线即为麦克斯韦速率分布曲线，如图 5.2.1 所示．由图可以看出，曲线不对称，从原点出发，先随速率增加而增大，经过一个极大值后，再随速率增加而减小，最后趋于横轴．气体分子的速率可在零到无穷大之间取值，但具有很大速率或很小速率的分子数目较少，出现的概率小，而具有中等速率的分子数较多，出现的概率大．曲线的极大值对应的速率称为**最概然速率** v_p，表示在 v_p 附近单位速率区间内分子出现的概率是最大的．

图中曲线下面 v 处、宽度为 $\mathrm{d}v$ 的矩形窄条的面积 $\mathrm{d}\sigma=f(v)\mathrm{d}v$，表示在 $v\to v+\mathrm{d}v$ 速率区间内的分子数与总分子数的百分比 $\mathrm{d}N/N$．图中 $v_1\to v_2$ 范围曲线下的曲边形面积为

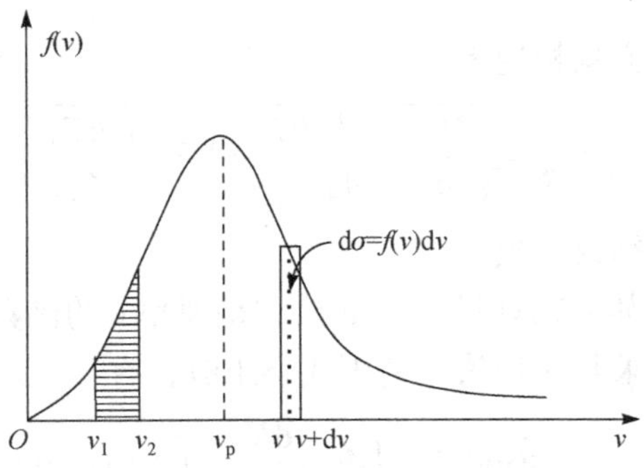

图 5.2.1 麦克斯韦速率分布曲线

$$\Delta\sigma = \int_{v_1}^{v_2} f(v)\mathrm{d}v = \frac{\Delta N}{N}$$

表示在宏观速率区间 $v_1 \to v_2$ 内分子出现的概率. 于是曲线下的总面积则表示速率分布在整个速率空间的分子的概率之和，当然等于 1.

5.2.3 三种统计速率

1. 平均速率(mean speed)

由式(5.1.8)可知，分子运动速率 v 的统计平均值为 $\bar{v} = \int_0^N \frac{v\mathrm{d}N}{N}$，称为平均速率. 由于 $\frac{\mathrm{d}N}{N} = f(v)\mathrm{d}v$，则分子的平均速率可根据速率分布函数来计算，即

$$\bar{v} = \int_0^\infty vf(v)\mathrm{d}v$$

代入麦克斯韦速率分布函数

$$\bar{v} = \int_0^\infty 4\pi\left(\frac{m}{2\pi kT}\right)^{3/2} \exp\left(-\frac{mv^2}{2kT}\right)v^3\mathrm{d}v$$

可求得在一定温度 T 下理想气体分子的平均速率为

$$\bar{v} = \sqrt{\frac{8kT}{\pi m}} = \sqrt{\frac{8RT}{\pi M_{\text{mol}}}} \approx 1.6\sqrt{\frac{RT}{M_{\text{mol}}}} \tag{5.2.5}$$

2. 方均根速率(root mean square speed)

利用式(5.1.8)结合麦克斯韦速率分布函数，亦可得到 v^2 的平均值为

$$\overline{v^2} = \int_0^\infty v^2 f(v)\mathrm{d}v = \int_0^\infty 4\pi\left(\frac{m}{2\pi kT}\right)^{3/2} \exp\left(-\frac{mv^2}{2kT}\right)v^4\mathrm{d}v = \frac{3kT}{m}$$

其平方根 $\sqrt{\overline{v^2}}$ ，即为方均根速率

$$v_{\mathrm{rms}}=\sqrt{\frac{3kT}{m}}=\sqrt{\frac{3RT}{M_{\mathrm{mol}}}}\approx 1.73\sqrt{\frac{RT}{M_{\mathrm{mol}}}} \tag{5.2.6}$$

与第 4 章式(4.5.3)的结果一致[①].

一般而言，对于某一物理量 A ，如果它是速率 v 的函数，即 $A=A(v)$ ，则可以利用速率分布函数求其平均值，利用式(5.1.8)，有

$$\overline{A}=\frac{\int A(v)\mathrm{d}N}{\int \mathrm{d}N}=\frac{\int A(v)\frac{\mathrm{d}N}{N}}{\int \frac{\mathrm{d}N}{N}}=\frac{\int A(v)f(v)\mathrm{d}v}{\int f(v)\mathrm{d}v} \tag{5.2.7}$$

如果是在全速率空间 $0\to\infty$ 内求 $A(v)$ 的平均值，由于 $\int_0^\infty f(v)\mathrm{d}v=1$ ，则

$$\overline{A}=\int_0^\infty A(v)f(v)\mathrm{d}v \tag{5.2.8}$$

例如，计算分子的平动动能 $\varepsilon_{\mathrm{t}}(v)=\frac{1}{2}mv^2$ 的平均值为

$$\overline{\varepsilon_t}=\int_0^\infty \varepsilon_t(v)f(v)\mathrm{d}v=\int_0^\infty \frac{1}{2}mv^2 f(v)\mathrm{d}v=\frac{1}{2}m\cdot\frac{3kT}{m}=\frac{3}{2}kT$$

与式(4.5.2)完全相同.

---

① 在计算式(5.2.5)和式(5.2.6)时，可选用以下积分公式：

$$f(n)=\int_0^\infty x^n \mathrm{e}^{-bx^2}\mathrm{d}x$$

n	$f(n)$
0	$\frac{1}{2}\sqrt{\frac{\pi}{b}}$
1	$\frac{1}{2b}$
2	$\frac{1}{4}\sqrt{\frac{\pi}{b^3}}$
3	$\frac{1}{2b^2}$
4	$\frac{3}{8}\sqrt{\frac{\pi}{b^5}}$

若 n 为偶数，$\int_{-\infty}^\infty x^n \mathrm{e}^{-bx^2}\mathrm{d}x=2f(n)$

若 n 为奇数，$\int_{-\infty}^\infty x^n \mathrm{e}^{-bx^2}\mathrm{d}x=0$.

3. 最概然速率(most probable speed)

如图 5.2.1 所示，速率处于中等大小的分子数较多，其中，对应概率函数极大值的速率是最概然速率 v_p．对 $f(v)$ 求微分，并令

$$\left.\frac{\mathrm{d}f(v)}{\mathrm{d}v}\right|_{v=v_p}=0$$

计算可得

$$v_p=\sqrt{\frac{2kT}{m}}=\sqrt{\frac{2RT}{M_{mol}}}\approx 1.41\sqrt{\frac{RT}{M_{mol}}} \tag{5.2.9}$$

最概然速率 $v_p \propto \sqrt{\dfrac{T}{M_{mol}}}$．在讨论速率分布，比较两种不同温度或不同分子质量的气体的速率分布曲线时，经常用到最概然速率 v_p．

如图 5.2.2(a)所示，两条曲线分别代表氮气分子在 $T_1=300\ \mathrm{K}$ 和 $T_2=1200\ \mathrm{K}$ 时的速率分布曲线．由于 $T_2>T_1$，故 $v_{p2}>v_{p1}$，即温度为 T_2 时具有较大速率的分子数增加了，有更多的分子的平动动能较大，热运动更为剧烈，这符合温度的微观意义．同时，由于曲线下的面积恒为 1，所以当温度升高，速率分布曲线向高速区扩展时，曲线就变得更加平坦一些．

如图 5.2.2(b)所示，两条曲线分别代表氧气和氢气分子在同一温度下的速率分布曲线．由于 $M_{mol,O_2}>M_{mol,H_2}$，故 $v_{p,H_2}>v_{p,O_2}$．在同一温度下，分子的平均平动动能相同，故分子质量越小的速率就越大，即氢气中具有较大速率的分子数要多一些．于是，速率曲线向高速区扩展，同时曲线变得平坦．

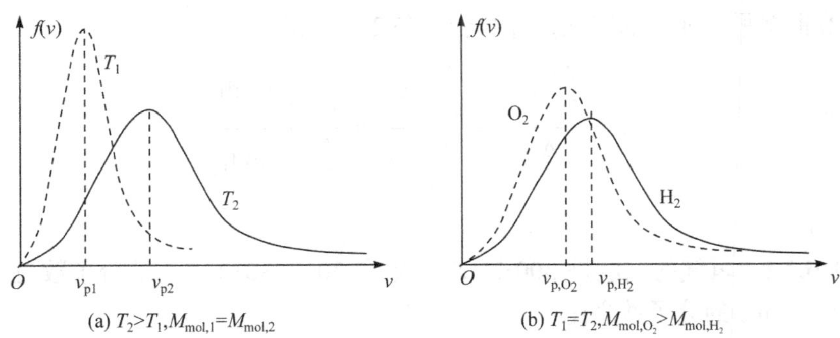

(a) $T_2>T_1, M_{mol,1}=M_{mol,2}$　(b) $T_1=T_2, M_{mol,O_2}>M_{mol,H_2}$

图 5.2.2　麦克斯韦速率分布曲线与温度、质量的关系

三种统计速率中方均根速率 v_{rms} 最大，最概然速率 v_p 最小，如图 5.2.3 所示．三种速率之比为

$$v_p:\overline{v}:v_{rms}=1:1.128:1.224$$

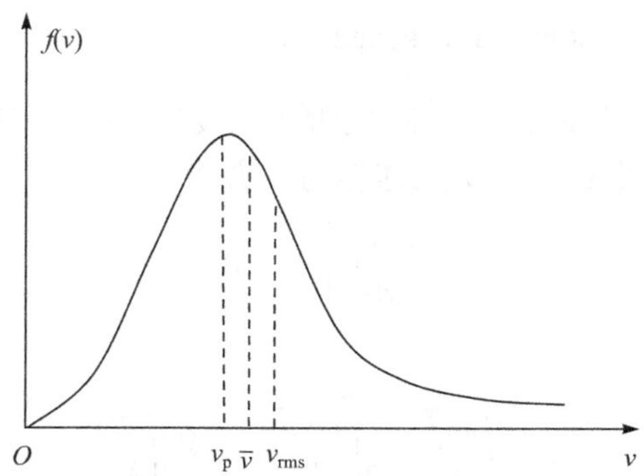

图 5.2.3　理想气体的三种统计速率

在讨论分子速率分布时，要用到最概然速率 v_p；在计算分子平均自由程、气体分子与容器壁的碰撞以及分子之间的碰撞频率时，要用分子的平均速率 $\overline{v}$；在计算分子的平均平动动能时，要用分子的方均根速率 v_{rms} .

例 5.2.1　有 N 个粒子，已知其速率分布函数为 $f(v)$，求：

(1) 在 $v_1 \sim v_2$ 速率区间内的分子数 ΔN_{12}；

(2) 在 $v_p \sim v_{rms}$ 速率区间内的分子的平均速率 $\overline{v}$.

解　(1) 根据式(5.2.1)，速率在 $v \to v + \mathrm{d}v$ 区间内的分子数为 $\mathrm{d}N = Nf(v)\mathrm{d}v$，于是在 $v_1 \sim v_2$ 速率区间内的分子数为

$$\Delta N_{12} = \int_{v_1}^{v_2} \mathrm{d}N = \int_{v_1}^{v_2} Nf(v)\mathrm{d}v = N\int_{v_1}^{v_2} f(v)\mathrm{d}v$$

(2) 根据平均速率的定义，并结合式(5.2.7)，得

$$\overline{v} = \frac{\int_{v_p}^{v_{rms}} v\mathrm{d}N}{\Delta N} = \frac{\int_{v_p}^{v_{rms}} v\mathrm{d}N}{\int_{v_p}^{v_{rms}} \mathrm{d}N} = \frac{\int_{v_p}^{v_{rms}} vf(v)\mathrm{d}v}{\int_{v_p}^{v_{rms}} f(v)\mathrm{d}v}$$

例 5.2.2　氢气的温度是 300K．求速率在 3000~3010 m/s 的分子数与速率在 1500~1510 m/s 的分子数之比．

解　由麦克斯韦速率分布律可知

$$\mathrm{d}N = Nf(v)\mathrm{d}v = N \cdot 4\pi\left(\frac{m}{2\pi kT}\right)^{3/2} \exp\left(-\frac{mv^2}{2kT}\right)v^2\mathrm{d}v$$

由于 $\Delta v = 10\,\mathrm{m/s} \ll v$，所以在 $v \to v + \Delta v$ 区间内的分子数可估算为

$$\Delta N = Nf(v)\Delta v$$

于是

$$\Delta N_1 = N \cdot 4\pi\left(\frac{m}{2\pi kT}\right)^{3/2}\exp\left(-\frac{mv_1^2}{2kT}\right)v_1^2 \cdot \Delta v$$

$$\Delta N_2 = N \cdot 4\pi\left(\frac{m}{2\pi kT}\right)^{3/2}\exp\left(-\frac{mv_2^2}{2kT}\right)v_2^2 \cdot \Delta v$$

将 $v_1 = 3000\,\mathrm{m/s}$，$v_2 = 1500\,\mathrm{m/s}$，$\Delta v = 10\,\mathrm{m/s}$ 代入，可得

$$\frac{\Delta N_1}{\Delta N_2} = \frac{\exp\left(-\frac{mv_1^2}{2kT}\right)v_1^2}{\exp\left(-\frac{mv_2^2}{2kT}\right)v_2^2} = \exp\left[-\frac{m\left(v_1^2 - v_2^2\right)}{2kT}\right]\frac{v_1^2}{v_2^2} = 0.27$$

例 5.2.3　已知氧气的摩尔质量为 $M_{\mathrm{mol}} = 32\times10^{-3}\,\mathrm{kg/mol}$，温度为 27℃，问处于平衡态时氧分子的 v_{p}、$\bar{v}$、v_{rms} 各为多少？

解　由于 $T = 273 + 27 = 300(\mathrm{K})$，故

$$\sqrt{\frac{RT}{M_{\mathrm{mol}}}} = \sqrt{\frac{8.31\times300}{32\times10^{-3}}} = 279\ (\mathrm{m/s})$$

于是

$$v_{\mathrm{p}} = 1.41\sqrt{\frac{T}{M_{\mathrm{mol}}}} = 394\,\mathrm{m/s}$$

$$\bar{v} = 1.6\sqrt{\frac{RT}{M_{\mathrm{mol}}}} = 446\,\mathrm{m/s}$$

$$v_{\mathrm{rms}} = 1.73\sqrt{\frac{RT}{M_{\mathrm{mol}}}} = 483\,\mathrm{m/s}$$

可以看到，在室温下，氧气分子的各种统计速率均为每秒几百米，与空气中的声速具有相同的数量级．为什么呢？因为空气中的声波是靠分子之间的碰撞来传播的，所以声波的传播速度与气体分子的平均运动速率一定具有相同的数量级，且前者的量值一定略小于后者．

表 5.2.1 给出了一些常见气体分子的平均速率和方均根速率的数值．

表 5.2.1　在 273K 温度下的分子速率（单位：m/s）

分子种类	$\bar{v}$	v_{rms}
H_2	1690	1840
He	1210	1310

续表

分子种类	$\overline{v}$	v_{rms}
H_2O	570	620
Ne	530	580
N_2	450	490
O_2	420	460
Ar	400	430

5.2.4 应用麦克斯韦速率分布律解释行星上的大气状况

一颗行星(或卫星)是否拥有大气层，很大程度上是大气分子无规则热运动和行星引力(或重力)之间相互竞争的结果．热运动使气体分子散逸，分子热运动平均动能大小可用分子方均根速率表征；行星引力阻止气体分子逃离，行星的引力势能大小通常用逃逸速率表征．如果分子的运动速率高于逃逸速率，就有足够的动能逃离行星大气而进入外太空．麦克斯韦速率分布曲线的高速末端不会由于高能分子的逃逸而消失，其他分子会通过碰撞而获得更高的动能，这些分子也会紧随其后逃逸出去．于是，大气慢慢地流逝、消失．

以地球为例，地球的逃逸速率(即第二宇宙速度) $v_{2,E}=1.12\times10^4\ \mathrm{m/s}$，在大约 300 km 的高空大气层，此处空气非常稀薄，分子的方均根速率为 $v_{rms}\sim1\times10^3\ \mathrm{m/s}$，比逃逸速率小一个数量级．但是按照麦克斯韦速率分布律，分子速率在 $0\to\infty$ 分布，必然会有一些分子的速率能够超过逃逸速率从而摆脱地球引力的作用，飞向遥远的太空．但是 v_{rms} 比 $v_{2,E}$ 小很多，所以具有足够动能的分子很少，这就使得地球大气分子的散逸很慢．另一方面，质量越小的分子，其方均根速率越大，速率分布曲线越向高速区移动，分子逃逸得更快，故目前地球大气的主要成分是质量较大的 N_2(78%)和 O_2(21%)，质量小的 H_2 和 He 的含量极少．而对于月球，其逃逸速率 $v_{2,m}=2.4\times10^3\ \mathrm{m/s}$，小于地球的逃逸速率，因此，月球上气体分子逃逸得很快，以至于现在月球上几乎不存在大气层．月球表面只有一层厚度约为 1 cm 的大气，由氪气组成．与地球临近的金星，逃逸速率为 $v_{2,V}=1.04\times10^4\ \mathrm{m/s}$，逃逸速率较大，故金星上也存在大气层；火星的逃逸速率为 $v_{2,M}=5.06\times10^3\ \mathrm{m/s}$，故火星上存在极为稀薄的大气．

当然，实际上影响行星大气的因素不止一种，涉及各种物理和化学过程，并不仅仅取决于分子热运动速率与逃逸速率的比较．

5.2.5　麦克斯韦速度分布律

前面介绍的是气体分子按速度的大小分布的规律，如果同时考虑速度的大小和方向，得到的就是麦克斯韦速度分布律.

1. 速度空间

为了能够形象化地理解分子速度的概率分布，我们需要建立速度空间的概念. 以速度矢量 $\boldsymbol{v}$ 的三个直角分量 v_x、v_y、v_z 为轴构成一个直角坐标系，由此确定的空间称为速度空间，如图 5.2.4(a)所示. 在速度空间中，从坐标原点指向任意一点的矢量代表一个确定的速度. 处于平衡态的系统，所有分子的速度矢量都可以用速度空间中的一个矢量来描述，由于热运动的无规则性，这些速度矢量的大小可以为 $0\to\infty$ 的任意数值，其方向可以朝向任何方向，也就是说，这些矢量的端点可以落在速度空间的任意位置. 麦克斯韦速度分布律其实描述的就是这些代表分子运动速度的端点在速度空间中的分布情况.

2. 分子按速度矢量的分布

麦克斯韦从理论上推导出：在温度为 T 的平衡态下，速度的 x 分量在 $v_x\to v_x+\mathrm{d}v_x$ 内，速度的 y 分量在 $v_y\to v_y+\mathrm{d}v_y$ 内，速度的 z 分量在 $v_z\to v_z+\mathrm{d}v_z$ 内的分子数占总分子数的百分比为

$$\frac{\mathrm{d}N}{N}=\left(\frac{m}{2\pi kT}\right)^{3/2}\exp\left[-\frac{m\left(v_x^2+v_y^2+v_z^2\right)}{2kT}\right]\mathrm{d}v_x\mathrm{d}v_y\mathrm{d}v_z \tag{5.2.10}$$

这就是**麦克斯韦速度分布律**. 它给出了速度矢量的端点能够落在小体积元 $\mathrm{d}V=\mathrm{d}v_x\mathrm{d}v_y\mathrm{d}v_z$ 内的分子数占总分子数的比率. 麦克斯韦速度分布函数即为

$$f(\boldsymbol{v})=\left(\frac{m}{2\pi kT}\right)^{3/2}\exp\left[-\frac{m\left(v_x^2+v_y^2+v_z^2\right)}{2kT}\right] \tag{5.2.11}$$

在速度空间中，以 O 为球心，以 v 为半径作一个厚度为 $\mathrm{d}v$ 的球壳，如图 5.2.4(b)所示，这个薄球壳的体积为 $\mathrm{d}V'=4\pi v^2\mathrm{d}v$. 用 $\mathrm{d}V'$ 替换式(5.2.10)中的 $\mathrm{d}V=\mathrm{d}v_x\mathrm{d}v_y\mathrm{d}v_z$，同时考虑到 $v_x^2+v_y^2+v_z^2=v^2$，于是由式(5.2.10)可得

$$\frac{\mathrm{d}N}{N}=4\pi\left(\frac{m}{2\pi kT}\right)^{3/2}\exp\left(-\frac{mv^2}{2kT}\right)v^2\mathrm{d}v$$

这就是式(5.2.3)，麦克斯韦速率分布律.

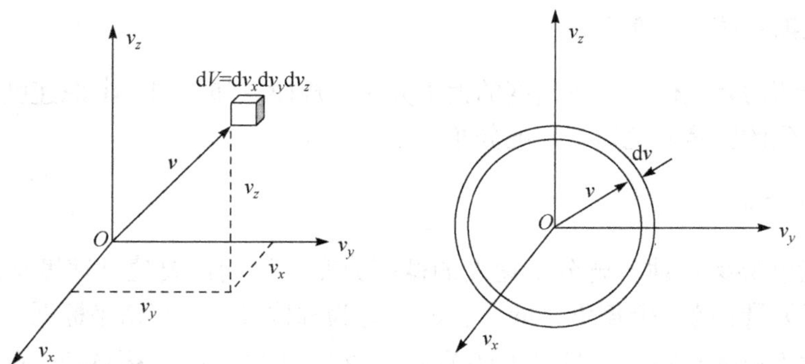

(a) 速度空间 (b) 在速率间隔$v \to v+dv$中包含有大量速度方向不同的分子

图 5.2.4 分子按速度矢量的分布

3. 分子按速度分量的分布

将式(5.2.10)对v_y和v_z两个分量分别在$(-\infty \to +\infty)$求积分

$$\frac{dN_{v_x}}{N}=\left(\frac{m}{2\pi kT}\right)^{3/2}\exp\left(-\frac{mv_x^2}{2kT}\right)dv_x\int_{-\infty}^{+\infty}\exp\left(-\frac{mv_y^2}{2kT}\right)dv_y\int_{-\infty}^{+\infty}\exp\left(-\frac{mv_z^2}{2kT}\right)dv_z$$

可以得到速度分量在$v_x \to v_x+dv_x$内的分子数所占比例为

$$\frac{dN_{v_x}}{N}=\left(\frac{m}{2\pi kT}\right)^{1/2}\exp\left(-\frac{mv_x^2}{2kT}\right)dv_x \tag{5.2.12a}$$

同理，可得速度分量在$v_y \to v_y+dv_y$内的分子数所占比例为

$$\frac{dN_{v_y}}{N}=\left(\frac{m}{2\pi kT}\right)^{1/2}\exp\left(-\frac{mv_y^2}{2kT}\right)dv_y \tag{5.2.12b}$$

速度分量在$v_z \to v_z+dv_z$内的分子数所占比例为

$$\frac{dN_{v_z}}{N}=\left(\frac{m}{2\pi kT}\right)^{1/2}\exp\left(-\frac{mv_z^2}{2kT}\right)dv_z \tag{5.2.12c}$$

于是我们可以得到三个速度分量的分布函数

$$f(v_x)=\left(\frac{m}{2\pi kT}\right)^{1/2}\exp\left(-\frac{mv_x^2}{2kT}\right) \tag{5.2.13a}$$

$$f(v_y)=\left(\frac{m}{2\pi kT}\right)^{1/2}\exp\left(-\frac{mv_y^2}{2kT}\right) \tag{5.2.13b}$$

$$f(v_z)=\left(\frac{m}{2\pi kT}\right)^{1/2}\exp\left(-\frac{mv_z^2}{2kT}\right) \tag{5.2.13c}$$

在速度空间中，分子按速度分量的分布该如何理解呢？如果只对速度的一个分量的大小加以限制，例如，不管 v_x 和 v_z 大小如何，只限定速度的 y 分量必须在 $v_y \to v_y + \mathrm{d}v_y$ 区间内，那么满足这一限制条件的分子数为 $\mathrm{d}N_{v_y}$，它们的速度矢量的端点必定落于图 5.2.5(a)所示的薄片内，该薄片垂直于 v_y 轴，位于任一 v_y 处，厚度为 $\mathrm{d}v_y$.

如果对速度的两个分量的大小加以限制，例如速度的 y 分量必须在 $v_y \to v_y + \mathrm{d}v_y$ 区间内，z 分量必须在 $v_z \to v_z + \mathrm{d}v_z$ 区间内，满足条件的分子数为 $\mathrm{d}N_{v_y v_z}$，它们的速度矢量的端点必定落于图 5.2.5(b)所示的两个垂直相交、厚度分别为 $\mathrm{d}v_y$ 和 $\mathrm{d}v_z$ 的薄片的重叠区域(矩形柱体)内.

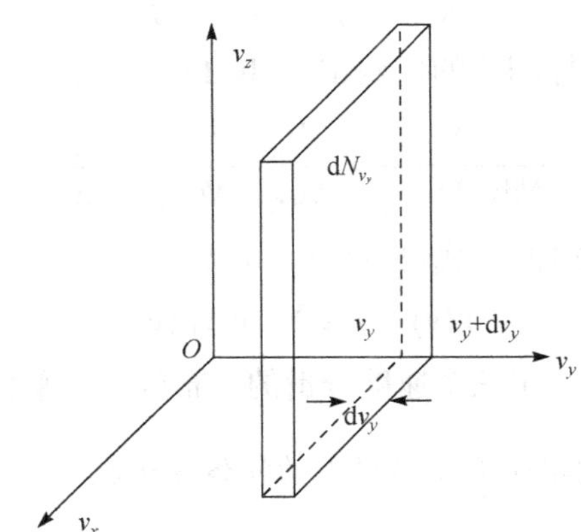

(a) 限制一个速度分量的情况

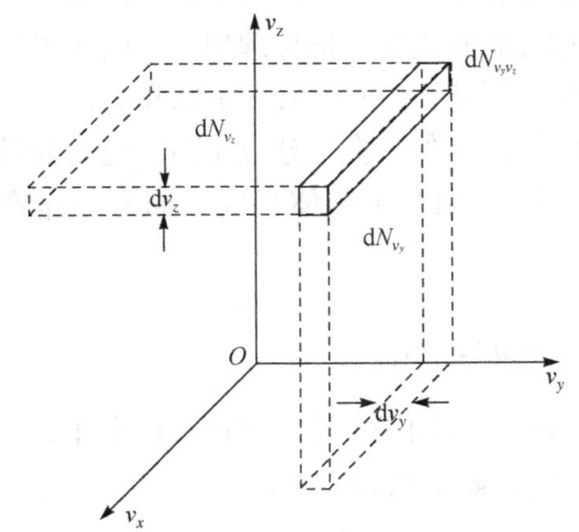

(b) 限制两个速度分量的情况

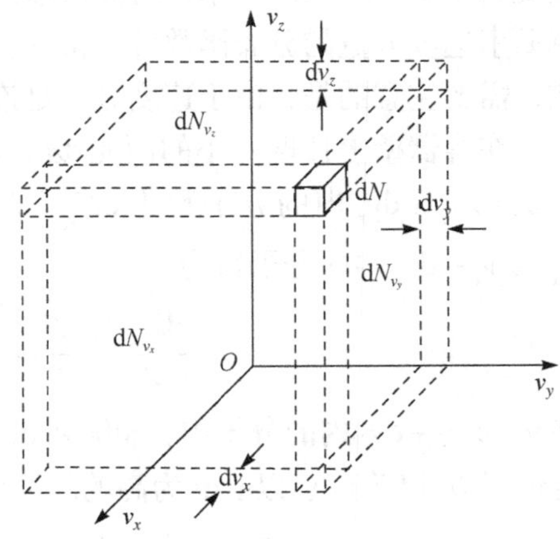

(c) 限制三个速度分量的情况

图 5.2.5

由于分子运动的无规则性，分子向各个方向运动的概率是独立的．根据独立概率相乘的概率原理，有

$$\frac{\mathrm{d}N_{v_y v_z}}{N}=\frac{\mathrm{d}N_{v_y}}{N}\cdot\frac{\mathrm{d}N_{v_z}}{N}$$

如果对速度的三个分量均加以限制，即速度分量在 $v_x \to v_x+\mathrm{d}v_x$、$v_y \to v_y+\mathrm{d}v_y$、$v_z \to v_z+\mathrm{d}v_z$ 内的分子数为 $\mathrm{d}N$，则这些分子的速度矢量的端点必定落于图 5.2.5(c) 所示的三个垂直相交的薄片的重叠区域(方形小体积元)内．

根据独立概率相乘的原理，有

$$\frac{\mathrm{d}N}{N}=\frac{\mathrm{d}N_{v_x}}{N}\cdot\frac{\mathrm{d}N_{v_y}}{N}\cdot\frac{\mathrm{d}N_{v_z}}{N}$$

上式两端同时除以方形体积元的体积 $\mathrm{d}V=\mathrm{d}v_x\mathrm{d}v_y\mathrm{d}v_z$，得

$$\frac{\mathrm{d}N}{N\mathrm{d}v_x\mathrm{d}v_y\mathrm{d}v_z}=\frac{\mathrm{d}N_{v_x}}{N\mathrm{d}v_x}\cdot\frac{\mathrm{d}N_{v_y}}{N\mathrm{d}v_y}\cdot\frac{\mathrm{d}N_{v_z}}{N\mathrm{d}v_z}$$

对比式(5.2.11)和式(5.2.12)、式(5.2.13)，可得

$$f(\boldsymbol{v})=f(v_x)f(v_y)f(v_z)$$

上式表明速度分布函数等于三个速度分量的分布函数的乘积．

4. 单位时间碰撞到单位面积器壁上的气体分子数

若容器内装有某种理想气体，总分子数为 N，分子数密度为 n．当气体处于温度为 T 的平衡态时，单位时间碰撞到单位面积器壁上的气体分子数可以利用麦克斯韦速度分量的分布函数计算得到，其推导思路类似于推导理想气体的压强公式．需要注意的是，由于速度分布是连续的，因此要将求和转变为求积分．

在容器壁上任取一小的面元 $\mathrm{d}A$，在垂直于 $\mathrm{d}A$ 的方向上建立 x 轴．速度分量在 $v_x \to v_x+\mathrm{d}v_x$ 内的分子数为 $\mathrm{d}N_{v_x}=Nf(v_x)\mathrm{d}v_x$，则在单位体积内，速度分量在 $v_x \to v_x+\mathrm{d}v_x$ 内的分子数为

$$\frac{\mathrm{d}N_{v_x}}{V}=\frac{N}{V}f(v_x)\mathrm{d}v_x=nf(v_x)\mathrm{d}v_x$$

在 $v_x \to v_x+\mathrm{d}v_x$ 内的分子中，能够在 $\mathrm{d}t$ 时间内与 $\mathrm{d}A$ 面积器壁发生碰撞的分子，一定位于以 $\mathrm{d}A$ 为底、以 $v_x\mathrm{d}t$ 为高的斜柱体 V' 内，如图 5.2.6 所示，即

$$nf(v_x)\mathrm{d}v_x\cdot V'=nf(v_x)\mathrm{d}v_x\cdot v_x\mathrm{d}t\mathrm{d}A=nv_xf(v_x)\mathrm{d}v_x\cdot\mathrm{d}t\mathrm{d}A$$

在 $v_x \to v_x+\mathrm{d}v_x$ 内，单位时间碰撞在单位面积器壁上的分子数为

$$\mathrm{d}N=nv_xf(v_x)\mathrm{d}v_x \tag{5.2.14}$$

再考虑所有速度的分子对器壁的碰撞，由于只有 $v_x>0$ 的分子才会与 dA 发生碰撞，因此积分的范围应取 $(0\to\infty)$，将速度分量的分布函数(5.2.13a)代入式(5.2.14)并积分，得

$$\Gamma=\int_0^\infty nv_x f(v_x)\mathrm{d}v_x=n\left(\frac{m}{2\pi kT}\right)^{1/2}\int_0^\infty v_x\exp\left(-\frac{mv_x^2}{2kT}\right)\mathrm{d}v_x$$

$$=n\left(\frac{kT}{2\pi m}\right)^{\frac{1}{2}}=\frac{1}{4}n\left(\frac{8kT}{\pi m}\right)^{\frac{1}{2}}$$

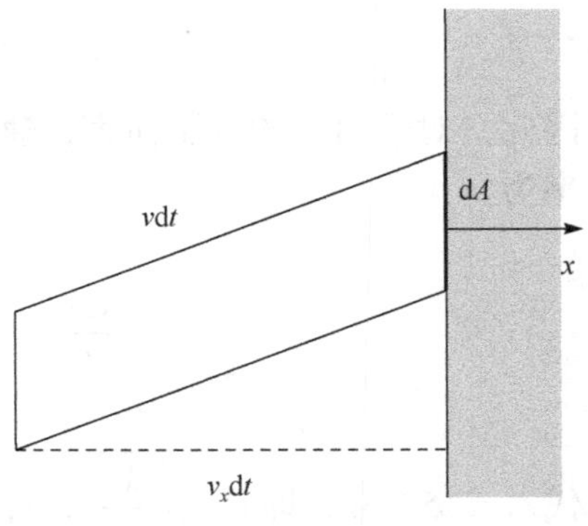

图 5.2.6 计算在 dt 时间内与 dA 面积器壁发生碰撞的分子数的几何图

即

$$\Gamma=\frac{1}{4}n\bar{v} \tag{5.2.15}$$

式(5.2.15)的结果是精确的，在处理某些问题时很重要，可作为公式来使用. 对比第 4 章的式(4.4.7)，两个式子的系数不一致，后者系数为 $\frac{1}{6}$，偏小. 后者采用了近似的简化模型，即假设所有的分子以平均速率 $\bar{v}$ 沿 $\pm x$，$\pm y$，$\pm z$ 六个方向在运动，但是两个公式的数量级是一致的，故式(4.4.7)同样可以作为一个粗略的公式对相关问题进行定性与半定量的分析.

5.2.6 泻流

一个装满气体的容器，周围是真空，假设容器壁上开有一个小孔，由于气体分子从小孔逸出，容器内的气体会逐渐变得稀薄. 但是，如果小孔足够小，气体分子的逸出对容器内气体的平衡态的影响可忽略不计. 在这种情况下，通过小孔逸出的分子数就和碰撞到小孔所在表面(假设小孔不存在)的分子数是一样的. 这种通过小孔出射分子的过程称为泻流(effusion).

根据式(5.2.15)，单位时间碰撞到单位表面积上的分子数为 $\Gamma=\frac{1}{4}n\bar{v}$，也就是单位时间内通过小孔单位面积泻流出去的总分子数，记为 N，即

$$N=\frac{1}{4}n\bar{v}=\int_0^\infty\frac{1}{4}nvf(v)\mathrm{d}v$$

两边微分，得到单位时间内通过小孔单位面积逸出的速率介于 $v\sim v+\mathrm{d}v$ 区间内的分子数为

$$dN=\frac{1}{4}nvf(v)dv$$

因此，对于泻流的分子而言，速率在$v\sim v+dv$区间内的分子数占总分子数的比率为

$$\frac{dN}{N}=\frac{\frac{1}{4}nvf(v)dv}{\frac{1}{4}n\overline{v}}=\frac{1}{\overline{v}}vf(v)dv$$

代入式(5.2.5)，即$\overline{v}=\sqrt{\frac{8kT}{\pi m}}$，可以得到泻流分子的速率分布函数$F(v)$为

$$\begin{aligned}F(v)&=\frac{dN}{N}\cdot\frac{1}{dv}=\frac{1}{\overline{v}}vf(v)=\sqrt{\frac{\pi m}{8kT}}\cdot 4\pi\left(\frac{m}{2\pi kT}\right)^{\frac{3}{2}}\exp\left(-\frac{mv^2}{2kT}\right)v^3\\&=\frac{m^2}{2\left(kT\right)^2}\cdot\exp\left(-\frac{mv^2}{2kT}\right)v^3\end{aligned}\tag{5.2.16}$$

该速率分布函数同样满足归一化条件，即

$$\int_0^\infty F\left(v\right)dv=1$$

利用式(5.2.16)可以求出泻流分子的平均速率(mean speed of escaping molecules)

$$\overline{v}_e=\int_0^\infty vF(v)dv=\int_0^\infty\frac{m^2}{2\left(kT\right)^2}\cdot\exp\left(-\frac{mv^2}{2kT}\right)v^4dv=\sqrt{\frac{9\pi kT}{8m}}\tag{5.2.17}$$

同处于平衡态的气体分子的平均速率$\overline{v}$相比，$\overline{v}_e=\frac{3\pi}{8}\overline{v}=1.18\overline{v}$，泻流分子的平均速率$\overline{v}_e$略大一些. 这是因为在给定的时间内，速度越大的气体分子，就有更大的机会寻找到小孔从而逸出容器.

泻流在实验物理中有很重要的应用. 对于带电的粒子流，常规的方法是利用电场或磁场来加以控制，但是对于电中性的粒子流(如分子束)，常规的方法就不再适用. 但我们可以利用泻流，让分子通过容器的小孔出射到低压的环境中，得到一束定向的分子束. 分子束中分子足够稀薄，且分子准直得很好，分子之间的相互作用可忽略不计，因此可以利用分子束来研究单个分子的性质. 此外，泻流形成的分子束也可用于验证麦克斯韦速率分布律.

除了产生分子束之外，泻流的另一个重要应用是分离同位素. 其原理是基于泻流的快慢与粒子的质量有关. 对于理想气体，$p=nkT$，$\overline{v}=\sqrt{\frac{8kT}{\pi m}}$，代入式(5.2.15)

即$\Gamma=\frac{1}{4}n\bar{v}$，可以得到单位时间通过小孔单位面积出射的分子数，可将其定义为泻流流量，用Φ来表示：

$$\Phi=\frac{p}{\sqrt{2\pi mkT}} \tag{5.2.18}$$

很显然，质量轻的分子比质量重的分子逃逸得更快.

假设容器由疏松的器壁所构成，含有大量的可透过气体分子的小孔，从小孔穿出的分子被抽入专门的收集箱中.把混合了两种同位素的气体盛装这个容器中，使其发生泻流现象. 经过一段时间，质量较重的同位素分子在容器内的相对浓度大于质量较轻的同位素分子，而泻流出去的收集箱中的混合气体情况则相反. 该方法已在核技术中广泛应用. 对于常温时为气态的 UF_6，可以借助于多级泻流现象把较轻的 ${}_{235}UF_6$ 和较重的 ${}_{238}UF_6$ 分离，从而获得高浓度的 ${}_{235}U$ 的核燃料.

5.2.7　麦克斯韦分布律的实验验证

尽管麦克斯韦早在 1859 年就提出了理想气体分子的速率分布律,但是由于高真空技术、测量技术等条件的限制，直到进入 20 世纪 20 年代，分子射线实验技术的迅速发展才使得麦克斯韦的理论得到了实验的验证.

分子射线装置如图 5.2.7 所示，容器中装有处于平衡态的气体，容器壁上开有一个小孔或一条狭缝 S_1 . 如果孔的直径或狭缝的宽度足够小，那么我们可以认为，从小孔或狭缝逸出的少量的气体分子不会破坏容器内气体的平衡态. 容器外抽成高真空，逸出的分子几乎不受气体分子的碰撞而做直线运动，再连续通过两个狭缝挡板 S_2 、S_3 而成为一束定向的分子射线. 由于狭缝挡板限制了分子速度的方向，因此研究这一束分子射线就可以转化为研究这一束分子速率的分布情况，从而检验容器中分子速率的分布是否与麦克斯韦预测的分布是一致的.

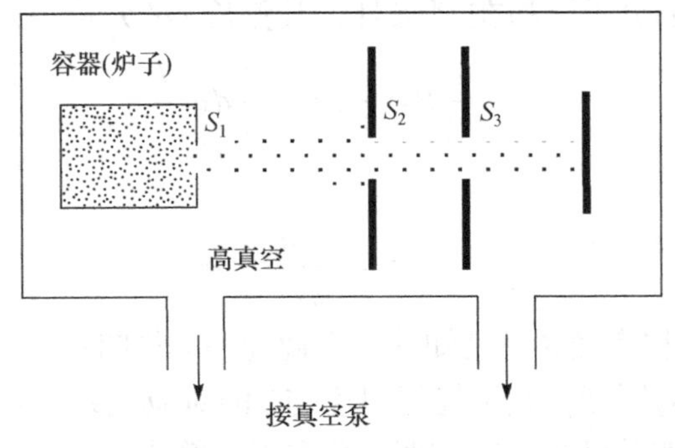

图 5.2.7　分子射线装置示意图

1920 年恩斯特(O. Stern，1888～1969)第一次用实验来验证麦克斯韦速率分布律. 后来又有很多的物理学家对实验作了改进，其中我国物理学家葛正权(1896～1988)也做出过卓越的贡献. 直到 1955 年美国物理学家密勒(R. C. Miller)和库什(P. Kusch，1911～1993)的实验才对麦克斯韦定律作了高度精确的验证.

1. 葛正权实验

1934 年，葛正权测量了铋分子速率的分布，其实验装置如图 5.2.8 所示. 容器中装有高温(约 900℃)铋蒸气. 铋蒸气分子从小孔 S_1 逸出，即利用泻流获得射线分子束，然后经狭缝挡板 S_2 、S_3 准直后沿直线前进. 后方是一个圆筒，如果圆筒静止不动，铋分子从缝 S_4 进入圆筒，飞行一段时间 t 后均打在贴于内壁的弯曲玻璃片上的 P 点处. 如果圆筒以 ω 的角速度做匀速转动，那么在铋分子从缝到玻璃片的这段飞行时间内，圆筒会转过一个角度 $\theta=\omega t$. 由于分子速率的不同，飞行时间是不同的，转角 θ 是不同的，因此沉积的位置也不相同. 速率大的分子，飞行时间短，转角小，沉积在 P 点附近；速率小的分子，飞行时间长，转角大，沉积在离 P 点较远处. 也就是说，在分子射线束中具有不同速率的铋分子，将沉积在与 P 相距不同弧长的位置上.

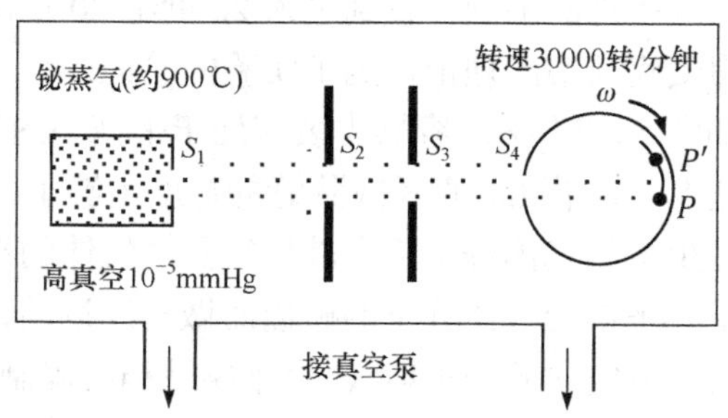

图 5.2.8 葛正权实验装置的示意图

假设速度为 v 的分子沉积在 P' 点处，其弧长 $\widehat{pp'}$ 为 s ，圆筒直径为 d ，有

$$s=\frac{d}{2}\theta=\frac{1}{2}d\omega t=\frac{1}{2}d\omega\frac{d}{v}$$

则

$$v=\frac{d^2\omega}{2s}$$

圆筒的转速 ω 和直径 d 是已知的，因此速率 v 与圆弧 s 一一对应. 测量出不同 s 处铋分子沉积的厚度，找到铋层厚度与 s 的对应关系，就可以表示铋分子按速率的分布情况. 实验结果与麦克斯韦分布近似符合.

葛正权实验面临两大困难：①铋蒸气中同时含有 Bi 、Bi_2 ，还有少量的 Bi_3 ，不同的分子质量不同，因而速度不同，如果不知道不同分子的比例，则不能得到确定的结果；②实验装置不能选择具有某种特定速率的分子，因而无法准确测定具有某种特定速率的分子的个数.

葛正权实验成功之后的数十年间，人们不断改良实验装置，以各种方法重复验证麦克斯韦分布函数，而葛正权的实验则被视为经典载入物理学的史册.

2. 密勒-库什实验

1955 年密勒和库什合作用铊蒸气的原子射线做实验，精确验证了麦克斯韦速率分布律. 他们改进了实验装置，使其能够挑选出具有某种特定速率的分子，而过滤掉其他分子，从而能够定量地验证麦克斯韦分布律. 图 5.2.9(a)是实验装置的示意图. 装置中有一个绕中心轴匀速旋转的圆柱体，面上均匀地刻有多条螺旋形细槽，图中画了一条以示代表. 这个圆柱体起到了怎样的作用呢？为了简单起见，我们可以用两个开了狭缝的共轴圆盘来代替它，如图 5.2.9(b)所示，类似于朗缪尔(I.Langmuir, 1881～1957)设计的装置，入口与出口处的夹角为$\varphi=4.8°$. 原子从入口狭缝飞入，不同速率的原子通过距离l所需的时间是不同的，当轴以ω的角速度转动时，由于原子做匀速直线运动，因此能够恰好从出口狭缝飞出的原子速度必将满足一定的条件. 飞行时间为

$$t=\frac{l}{v}=\frac{\varphi}{\omega}$$

即

$$v=\frac{\omega}{\varphi}l$$

该装置的l和φ固定，原子速率v是ω的函数. 改变不同的转速ω，就能选择相应速率v的原子通过，而其他速率的原子则不能飞出. 因此，装置中的圆柱体起到了速度选择器的作用. 当然，考虑到狭缝有一定的宽度，所以对于一个确定的ω，出射的原子速率不严格等于v，而是处于$v\to v+\mathrm{d}v$区间内.

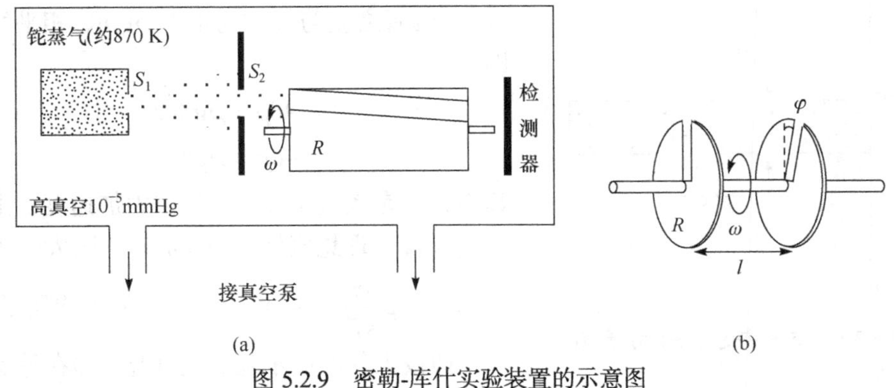

图 5.2.9　密勒-库什实验装置的示意图

铊蒸气从小孔 S_1 逸出，经狭缝 S_2 后成为一束射线，再经过旋转的圆柱体选择特定速率的原子，使它们轰击在探测器上，最后在探测器上测量离子电流的大小. 电流的大小就能反映出具有某种特定速率的原子数目的多少，从而验证气体分子的麦克斯韦速率分布律.

需要注意的是，实验数据分析的是射线分子束中的分子(或原子)按速率的分布，即泻流分子的速率分布，而并非容器中蒸气分子的速率分布，而这两个速率分布其实是有区别的. 根据式(5.2.16)，分子束中的分子按速率的分布为 $\mathrm{d}N' \propto v^3 \exp\left(-\dfrac{mv^2}{2kT}\right)\mathrm{d}v$，而在容器内的蒸气分子按速率的分布满足麦克斯韦定律，即 $\mathrm{d}N \propto v^2 \exp\left(-\dfrac{mv^2}{2kT}\right)\mathrm{d}v$，所以应该将理论曲线按照比例关系处理之后再与实验得到的曲线作对比.

5.3 玻尔兹曼密度分布律

5.3.1 重力场中粒子按高度的分布

5.2 节讨论了在不考虑外力场(如重力场、静电力场)作用条件下的气体，它的特点是气体分子在真实空间中均匀分布，密度均一. 然而，如果气体处于某一不可忽略的外力场中，则气体的分子数密度 n 将是空间坐标 $\boldsymbol{r}$ 的函数，即 $n = n(\boldsymbol{r})$.

我们考虑在重力场中处于平衡态的气体，其分子数密度随高度的变化 $n = n(z)$. 将地球表面附近的空气视为理想气体，我们可以利用静力学的知识分析大气压强随高度的变化 $p = p(z)$. 如图 5.3.1 所示，垂直于地面竖直向上建立 z 轴的正向，在任意 z 处选取一个厚度为 $\mathrm{d}z$ 的薄薄的气体柱，上下底面积均为 A. 此气柱上下端面所受压力分别为 $(p+\mathrm{d}p)\cdot A$ 和 pA，两者之差与气柱的重力 $\rho gA\mathrm{d}z$ 相平衡，即

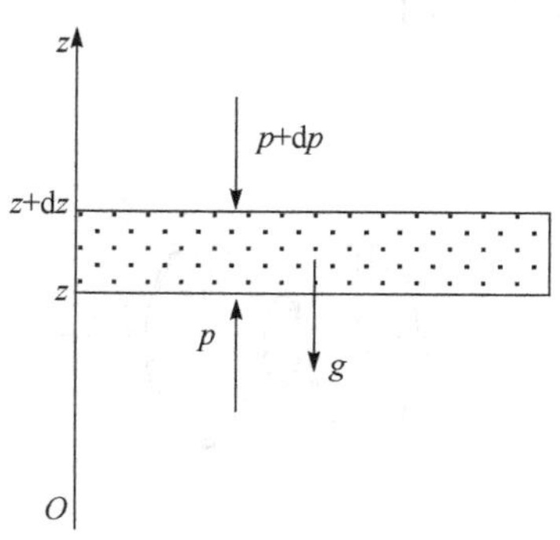

图 5.3.1 空气柱受力平衡示意图

$$-A\mathrm{d}p = \rho gA\mathrm{d}z$$

$$-\mathrm{d}p = \rho g\mathrm{d}z$$

其中，ρ 是大气密度，g 是重力加速度. 由于空气可视为理想气体，$p = nkT$，则大气密度 $\rho = nm = p\dfrac{m}{kT}$，$m$ 是大气分子的平均质量.

假设大气温度不随高度变化，即在等温的

条件下，可得

$$\frac{\mathrm{d}p}{p}=-\frac{mg}{kT}\mathrm{d}z$$

令地球表面 $z=0$ 处，大气的压强为 p_0，则对上式积分，得

$$\ln\frac{p}{p_0}=-\frac{mg}{kT}z$$

或

$$p=p_0\exp\left(-\frac{mg}{kT}z\right) \tag{5.3.1}$$

称为**等温气压公式**，表示大气压强随高度上升而减小．实际上大气的温度同样会随高度而改变，所以只有在高度变化不大的情况下，我们才能忽略温度的变化，利用等温压强公式来估算大气压强．

将式(5.3.1)取对数可得 $z=z(p)$ 关系式

$$z=-\frac{kT}{mg}\ln\frac{p}{p_0}=-\frac{RT}{M_{\text{mol}}g}\ln\frac{p}{p_0} \tag{5.3.2}$$

利用上式，可由大气压强的变化来估计上升的高度．登山和航空可利用式(5.3.2)来估算高度．

由于 $p=nkT$，令地球表面 $z=0$ 处，$p_0=n_0kT$，则由式(5.3.1)可得

$$n=n_0\exp\left(-\frac{mg}{kT}z\right) \tag{5.3.3}$$

上式即为重力场中粒子按高度的分布律．

由式(5.3.3)不难看出，在重力场中，微观粒子(如分子、原子等)的数密度 n 随高度 z 的增加呈指数规律减小，如图 5.3.2 所示．分子质量 m 越大，n 减小得越迅速；温度 T 越高，n 减小得越缓慢．作为影响重力场中空气分子在空间分布的最重要的两个因素——质量和温度，前者是重力的量度，重力总是力图使分子回到地面，来到重力势能的最低处；后者代表分子无规则热运动的剧烈程度，热运动则力图使分子均匀分散到空间各处．两个对立的矛盾相互制约、相互竞争，最终达到统一时气体就达到平衡态，这时气体在空间就呈现出确定的上疏下密的非均匀分布．

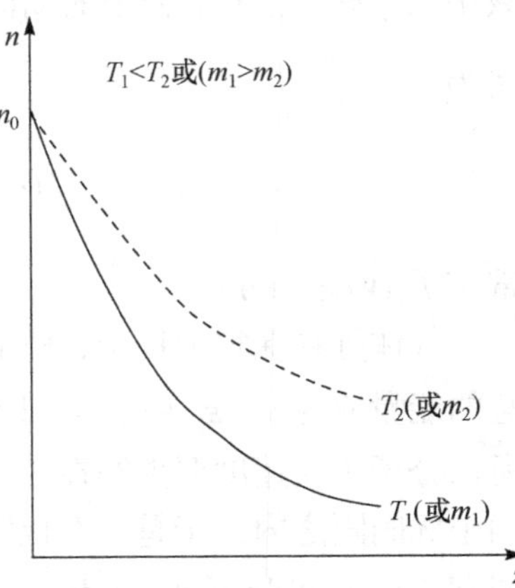

图 5.3.2　重力场中的粒子数密度随高度的变化

重力场中粒子按高度的分布律虽然是以理想气体为例推导出来的，但它同样适用于胶体溶液中的悬浮粒子．法国物理学家佩兰(J. B. Perrin，1870～1942)曾利用此分布律对布朗运动作了深入的实验研究．1905年，爱因斯坦依据分子运动论原理对液体中悬浮粒子的布朗运动作出理论解释．1908～1913年，佩兰开始了一系列测量布朗运动的实验，在实验中他发现胶体溶液中布朗粒子的密度随高度增加而呈指数减少，符合重力场中粒子按高度分布的规律，从而结合爱因斯坦的理论解释得到了确定的阿伏伽德罗常量，并从密度的分布准确地计算出原子的实际大小．这一重要发现终于以无可辩驳的实验数据证明了分子(原子)是存在的．佩兰因此于1926年获得诺贝尔物理学奖．

5.3.2　玻尔兹曼密度分布律

在式(5.3.3)中，mgz 代表质量为 m 的粒子在重力场中的势能，可用 ε_{p} 来表示．一般而言，若粒子处于某一保守力场中，分子的势能是位置 $\boldsymbol{r}$ 的函数 $\varepsilon_{\mathrm{p}}(\boldsymbol{r})$，则可将式(5.3.3)推广到更一般的情况

$$n(\boldsymbol{r})=n_0\exp\left[-\frac{\varepsilon_{\mathrm{p}}(\boldsymbol{r})}{kT}\right] \tag{5.3.4}$$

上式称为**玻尔兹曼密度分布律**，它反映了平衡态下分子数密度在保守力场中的分布规律，常用 $n_{\mathrm{B}}(\boldsymbol{r})$ 来表示．

5.3.3　麦克斯韦-玻尔兹曼能量分布律

麦克斯韦速度分布律描述的是分子在速度空间中的分布规律，其中指数函数中的 $\frac{1}{2}mv^2$ 是单个分子的动能，可用 ε_{k} 来表示，于是麦克斯韦速度分布函数可写为

$$f(\boldsymbol{v})=\left(\frac{m}{2\pi kT}\right)^{3/2}\exp\left(-\frac{\varepsilon_{\mathrm{k}}}{kT}\right) \tag{5.3.5}$$

常用 $f_{\mathrm{M}}(\boldsymbol{v})$ 来表示．

气体处在保守力场中，分子除了具有动能 ε_{k} 外，还具有一定的势能 ε_{p}，这时总的能量应为 $\varepsilon=\varepsilon_{\mathrm{k}}+\varepsilon_{\mathrm{p}}$．由于势能与位置有关，分子在空间的分布是不均匀的，所以分子不仅速度要限制在一定的速度间隔之内，位置坐标也要限制在一定的空间坐标间隔之内．于是，在保守力场中，气体处于温度为 T 的平衡态时，在坐标间隔 $(x\to x+\mathrm{d}x, y\to y+\mathrm{d}y, z\to z+\mathrm{d}z)$ 和速度间隔 $(v_x\to v_x+\mathrm{d}v_x, v_y\to v_y+\mathrm{d}v_y, v_z\to v_z+\mathrm{d}v_z)$ 内的分子数 $\mathrm{d}N$ 为

$$\mathrm{d}N = n_0\left(\frac{m}{2\pi kT}\right)^{3/2}\exp\left(-\frac{\varepsilon}{kT}\right)\mathrm{d}v_x\mathrm{d}v_y\mathrm{d}v_z\mathrm{d}x\mathrm{d}y\mathrm{d}z \tag{5.3.6}$$

上式称为**麦克斯韦-玻尔兹曼能量分布律**，简称 **MB 分布律**，它描述了分子按总能量ε的分布规律．式中n_0表示势能为零处单位体积内具有各种速度的分子的总数．

麦克斯韦-玻尔兹曼能量分布函数为

$$f_{\mathrm{MB}}(\boldsymbol{r},\boldsymbol{v}) = n_{\mathrm{B}}(\boldsymbol{r})f_{\mathrm{M}}(\boldsymbol{v}) = n_0\left(\frac{m}{2\pi kT}\right)^{3/2}\exp\left(-\frac{\varepsilon}{kT}\right) \tag{5.3.7}$$

简称 MB 分布函数．由于速度分布与密度分布是相互独立的，可以看到，它其实就是式(5.3.4)与式(5.3.5)的乘积．

在 MB 分布中，总能量$\varepsilon=\varepsilon_{\mathrm{k}}+\varepsilon_{\mathrm{p}}$，其中分子的动能应包括分子所有运动方式的动能，即平动动能、转动动能和分子内原子之间的振动动能；分子的势能则既有分子在外场中的势能，也有分子内原子之间的振动势能．而关于分子能量的问题我们将在 5.4 节作详细的论述．

5.4　能量按自由度均分定理和热容

在讨论理想气体的压强和温度的微观本质时，我们把气体分子视为质点，即只考虑了分子的平动以及与其相对应的平动动能ε_{t}．实际上，除了单原子分子以外，分子的一般运动不只限于平动，还有转动和分子内原子间的振动．分子的总能量应该与所有的运动方式有关，而不仅仅是平动动能．

5.4.1　气体分子的自由度

当我们用统计学的方法来讨论分子总能量的平均值时，需要用到自由度的概念．决定一个物体在空间的位置所需要的独立坐标数，称为该物体的**自由度**(degree of freedom)．

一个自由运动的质点，需要 3 个独立坐标(x,y,z)来确定其在空间的位置，故有 3 个自由度．若质点的运动受到了限制，则自由度减少．例如，质点被限制在一个曲面上运动，则坐标(x,y,z)满足一个曲面方程，这时只有两个坐标是独立的，因此自由度为 2．若质点被限制在一条曲线上运动，则自由度为 1．

对于做一般运动的刚体，其运动可分解为跟随质心的平动和绕过质心的轴的转动．因此决定刚体在空间的位置需要：①用 3 个独立坐标(x,y,z)来确定刚体质心在空间的位置，此为 3 个平动自由度；②用 2 个独立的角坐标(ψ,θ)来确定过刚体质心的轴线在空间的指向，此为 2 个转动自由度；③用 1 个独立的角坐标(φ)

来确定刚体绕轴相对于初始位置转过的角度，这是第 3 个转动自由度. 因此，刚体有 3 个平动自由度，3 个转动自由度，共 6 个自由度，如图 5.4.1 所示. 同理，若刚体的运动受到了限制，自由度也会减少. 例如刚体做定轴转动，质心与轴线是固定的，则刚体只有 1 个自由度，即我们只需 1 个独立的角坐标 (φ) 就能确定刚体的位置.

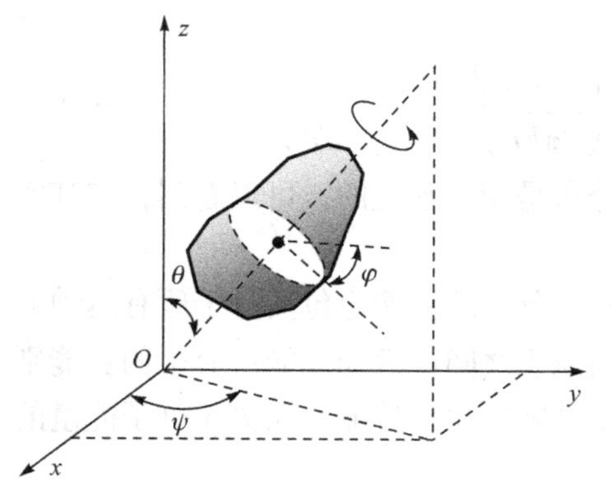

图 5.4.1 刚体的自由度

对于内部各部分有相对振动的物体，还需考虑振动自由度. 例如弹簧振子连接的两个小球，振动自由度为 1.

下面用自由度的概念来讨论气体分子的自由度.

(1) 单原子分子 (如氦气 He 等)：可将其视为质点，自由度为 3，即具有 3 个平动自由度；

(2) 双原子分子 (如氢气 H_2, 氧气 O_2, 一氧化碳 CO 等)：双原子分子必为线性分子，因此可以看成是由一根轻质弹簧连接两个质点所构成的模型，如图 5.4.2 (a) 所示. 需要 3 个平动自由度确定其质心的位置；需要 2 个转动自由度确定连线在空间的指向，由于呈线状结构，故不存在以连线为轴的转动；除此之外，还需要一个坐标来描述两个原子之间的相对距离. 所以对于双原子分子，自由度为 6，即 3 个平动自由度，2 个转动自由度，1 个振动自由度. 如果是刚性的双原子分子，即两个原子之间可视为由一根刚性轻杆连接，两个原子之间相对位置保持不变，则没有振动自由度，刚性双原子分子的自由度为 5，如图 5.4.2 (b) 所示.

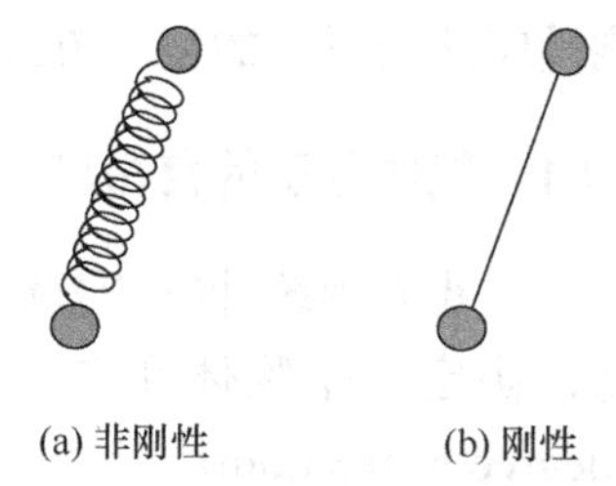

图 5.4.2 双原子分子的自由度

(3) 多原子分子：若分子由 $n(n \geqslant 3)$ 个原子组成，则在 3 维空间内最多有 $3n$ 个自由度：对于线性分子 (如 CO_2)，平动自由度为 3，转动自由度为 2，振动自由度为 $(3n-5)$；对于非线性分子 (如 H_2O)，平动自由度为 3，转动自由度为 3，振动自由度为 $(3n-6)$. 如果分子的运动受限，则自由度减少.

5.4.2 能量按自由度均分定理

理想气体分子的平均平动动能为

$$\overline{\varepsilon}_{t}=\frac{3}{2}kT=\frac{1}{2}m\overline{v^{2}}=\frac{1}{2}m\overline{v_{x}^{2}}+\frac{1}{2}m\overline{v_{y}^{2}}+\frac{1}{2}m\overline{v_{z}^{2}}$$

由于在平衡态下分子沿各个方向运动的机会均等，故有

$$\overline{v_x^2}=\overline{v_y^2}=\overline{v_z^2}=\frac{1}{3}\overline{v^2}$$

于是

$$\frac{1}{2}m\overline{v_x^2}=\frac{1}{2}m\overline{v_y^2}=\frac{1}{2}m\overline{v_z^2}=\frac{1}{3}\left(\frac{1}{2}m\overline{v^2}\right)=\frac{1}{2}kT$$

即气体分子的平均平动动能$\frac{3}{2}kT$均匀地分配在每一个平动自由度上，每一个平动自由度具有相同的平均动能$\frac{1}{2}kT$．

分子除了有平动自由度，还会有转动和振动自由度．所以上述的能量按自由度均分的统计规律也应该推广到转动和振动上去．由于分子在永不停歇地做无规则热运动，频繁的碰撞将能量从一个分子传递给另一个分子，从一种运动方式转换为另一种运动方式，从一个自由度转移给另一个自由度．由于没有哪一种运动方式，或哪一种自由度具有“特权”，因此，当系统达到平衡态时，能量会通过碰撞实现在自由度上的平均分配．在温度为T的平衡态下，物质分子的每一个自由度都具有相同的平均能量$\frac{1}{2}kT$，这就是能量按自由度均分定理，简称**能均分定理**．

设某种气体分子有t个平动自由度，r个转动自由度，s个振动自由度，则平均平动动能为$\frac{t}{2}kT$，平均转动动能为$\frac{r}{2}kT$，平均振动动能为$\frac{s}{2}kT$，分子的平均总动能为

$$\frac{1}{2}(t+r+s)kT$$

由力学的知识可知，分子内原子之间的微振动可以近似地看作是简谐振动，在每一个振动周期内，谐振子的振动动能和振动势能都是平方项，它们的平均值是相等的．于是平均振动势能也应为$\frac{s}{2}kT$，也就是说，振动自由度具有$\left(\frac{s}{2}+\frac{s}{2}\right)kT$的平均能量．因此，分子的平均总能量为

$$\overline{\varepsilon}=\frac{1}{2}(t+r+2s)kT \tag{5.4.1}$$

以上讨论均限于经典物理体系．事实上，能均分定理的严格表述是：

对于处在温度为T的平衡态下的经典系统(气体、液体、固体等)，分子能量中的每一个平方项的平均值等于$\frac{1}{2}kT$．此结论在统计物理中可作严格证明．

根据式(5.4.1)，可得：

对于单原子分子，$t=3$，$r=s=0$，得

$$\overline{\varepsilon}=\frac{3}{2}kT$$

对于双原子分子，$t=3$，$r=2$，$s=1$，得

$$\overline{\varepsilon}=\frac{7}{2}kT$$

对于三原子非线型分子，$t=3$，$r=3$，$s=3$，得

$$\overline{\varepsilon}=6kT$$

5.4.3 理想气体的内能

气体内所有分子的各种形式的动能、分子内原子之间的振动势能以及分子之间相互作用的势能的总和称为气体的内能．更一般地说，内能还应该包括原子内部的能量、原子核内部的能量等．但是在一般的热力学过程中，这些形式的能量不会发生变化，故不计算在内．

对于理想气体，分子之间的相互作用力忽略不计，相应的势能为零．因此，理想气体的内能是所有分子做无规则热运动的能量，包括所有形式的动能和分子内部原子之间振动势能的总和．

对于1mol的理想气体，含有阿伏伽德罗常量$N_A=6.02\times10^{23}$个分子，由式(5.4.1)得到1mol理想气体的内能为

$$U_m=N_A\overline{\varepsilon}=\frac{1}{2}(t+r+2s)kN_AT=\frac{1}{2}(t+r+2s)RT \tag{5.4.2}$$

对于单原子分子气体，$U_m=\frac{3}{2}RT$；对于双原子分子气体，$U_m=\frac{7}{2}RT$；对于三原子非线型分子气体，$U_m=6RT$．

质量为m'的理想气体，其内能为

$$U=\frac{m'}{M_{mol}}\cdot\frac{1}{2}(t+r+2s)RT=\frac{1}{2}(t+r+2s)\nu RT \tag{5.4.3}$$

当温度发生变化ΔT时，内能的改变量为

$$\Delta U=\frac{1}{2}(t+r+2s)\nu R\cdot\Delta T \tag{5.4.4}$$

由式(5.4.3)和式(5.4.4)不难看出，一定质量的理想气体，其内能取决于气体的温度和分子的自由度，而与气体的体积、压强等无关，即$U=U(T)$．理想气体的内能只是温度的函数而与体积无关，这是理想气体的一个重要的性质，在热力学中我们由焦耳实验得到这个结果(见 2.5 节)，而在这里，我们利用气体动理论解释了这一性质的微观原因．

5.4.4 理想气体的摩尔热容

理想气体在升温过程中要从外界吸收热量，而吸收热量的多少与气体所经历的具体过程有关．例如，在等体过程中，气体的体积保持不变，则气体从外界吸收的热量全部用来增加自身的内能；在等压过程中，气体从外界吸收的热量一部分用来增加自身的内能，另一部分则转化为气体在膨胀的过程中对外做的功．于是，如果气体升高相同的温度，那么，相比于等体过程，气体在等压过程中就要吸收更多的热量．因此理想气体的等压摩尔热容大于等体摩尔热容．

联系理想气体的等体摩尔热容与等压摩尔热容的是迈耶公式，即式(2.6.15)

$$C_{p,\mathrm{m}} - C_{V,\mathrm{m}} = R$$

因此，求得等体摩尔热容即可得到等压摩尔热容．

在等体过程中，1mol 理想气体吸收的热量 $đQ$ 全部用于增加内能，即 $\mathrm{d}U_\mathrm{m} = đQ$，代入式(5.4.4)可得理想气体的等体摩尔热容 $C_{V,\mathrm{m}}$ 为

$$C_{V,\mathrm{m}} = \left(\frac{đQ}{\mathrm{d}T}\right)_V = \frac{\mathrm{d}U_\mathrm{m}}{\mathrm{d}T}$$

结合式(5.4.2)，得

$$C_{V,\mathrm{m}} = \frac{1}{2}(t + r + 2s)R \tag{5.4.5}$$

表明 $C_{V,\mathrm{m}}$ 只与分子的自由度有关，与温度无关．

如果采用“卡”作为热量的单位，则 $R \approx 2\mathrm{cal}/(\mathrm{mol}\cdot\mathrm{K})$，$C_{V,\mathrm{m}}$ 的数值就变得特别简单，即 $C_{V,\mathrm{m}} = (t + r + 2s)\mathrm{cal}/(\mathrm{mol}\cdot\mathrm{K})$．对于单原子分子，$C_{V,\mathrm{m}} = \frac{3}{2}R \approx 3\mathrm{cal}/(\mathrm{mol}\cdot\mathrm{K})$；对于双原子分子，$C_{V,\mathrm{m}} = \frac{7}{2}R \approx 7\mathrm{cal}/(\mathrm{mol}\cdot\mathrm{K})$；对于三原子非线型分子，$C_{V,\mathrm{m}} = 6R \approx 12\mathrm{cal}/(\mathrm{mol}\cdot\mathrm{K})$．

例5.4.1　试求解1 eV的能量相当于多少K的温度？

解　令 $1\ \mathrm{eV}=1.6\times10^{-19}\mathrm{J} = kT$，得

$$T = \frac{1.6\times10^{-19}}{1.38\times10^{-23}} = 1.2\times10^4\mathrm{K} \sim 10^4\mathrm{K}$$

根据现代物理学理论，气体分子的电子能级之间的能量差为 1 eV 数量级，处于基态的气体分子只有获得足够的能量($\sim 1\ \mathrm{eV} = k\cdot10^4\mathrm{K}$)才能跃迁至高能态．而分子处于高能态是不稳定的，会重新跃迁回基态，从而释放出一颗光子，这就是气体发光的现象.而室温（300K）下，气体分子通过无规则热运动的碰撞而获得的

能量为$\sim k\cdot 10^2$ K，其值远小于气体分子的能级之差$\sim k\cdot 10^4$ K，所以气体分子通过热激发来获得足够的能量而跃迁至高能态的概率微乎其微，因此常温下的气体总是非常的稳定，不会发光，而高温下的气体(如蜡烛火焰)才会发光.

5.4.5 经典理论的局限性

从经典体系的能均分定理出发计算得到的热容是否正确，必须用实验来验证. 表 5.4.1 是根据式(5.4.5)计算的$C_{V,\mathrm{m}}$的理论值与实验值的对照表.

表 5.4.1　气体的 $C_{V,\mathrm{m}}$ 的理论值与实验值(0℃)的对比(单位：cal/(mol·K))

原子数	单原子			双原子			
气体	氦 He	单原子氮 N	单原子氧 O	氢 H_2	氧 O_2	氮 N_2	一氧化碳 CO
$C_{V,m}$ 理论值		2.98			6.96		
$C_{V,m}$ 实验值	2.98	2.979	3.286	4.849	5.096	4.968	4.970

由表 5.4.1 可以看出，对于单原子分子，$C_{V,\mathrm{m}}$的理论值与实验值符合得比较好；对于双原子分子，$C_{V,\mathrm{m}}$的理论值(≈7)与实验值(≈5)之间的差别比较明显. 根据能均分定理，一切双原子分子气体都具有相同的等体摩尔热容，其值约为$\frac{7}{2}R$，且不随温度发生变化. 但是实验数据表明，273 K 时双原子分子气体的等体摩尔热容多在$\frac{5}{2}R$附近.

表 5.4.2 列出了在不同温度下的氢气的$C_{V,\mathrm{m}}$的实验值. 图 5.4.3 是根据表 5.4.2 的数据绘制的$C_{V,\mathrm{m}}\sim T$的变化曲线.

表 5.4.2　在不同温度下氢气的 $C_{V,\mathrm{m}}$ 的实验值(单位：cal/(mol·K))

温度/℃	$C_{V,\mathrm{m}}$	温度/℃	$C_{V,\mathrm{m}}$
−233	2.98	1000	5.486
−183	3.25	1500	5.990
−76	4.38	2000	6.387
0	4.849	2500	6.688
500	5.074		

由表 5.4.2 和图 5.4.3 可以看出，对于氢气的$C_{V,\mathrm{m}}$的实验值，在低温(几十 K 以下)时约为$\frac{3}{2}R$，中温(1000 K 以下)时约为$\frac{5}{2}R$，高温(2000 K 以上)时约为

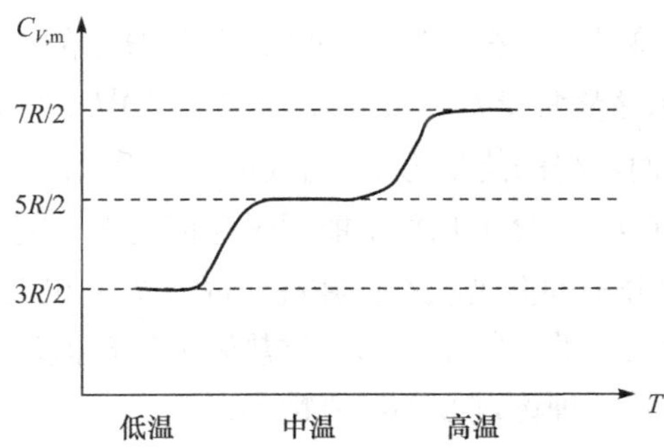

图 5.4.3　不同温度下氢气的 $C_{V,m}$ 的实验值随温度的变化曲线

$\frac{7}{2}R$．也就是说，氢气的 $C_{V,m}$ 不是常数，会随温度的升高而增大．图 5.4.3 中曲线表现出的三个台阶型变化，似乎暗示着对于双原子分子，在低温时只有平动（$t=3$），在中温时开始有转动（$t+r=3+2=5$），在高温时才有振动（$t+r+2s=3+2+2\times1=7$）．低温下某些自由度被“冻结”，随着温度的增加，某些自由度被缓慢“解冻”．很显然，这样的解释是经典物理学所无法接受的．

根据经典物理理论，能量的变化是连续的，故分子的能量可以通过碰撞发生连续的变化，即转移或转换的能量值是可以连续取值的，不受任何限制．因此当系统处于平衡态时，所有的自由度总是具有相同的平均能量．而根据现代物理学理论，分子、原子等微观粒子的运动应该遵从量子力学的规律，经典理论只在一定范围内才适用．量子力学的观点认为，微观粒子的转动能量、振动能量只能取一系列离散的值，而不能连续地变化，这些能量值被称为能级．从能量量子化的角度来分析，可以得到气体热容的量子理论，而经典的结果只是量子理论在满足经典极限条件下的近似．

下面对量子力学的相关结论作一些简单介绍，详细论述不属于本书的范畴．

1. 振动能量对热容的影响

根据量子力学的观点，双原子分子的振动能量是不连续的，只能取离散的值：

$$\varepsilon_s=\left(n+\frac{1}{2}\right)h\nu,\quad n=0,1,2,\cdots \tag{5.4.6}$$

式中，n 为振动量子数；ν 为振动频率；h 为普朗克常量，其值为 $h=6.63\times10^{-34}$ J·s．相邻两个振动量子态之间的能量之差为

$$\Delta\varepsilon_s=h\nu$$

即要使微观粒子从一个振动状态变化到相邻的另一个振动状态，必须提供大小恰好为 $h\nu$ 的一份能量．若外界提供的能量 $\varepsilon<h\nu$，则微观粒子不会吸收能量 ε，振

动状态也就不会发生变化. 一般来说，尽管不同气体分子的振动频率ν各不相同，但是$h\nu$的值约为玻尔兹曼常量k的几千倍，即$h\nu \sim 10^3 k$. 气体分子在做无规则热运动，分子通过碰撞而获得的能量为kT的数量级. 所以，在低温下，$T \sim 10^1 \mathrm{K}$，则$kT \ll h\nu$（$10^1 k \ll 10^3 k$），分子几乎不能通过碰撞使振动能量发生变化，即在低温下热激发不能改变分子的振动状态. 在高温时，$T > 10^3 \mathrm{K}$，即$kT > h\nu$，分子才有可能通过碰撞吸收足够的能量，即通过热激发实现振动状态的改变，进而影响物体的热容，此时量子理论过渡到经典情况.

2. 转动能量对热容的影响

根据量子力学的观点，双原子分子的转动能量是不连续的，只能取离散的值：

$$\varepsilon_r = \frac{h^2}{8\pi^2 J} l(l+1), \quad l = 0,1,2,\cdots \tag{5.4.7}$$

式中，l为转动量子数；J是双原子分子绕过质心与连线垂直的轴转动时的转动惯量. 相邻两个转动量子态之间的能量之差为

$$\Delta\varepsilon_r \sim \frac{h^2}{8\pi^2 J}$$

而$\dfrac{h^2}{8\pi^2 J}$约为几十个玻尔兹曼常量的能量，即$\Delta\varepsilon_r \sim 10^1 k$. 因此，从数量级来看，在低温下，振动能量对热容的影响较小；在常温下，热激发能量为$10^2 k \gg \Delta\varepsilon_r$，转动能量对热容的影响较大，此时量子理论过渡到经典情况.

在常温下，振动自由度被冻结，双原子分子和多原子分子都可视为是刚性的. 此时，刚性双原子分子的自由度为 5，等体摩尔热容为$\dfrac{5}{2}R$；刚性多原子分子的自由度为 6，等体摩尔热容为 $3R$.

思 考 题

5.1 速率分布函数的物理意义是什么？速度分布函数的物理意义是什么？试解释下述各表达式的物理意义.

(1) $f(v)\mathrm{d}v$； (2) $Nf(v)\mathrm{d}v$； (3) $\int_{v_1}^{v_2} f(v)\mathrm{d}v$； (4) $\int_{v_1}^{v_2} Nf(v)\mathrm{d}v$；

(5) $\int_{v_1}^{v_2} vf(v)\mathrm{d}v$； (6) $\int_{v_1}^{v_2} Nvf(v)\mathrm{d}v$； (7) $f(v_x)\mathrm{d}v_x \cdot f(v_y)\mathrm{d}v_y$；

(8) $f(v_x)\mathrm{d}v_x \cdot f(v_y)\mathrm{d}v_y \cdot f(v_z)\mathrm{d}v_z$

5.2 一瓶氧气在高速运动的过程中突然停止，瓶内的压强会如何变化？

5.3　空气中 N_2 分子和 H_2 分子的平均速率之比是多少？如果氢分子的平均速率较大，这是否意味着空气中所有氢分子都比氮分子运动得快？

5.4　以下各式所表示的物理意义是什么？

$$\frac{1}{2}kT,\quad \frac{3}{2}kT,\quad \frac{1}{2}(t+r+2s)kT\frac{1}{2}(t+r+2s)RT,\quad \frac{m'}{M}\frac{3}{2}RT$$

5.5　甲、乙两人对大气压强产生的原因问题发生了争论．甲说："大气压强是由重力引起的"；乙说："是由气体分子无规则运动引起的"．你对此有何评论？

5.6　A、B 两瓶内装有温度相同的氮气，若 $V_A = 2V_B$，$p_B = 2p_A$，试分析两瓶内氮气的内能是否相同？

习　　题

5.1　计算下面不同温度下不同种类气体的方均根速率：(1) 2K，氦气；(2) 27℃，氮气；(3) 100℃，水银蒸气（$M_{Hg} = 200.5\times10^{-3}\,\mathrm{kg/mol}$）．

5.2　某理想气体处于温度为 T 的平衡态，试求：

(1) 速率 v 与最概然速率 v_p 相差不超过 $0.01v_p$ 的分子数占总分子数的百分比；

(2) 速度分量 v_x 与 v_p 相差不超过 $0.01v_p$ 的分子数占总分子数的百分比；

(3) 速度分量 v_x、v_y、v_z 同时与 v_p 相差不超过 $0.01v_p$ 的分子数占总分子数的百分比．

5.3　利用麦克斯韦速率分布函数求解理想气体分子速率的倒数的平均值 $\left(\overline{\frac{1}{v}}\right)$，已知平衡态温度为 T，分子质量为 m．

5.4　已知二维理想气体的速率分布函数为

$$f(v) = 2\pi v\left(\frac{m}{2\pi kT}\right)\mathrm{e}^{-mv_x^2/2kT}\mathrm{e}^{-mv_y^2/2kT} = \frac{mv}{kT}\mathrm{e}^{-mv^2/2kT}$$

求该二维气体的平均速率、方均根速率和最概然速率．

5.5　(1) 计算 300 K 时，氮分子的平均速率 $\overline{v_1}$；

(2) 若 300 K 时氮气分子中速率为 $\overline{v_1}$ 的分子出现的概率为 P_1，600 K 时氮气分子中速率为 $\overline{v_1}$ 的分子出现的概率为 P_2，求 $\frac{P_1}{P_2}$ 的值．

5.6　处于平衡态的某理想气体，分子总数为 N，令 $u = \frac{v}{v_p}$，其中 v 为分子速率，v_p 为该温度下的最概然速率，试证明，处在 $u\to u+\mathrm{d}u$ 内的分子数占总分子数的比例为

$$\frac{\mathrm{d}N}{N} = \frac{4}{\sqrt{\pi}}\mathrm{e}^{-u^2}\cdot u^2\mathrm{d}u$$

5.7　定义误差函数 $\mathrm{erf}(x)$ 为

$$\mathrm{erf}(x) = \frac{2}{\sqrt{\pi}}\int_0^x \mathrm{e}^{-x^2}\mathrm{d}x$$

求速度分量 v_x 在 0 到最概然速率 v_p 之间的分子数．已知总分子数为 N，误差函数的值由下表给出．

x	erf(x)	x	erf(x)	x	erf(x)
0	0	1.0	0.8427	2.0	0.9953
0.2	0.2227	1.2	0.9103	2.2	0.9981
0.4	0.4284	1.4	0.9523	2.4	0.9993
0.6	0.6039	1.6	0.9763	2.6	0.9998
0.8	0.7421	1.8	0.9891	2.8	0.9999

5.8　一置于真空环境中的容器内装有 100℃的水银，若器壁上有一个直径为 0.20 mm 的小圆孔，则水银蒸气将发生泻流现象，试求解每小时有多少质量的水银蒸气从小孔泻流出去？已知水银在 100 ℃时的蒸气压为 0.28 mmHg = 37.3 Pa．

5.9　容器被一绝热薄板隔成两个部分 A 和 B．A 和 B 内装有同种气体，且分别与温度为 T_1 和 T_2 的恒温热源相接触．如果薄板上开有一个面积为 A 的小孔，使得 A、B 两部分中的气体可以通过小孔以泻流的方式交换分子．经过一段时间之后，两部分气体建立起动态平衡．求此时两部分气体的压强之比 p_1/p_2？

5.10　一假想的气体，其速率分布满足

$$N(v)\mathrm{d}v = Av\mathrm{e}^{-v/v_0}\mathrm{d}v$$

式中 A 和 v_0 是常数．

(1) 确定常数 A，使得函数 $f(v)=\dfrac{N(v)}{N}$ 为概率密度函数，即满足 $\int_0^{\infty} f(v)\mathrm{d}v = 1$；

(2) 用 v_0 表示平均速率 $\bar{v}$ 和方均根速率 v_{rms}；

(3) 求出最概然速率 v_p；

(4) 定义：$\sigma=\left[\overline{(v-\bar{v})^2}\right]^{1/2}$，试证明 $\sigma=\left[\overline{v^2}-(\bar{v})^2\right]^{1/2}$，并求出 σ 的值．

5.11　已知 N 个粒子，其速率分布函数为

$$f(v)=\begin{cases} C & (0\leqslant v\leqslant v_0) \\ 0 & (v>v_0)\end{cases}$$

(1) 确定常数 C 的值；

(2) 求粒子的平均速率；

(3) 求粒子的方均根速率．

5.12　容器内装有某种气体，假设气体分子的速率分布如下表所示：

分子数 N_i	10000	50000	200000	40000	10000	5000
速率 v / (m/s)	100	200	300	400	500	600

(1)试根据平均值的定义，求分子的平均速率和方均根速率；

(2)若分子是氧气分子，分子质量为 $m=32\times1.662\times10^{-27}\,\text{kg}$，求氧气分子的平均平动动能和氧气的温度；

(3)若分别按 $\bar{v}=\sqrt{\dfrac{8kT}{\pi m}}$ 和 $\sqrt{\overline{v^2}}=\sqrt{\dfrac{3kT}{m}}$ 来计算温度，得到的温度值并不相同，这是为什么？

5.13　已知一定量的某种气体处于平衡态，其压强为 $p=5\times10^2\,\text{Pa}$，气体占据的体积为 $V=4\times10^{-3}\,\text{m}^3$，求在该平衡态下所有气体分子的平动总能量.

5.14　飞机起飞前机舱中的压强是 $1.01\times10^5\,\text{Pa}$，温度为 27 ℃；起飞后，机舱中的压强计显示为 $8.08\times10^4\,\text{Pa}$，温度仍然为 27 ℃. 试计算飞机距离地面的高度(空气的摩尔质量 $M_{\text{mol}}=29\times10^{-3}\,\text{kg/mol}$).

5.15　由灰尘微粒构成的“气体”封装在一高为 2 m 的容器内. 当平衡时，容器顶部的灰尘粒子数密度是底部的 $\dfrac{1}{2.718}$ 倍，已知平衡时的温度为 27 ℃. 求：

(1)一个典型的灰尘微粒的质量；

(2)它是氮分子质量的多少倍？

5.16　两个完全相同的容器内装有数量相同的氢分子，两个容器通过阀门相连. 第一个容器内分子的方均根速率为 v_1，第二个容器内分子的方均根速率为 v_2. 如果把阀门打开，当系统达到新的平衡态时分子的方均根速率为多少？假设容器是绝热的.

5.17　计算室温 300 K 下 1 mol 氢气和 1g 氮气的内能.

5.18　水蒸气分解为同温度下的氢气和氧气，内能增加了百分之几？(不考虑分子内原子的振动.)

5.19　在标准状态下，体积比为 2∶1 的氢气和氧气(均视为刚性分子理想气体)相混合，求混合后的气体中氢气和氧气的内能之比.

5.20　计算常温下质量为 $m_1'=3\times10^2\,\text{kg}$ 的水蒸气与 $m_2'=3\times10^2\,\text{kg}$ 的氢气的混合气体的定体比热.

5.21　装有一定质量气体的容器以速度 u 运动着. 若容器突然停止，而气体的全部定向动能都转换为气体的内能(传给容器壁的能量忽略不计)，问以下气体分子速率平方的平均值增加了多少？(a)气体是单原子分子；(b)气体是刚性双原子分子. 若二者结果不同，试解释原因.

5.22　考虑地球大气的一个简单模型：忽略风、对流等的影响，并忽略重力场的变化. 空气的平均摩尔质量为 $29\times10^{-3}\,\text{kg/mol}$，$\gamma=1.4$.

(1)假设大气是等温的($T=0$℃)，试利用大气分子数密度随高度的分布公式(5.3.3)粗略估算一个高度，使它下面拥有一半数量的大气分子；

(2)假设大气是完全绝热的，证明大气的温度随高度呈线性降低，并估算温度随高度的递减率(即所谓的大气绝热递减率).

第 6 章　近平衡态输运过程

前面第 4 与第 5 两章讨论的都是处于平衡态的气体系统的性质和规律．当忽略外力场的作用时，平衡态气体内各处温度和压强都相同，并且其物理性质也是均匀一致的．但是，许多实际问题都牵涉气体在非平衡态下的变化过程．当气体各部分的物理性质不均匀时，例如温度不同、压强不同或各气层之间流速不同，那么由于分子间的碰撞，气体内将发生能量、质量和动量从一部分向另一部分的定向输运．这就是非平衡态下的**输运过程**(transport process)，也称为迁移现象．输运的结果是使气体各部分的物理性质趋于一致，使气体趋于平衡态．

气体内的输运过程常见的有三种．①由于气体内各处温度不同而产生的能量的输运，称为热传导现象；②由于气体内各处的分子数密度不同而产生气体质量的输运，称为扩散现象；③由于气体内各层流速不同而有宏观上的相对运动时，产生气层之间动量的输运，称为黏性现象或内摩擦现象．实际上，这三种输运过程可以同时存在，但为了研究方便，把它们分开讨论．

值得注意的是，本章讨论的非平衡态均偏离平衡态不远，称为近平衡的非平衡态，所以在讨论过程中会用到局域平衡态的概念，前面关于气体处于平衡态时的相关结论及公式在局域范围内是可以应用的．

6.1　气体分子的平均自由程

6.1.1　碰撞的微观解释

我们知道，室温下空气分子的平均速率约为 400m/s，超过了空气中的声速(约为 340m/s)．那么当一个空气分子经过 1s 后，它能够飞离初始位置多远呢？是大约 400m 吗？当有人在房间的角落里偷偷打开一瓶酒时，在房间另一侧的你经过多长时间能够闻到酒的味道？气体分子真的能超声速到达吗？

事实上，分子扩散的速率通常小于气体分子的平均速率．分子虽小，但是仍然有一定的体积，在飞行过程中会频繁地和其他分子发生碰撞，使其飞行路径迂回曲折，而不是直线，如图 6.1.1 所示．在相同的时间间隔内，分子由 O 点到 P 点走过的实际路径远远大于它向前推进的直线距离 $\overline{OP}$ ．

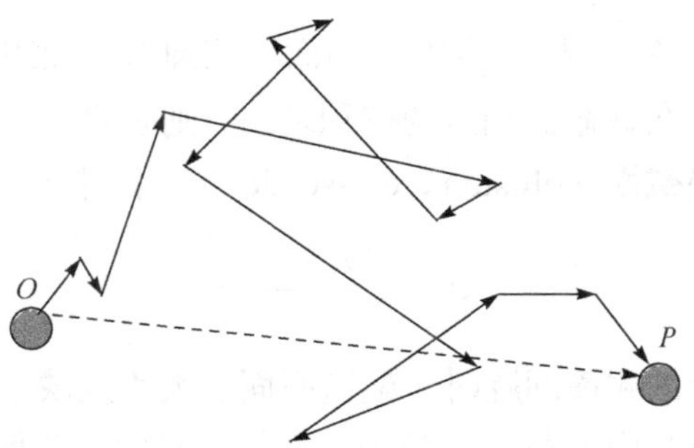

图 6.1.1　气体分子由于碰撞而走折线路径

分子之间的碰撞是靠得很近的分子之间强大的排斥力作用的结果．如果不考虑碰撞的细节，可将分子视为一个直径为 d 的刚性小球，d 即为第 4 章定义的分子的有效直径．由于排斥力是短程力，所以除了在碰撞的那一瞬间之外，分子之间的相互作用力忽略不计．在连续两次碰撞之间，分子依惯性在做自由的直线飞行．忽略碰撞持续的时间，每一个分子的运动路径为折线路径．将一个分子在连续两次碰撞之间平均自由飞行的距离定义为**平均自由程**(mean free path)，用 $\bar{\lambda}$ 表示．在标准状态下，氧气分子的平均自由程为 $10^{-8}\,\mathrm{m}$ 数量级．将一个分子在单位时间内平均碰撞的次数定义为**平均碰撞频率**(mean collision frequency)，用 $\bar{Z}$ 表示．在标准状态下，氧气分子的平均碰撞频率为 10^9 次 / s .

平均自由程 $\bar{\lambda}$ 和平均碰撞频率 $\bar{Z}$ 是我们讨论分子碰撞问题的两个重要的物理量，根据定义，不难得到它们之间满足关系式

$$\bar{\lambda} = \bar{v} \cdot \bar{\tau} = \frac{\bar{v}}{\bar{Z}} \tag{6.1.1}$$

其中平均自由飞行时间 $\bar{\tau} = 1/\bar{Z}$.

6.1.2　碰撞截面

先分析两个分子 A 和 B 的碰撞问题．假设 B 分子不动，A 分子以平均相对速率 $\bar{u}$ 在运动．A 和 B 是不同的分子，分别用 d_1 和 d_2 表示它们的有效直径．如果两个分子中心的运动轨迹之间的垂直距离 b 大于两个刚性小球的半径之和 $(d_1+d_2)/2$，则两个分子不会发生碰撞；如果垂直距离 b 小于 $(d_1+d_2)/2$，则两个分子就会发生碰撞，如图 6.1.2 所示．也就是说，当分子 A 在运动时，以其中心为圆心，在垂直于平均相对速率

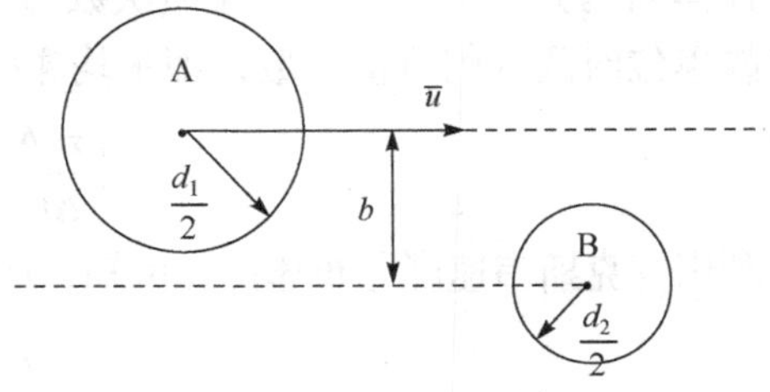

图 6.1.2　分子 A 和 B 的碰撞

$\bar{u}$ 的平面内作一个半径为 $(d_1+d_2)/2$ 的圆面，该圆形截面跟随分子 A 一起运动，其他分子的中心如果在该截面扫过的体积之内，则必将与分子 A 发生碰撞，故称该截面为分子的**碰撞截面**(collision cross-section)，常用 σ 表示，其值为

$$\sigma = \pi\left(\frac{d_1+d_2}{2}\right)^2$$

在讨论微观粒子的碰撞问题时，碰撞截面的大小反映了粒子之间发生碰撞的可能性的大小．碰撞截面 σ 越大，粒子之间越容易发生碰撞．

如果是同类分子，$d_1=d_2=d$，则 $\sigma=\pi d^2$；如果 $d_1 \ll d_2$，例如电子管中电子（d_1）与空气分子（d_2）的碰撞，则 $\sigma=\pi d_2^2/4$．以下我们只讨论同类分子碰撞的平均自由程 $\bar{\lambda}$ 和平均碰撞频率 $\bar{Z}$．

6.1.3　平均碰撞频率

为了计算同类分子平均碰撞频率 $\bar{Z}$，通常采用追踪一个分子 A 的运动轨迹的方法．由于碰撞取决于分子之间的相对运动，故可以假设其他分子均静止不动，分子 A 以平均相对速率 $\bar{u}$ 运动．在 Δt 的时间间隔内，分子 A 的中心的运动轨迹为一系列连续的直线段，如图 6.1.3 所示．

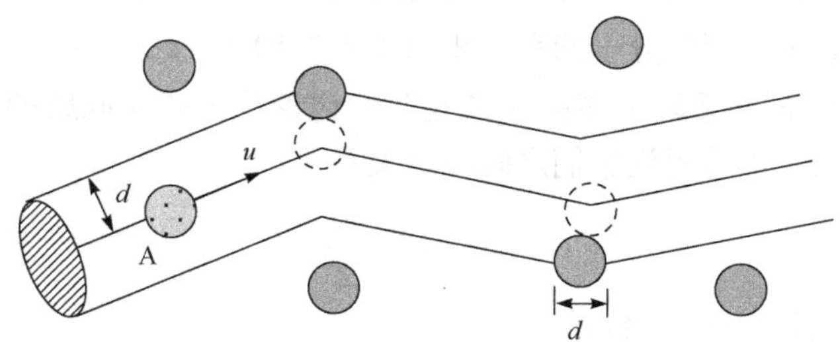

图 6.1.3　计算平均碰撞频率

以分子 A 中心的运动轨迹为轴线，以碰撞截面 $\sigma=\pi d^2$ 为底作一曲折圆柱体，其体积为 $\sigma\bar{u}\Delta t=\pi d^2\bar{u}\Delta t$，则在 Δt 内，分子 A 将与中心在此碰撞截面 σ 扫过的圆柱体内的分子发生碰撞，碰撞次数为分子数密度 n 与圆柱体体积的乘积 $n\sigma\bar{u}\Delta t$，故单位时间内的碰撞次数，即平均碰撞频率为

$$\bar{Z}=\frac{n\sigma\bar{u}\Delta t}{\Delta t}=n\sigma\bar{u}=n\pi d^2\bar{u} \tag{6.1.2}$$

利用麦克斯韦速度分布律计算可知，分子的平均相对速率 $\bar{u}$ 与平均速率 $\bar{v}$ 之间满足

$$\bar{u}=\sqrt{2}\bar{v}$$

于是平均碰撞频率为

$$\overline{Z}=\sqrt{2}\sigma\overline{v}n=\sqrt{2}\pi d^2\overline{v}n \tag{6.1.3}$$

考虑到 $p=nkT$ 及 $\overline{v}=\sqrt{\dfrac{8kT}{\pi m}}$ ，则

$$\overline{Z}=\frac{4\sigma p}{\sqrt{\pi mkT}} \tag{6.1.4}$$

即在温度不变时，压强越大，分子间碰撞越频繁；或压强不变时，温度越低，分子间碰撞越频繁. 不过由于 $p=nkT$ 适用于理想气体，没有考虑气体分子的体积，故严格地说气体压强应该稍大一些.

6.1.4　平均自由程

将式(6.1.3)代入式(6.1.1)可得平均自由程为

$$\overline{\lambda}=\frac{\overline{v}}{\overline{Z}}=\frac{1}{\sqrt{2}\sigma n}=\frac{1}{\sqrt{2}\pi d^2 n} \tag{6.1.5}$$

对于一定种类的气体，分子数密度 n 越小，气体越稀薄，分子的平均自由程 $\overline{\lambda}$ 越大.

当然，上述推导过程是不严格的，因为没有考虑分子的速度分布. 分子的速度应遵从麦克斯韦分布规律，故碰撞频率应该是速度的函数. 利用麦克斯韦分布律计算得到的平均自由程为

$$\overline{\lambda}=\frac{0.677}{\pi d^2 n}$$

同式(6.1.5)相比较，两式只有系数的不同 $\left(\dfrac{1}{\sqrt{2}}:0.677=0.707:0.677\right)$ ，但数量级是一致的. 所以用式(6.1.5)来定性或半定量地分析气体分子的碰撞问题是合适的.

再考虑 $p=nkT$ 可得

$$\overline{\lambda}=\frac{kT}{\sqrt{2}\pi d^2 p} \tag{6.1.6}$$

可见在一定的温度下，平均自由程与压强成反比.

以上讨论并未考虑容器的线度. 然而事实上，具有一定体积的气体必有有形或无形的容器约束，否则气体分子会散失. 若容器的限度小于式(6.1.6)中计算所得的平均自由程，则气体的实际平均自由程应为容器的线度.

思考题：在一个封闭的容器内装有 1mol 的某种理想气体，这时分子热运动的平均自由程将取决于什么?

(A) 压强 p；(B) 体积 V；(C) 温度 T；(D) 平均碰撞频率 $\overline{Z}$

答案：(B)

在标准状态下，$p=1.013\times10^5$ Pa，$T=273$ K，计算可得氧气分子(有效直径 d 为 3.60×10^{-10} m)的分子数密度为 $n=2.7\times10^{25}\ \mathrm{m}^{-3}$，平均速率为 $\bar{v}=424$ m/s，则平均自由程 $\bar{\lambda}$ 约为 6.5×10^{-8}m，可见在标准状态下 $\bar{\lambda}\gg d$，即满足分子的间距远大于分子线度的假设条件，确实可以将其视为足够稀薄的气体——理想气体．而且利用 $\bar{Z}=\bar{v}/\bar{\lambda}$ 可计算出平均碰撞频率约为 $6.5\times10^9\ \mathrm{s}^{-1}$，即每秒碰撞65亿次．所以尽管分子热运动的平均速率很大(10^2 m/s)，但由于频繁的碰撞，平均自由程很小，因而气体分子扩散得较慢．这就是扩散速率远小于热运动平均速率的原因．

在极低压强下，如 $p=1.013\times10^{-8}$ Pa，计算得氧气分子的平均自由程约为 6.5×10^5 m，达几百公里．如此稀薄的气体若装在一般的容器里，气体分子主要是与器壁碰撞，于是分子的平均自由程应该就是容器的线度．

例 6.1.1 真空管的线度为 10^{-1} m，其中真空度为 $p=1.33\times10^{-3}$ Pa，设空气分子的有效直径为 3.50×10^{-10} m，求27℃时管内的空气分子数密度、平均自由程和平均碰撞频率．

解 分子数密度为

$$n=\frac{p}{kT}=\frac{1.33\times10^{-3}}{1.38\times10^{-23}\times(27+273)}\ \mathrm{m}^{-3}=3.2\times10^{17}\ \mathrm{m}^{-3}$$

若真空管足够大，则分子的平均自由程为

$$\bar{\lambda}=\frac{1}{\sqrt{2}\pi d^2 n}=\frac{1}{\sqrt{2}\pi\times\left(3.5\times10^{-10}\right)^2\times3.2\times10^{17}}\mathrm{m}=5.7\ \mathrm{m}$$

已知管的线度为 $10^{-1}\mathrm{m}<5.7$ m，故分子的平均自由程其实就是管的线度，即

$$\bar{\lambda}=10^{-1}\ \mathrm{m}$$

于是，分子的平均碰撞频率为

$$\bar{Z}=\frac{\bar{v}}{\bar{\lambda}}=\frac{1}{\bar{\lambda}}\sqrt{\frac{8RT}{\pi M}}=\frac{1}{10^{-1}}\sqrt{\frac{8\times8.31\times300}{\pi\times29\times10^{-3}}}\ \mathrm{s}^{-1}=4.7\times10^4\ \mathrm{s}^{-1}$$

6.1.5 分子按自由程的分布

分子在任意相继两次碰撞之间自由飞行的路程可长可短，常温常压下，其值介于0到分子有效直径的几千倍($\sim10^{-7}$ m)之间．也就是说，单个分子的自由程是偶然的，有的比平均自由程 $\bar{\lambda}$ 长，有的比 $\bar{\lambda}$ 短．因此，有必要讨论在所有的分子中，自由程在 $x\to x+\mathrm{d}x$ 区间内的分子数占总分子数的比例，也就是分子按自由程的分布规律．

假设有一组分子，总数为 N_0，都以相同的速率 $\bar{v}$ 运动．这组分子恰好在同一地点 $x=0$ 处刚被碰过一次，以后都向 x 方向运动．该组分子在飞行过程中不断地与组外的分子相碰，每碰一次，组内的分子就减少一个．设经历了 x 路程之后，该组还剩下 N 个分子，$\mathrm{d}N$ 则代表在 $x\to x+\mathrm{d}x$ 路程上减少的分子数，即自由程处于 $x\to x+\mathrm{d}x$ 区间内的分子数．

根据平均自由程 $\bar{\lambda}$ 的定义，$1/\bar{\lambda}$ 表示单位长度的路程上每个分子的平均碰撞次数，于是 $\mathrm{d}x/\bar{\lambda}$ 表示在 $\mathrm{d}x$ 的路程上每个分子的平均碰撞次数，而 $N\cdot\mathrm{d}x/\bar{\lambda}$ 则表示 N 个分子在 $\mathrm{d}x$ 路程上的平均碰撞次数．由于每碰一次，分子数就减少一个，故 $N\cdot\mathrm{d}x/\bar{\lambda}$ 等于在 $\mathrm{d}x$ 的路程上分子数的减少量（$-\mathrm{d}N$），即

$$-\mathrm{d}N=\frac{N\mathrm{d}x}{\bar{\lambda}}$$

有

$$\frac{\mathrm{d}N}{N}=-\frac{\mathrm{d}x}{\bar{\lambda}} \tag{6.1.7}$$

积分可得

$$\int_{N_0}^{N}\frac{\mathrm{d}N}{N}=-\frac{1}{\bar{\lambda}}\int_0^x\mathrm{d}x$$

则

$$\ln\frac{N}{N_0}=-\frac{x}{\bar{\lambda}}$$

可改写为

$$N(x)=N_0\exp\left(-\frac{x}{\bar{\lambda}}\right) \tag{6.1.8}$$

上式表示在这组 N_0 个分子中自由程大于 x 的分子数有 N 个. 此即分子按自由程分布的公式.

将式(6.1.8)代入式(6.1.7)可得在 $x\to x+\mathrm{d}x$ 区间内被碰撞的分子数为

$$-\mathrm{d}N=\frac{1}{\bar{\lambda}}N_0\exp\left(-\frac{x}{\bar{\lambda}}\right)\mathrm{d}x \tag{6.1.9}$$

而在 $x\to x+\mathrm{d}x$ 区间内被碰撞的分子数占总分子数的比例为

$$-\frac{\mathrm{d}N}{N_0}=\frac{1}{\bar{\lambda}}\exp\left(-\frac{x}{\bar{\lambda}}\right)\mathrm{d}x=P(x)\mathrm{d}x \tag{6.1.10}$$

式中，$P(x)$ 代表在 x 附近单位区间内被碰撞的分子数占总分子数的比例.

图 6.1.4 是分子按自由程的分布曲线. 图中 $\mathrm{d}x$ 范围内曲线下的面积为 $P(x)\mathrm{d}x$，表示分子在 $x\to x+\mathrm{d}x$ 区间内被碰撞的概率．图中 $x\to\infty$ 范围内曲线下的面积为

$\int_x^{\infty} P(x)\mathrm{d}x$，表示该组分子行进到 x 处的**残存概率**(survival probability)，即自由程大于 x 的分子出现的概率，其值为 $\frac{N}{N_0}=\exp\left(-\frac{x}{\overline{\lambda}}\right)$. 当然，在全空间($0\to\infty$)的积分

$$\int_0^{\infty} P(x)\mathrm{d}x = 1$$

满足概率归一化条件，表示自由程大于 0 的分子出现的概率为 100%.

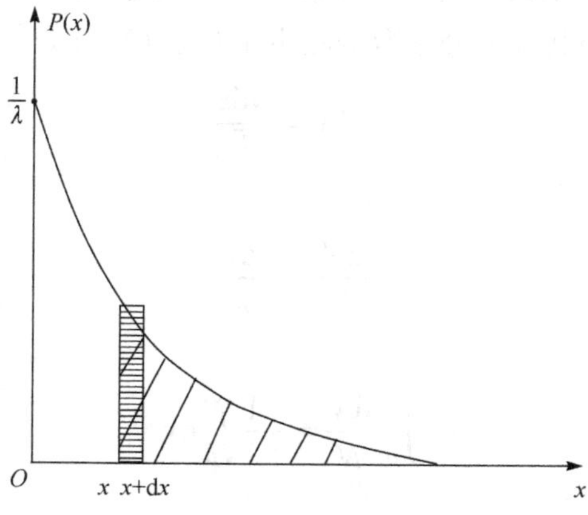

图 6.1.4 分子按自由程的分布

例 6.1.2 已知气体分子的平均自由程为 $\overline{\lambda}$，求在 N_0 个分子中自由程大于 $\overline{\lambda}$ 的分子数与自由程小于 $\overline{\lambda}$ 的分子数之比.

解 N_0 个分子中自由程大于 x 的分子数为

$$N = N_0\exp\left(-\frac{x}{\overline{\lambda}}\right)$$

故 N_0 个分子中自由程大于 $\overline{\lambda}$ 的分子数为

$$N_1 = N_0\exp\left(-\frac{\overline{\lambda}}{\overline{\lambda}}\right) = N_0\mathrm{e}^{-1}$$

自由程小于 $\overline{\lambda}$ 的分子数为

$$N_2 = N_0 - N_1 = N_0\left(1-\mathrm{e}^{-1}\right)$$

故所求之比为

$$\frac{N_1}{N_2} = \frac{\mathrm{e}^{-1}}{1-\mathrm{e}^{-1}} = \frac{1}{\mathrm{e}-1} = 0.58$$

可以看到，对于已知的一束分子流，其自由程大于平均自由程 $\bar{\lambda}$ 的分子概率为 1/e，即 37%，自由程小于 $\bar{\lambda}$ 的分子概率为 63%．同时式(6.1.10)也表明一束粒子流在通过稀薄气体时由于频繁的碰撞而逐渐衰减的规律．

6.2　输运过程的宏观规律

当系统各部分的宏观物理性质不均匀时，系统就处于非平衡态．在不受外界干扰的情况下，系统总会自发地从非平衡态向平衡态过渡，即发生输运过程．典型的输运过程包括黏性现象，热传导现象和扩散现象，它们具有共同的宏观特征．下面我们主要以气体为例，对它们分别加以介绍．

6.2.1　黏性现象——牛顿黏性定律

气体在流动过程中，如果各流层的定向流速不相等，则任意相邻的两个流层之间存在相互作用力，力的作用将使流速慢的流层加速，使流速快的流层减速，这就是**黏性现象**．这种相互作用力称为**黏性力**(viscous force)或**内摩擦力**(internal friction)．

如图 6.2.1 所示，气体平行于 xOy 平面沿 y 轴正向在做宏观的定向流动，定向流速 u 沿 z 轴正向逐渐增加，记为 $u=u(z)$．实验表明，黏性力的大小 f 与截面面积 dA 成正比，与截面所在 z_0 坐标处的速度梯度 $\left(\dfrac{\mathrm{d}u}{\mathrm{d}z}\right)_{z_0}$ 成正比，即

$$f=\eta\left(\frac{\mathrm{d}u}{\mathrm{d}z}\right)_{z_0}\mathrm{d}A \tag{6.2.1}$$

上式称为**牛顿黏性定律**，式中的比例系数 η 称为气体的**黏性系数**(coefficient of viscosity)，或**黏度**(viscosity)，单位为 $\mathrm{N\cdot s\cdot m^{-2}}$ 或 $\mathrm{kg\cdot m^{-1}\cdot s^{-1}}$ 或 $\mathrm{Pa\cdot s}$；速度梯度 $\dfrac{\mathrm{d}u}{\mathrm{d}z}$ 表示流速 u 沿 z 方向单位间距上的增量．

不同的流体有不同的黏性系数，而 η 的大小则反映了流体的流动性．流动性好的流体 η 较小，不易流动的流体 η 较大．在 20℃时，甘油的黏性系数可以达到 $1.5\mathrm{Pa\cdot s}$，水的黏性系数为 $1.01\times10^{-3}\mathrm{Pa\cdot s}$．气体的流动性好于液体，$\eta$ 的数量级都是 $10^{-5}\mathrm{Pa\cdot s}$，如在 20℃，氦 He 的黏性系数为 $1.96\times10^{-5}\mathrm{Pa\cdot s}$，氢 H_2 的黏性系数为 $0.89\times10^{-5}\mathrm{Pa\cdot s}$．此外，黏性系数也比较敏感地依赖于温度．气体的黏性系数随温度升高而增加；液体的黏性系数随温度升高而降低，而这些差异来自于两者微观机制的不同．表 6.2.1 列出了某些流体的黏性系数．

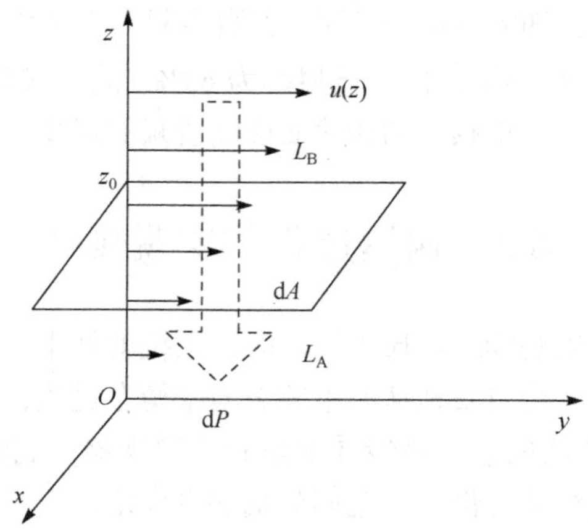

图 6.2.1　黏性现象

表 6.2.1　某些流体的黏性系数

气体	t/℃	η/($\times10^{-5}$Pa·s)	液体	t/℃	η/($\times10^{-3}$Pa·s)
空气	20	1.82	水	0	1.79
	671	4.2		20	1.01
水蒸气	0	0.9		50	0.55
	100	1.27		100	0.28
CO_2	20	1.47	水银	0	1.69
	302	2.7		20	1.55
H_2	20	0.89	酒精	0	1.84
	251	1.3		20	1.20
O_2	0	1.99	轻机油	15	11.3
CH_4	0	1.03	重机油	15	66

根据力学中的动量定理 $\mathrm{d}P = f\mathrm{d}t$，黏性力的作用使流速较快的气层（$L_B$ 层）减速，定向动量减小；使流速较慢的气层（L_A 层）加速，定向动量增加，也就是在黏性力 f 的作用下，在 $\mathrm{d}t$ 时间间隔内，有定向动量 $\mathrm{d}P$ 沿 z 轴方向通过 $\mathrm{d}A$ 面发生了输运，于是牛顿黏性定律公式(6.2.1)还有另外一种表达方式，即

$$\mathrm{d}P = -\eta\left(\frac{\mathrm{d}u}{\mathrm{d}z}\right)_{z_0}\mathrm{d}A\mathrm{d}t \tag{6.2.2}$$

式中的负号表示定向动量的输运实际上是沿 z 轴的负向，从动量大处向动量小处流动，也就是说，定量动量是沿着流速减小的方向输运.

对比式(6.2.1)和式(6.2.2)，黏性力可以定义为动量流，即单位时间内在 $\mathrm{d}A$ 面上输运的定向动量 J_P，于是

$$J_P = \frac{\mathrm{d}P}{\mathrm{d}t} = -\eta \left(\frac{\mathrm{d}u}{\mathrm{d}z} \right)_{z_0} \mathrm{d}A \tag{6.2.3}$$

常压下流体的黏性是由流速不同的流体层之间的定向动量的迁移产生的. 以气体为例，从微观的角度作定性分析，气体分子的速度是由定向速度和热运动速度两部分叠加而成的，前者是气流流动的宏观速度，后者决定气体的温度. 若相邻两流层以不同的宏观速度运动，它们之间有许多分子由于无规则的热运动而发生相互交换，从而带来与宏观速度相对应的定向动量的交换，使气流的宏观速度有均匀化的趋势，这就是气体黏性的由来.

遵从牛顿黏性定律的流体，称为**牛顿流体**. 牛顿黏性定律和牛顿流体概念，是牛顿(I. Newton，1643～1727)最早提出的.

还有一些流体不遵从牛顿黏性定律，统称为**非牛顿流体**. 非牛顿流体广泛存在于人类生活、生产和大自然之中，如番茄汁、果酱、炼乳、泥浆、橡胶、血液、油漆、沥青等都是非牛顿流体. 它们的黏性系数不再是常数，是变化的，引起变化的原因可能是速度梯度与单位面积上的黏性力不是线性关系，也可能是黏性系数本身是时间的函数.

例 6.2.1　旋转黏度计是用来测量气体黏度的仪器，其结构如图 6.2.2 所示. 在转盘的轴上固定一个圆筒 A，在 A 筒内部用金属丝悬挂一个质量很轻的 B 筒，内外筒之间填充待检测的气体. 当转动 A 筒时，观察到 B 筒也随之转动，直到悬挂 B 筒的金属丝产生的扭转力矩阻止 B 筒的继续转动到达平衡为止. A 筒保持一恒定的转速 ω，B 筒相应地偏转一定的角度，偏转角度的大小由附在扭丝上的小镜M所反射的光线测得. 从偏转角的大小可计算出黏性力对 B 筒产生的力矩 M 的大小. 已知 B 筒的外径为 R，长度为 L，A 筒的内径为 $R+\delta$ $(\delta \ll R)$，长度也是 L. 试写出待检测气体的黏性系数 η 的表达式.

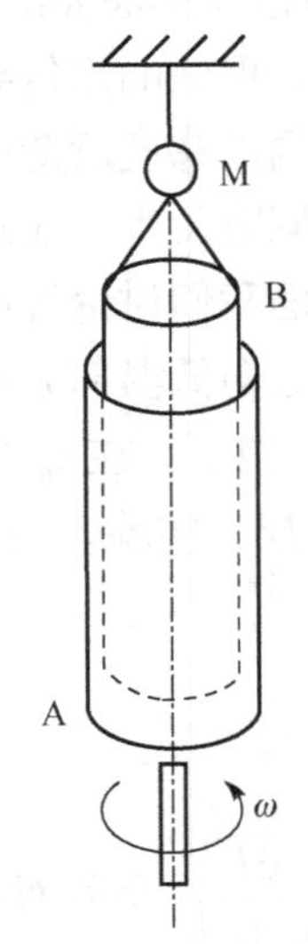

图 6.2.2　旋转黏度计

解　该例题中的气体层是圆筒形的曲面，不再是前面分析的平面. 但是由于气体层非常薄 $(\delta \ll R)$，可近似地认为各层的面积相等，于是前面平面流层的相关规律在这里仍然适用.

当转动 A 筒时，夹层内一层一层的气体之间将出现黏性力以致 B 筒表面受到气体的黏性力 f 的力矩而发生转动，当内筒 B 受到的黏性力矩和金属丝的扭转力

矩 M 相平衡时达到静止，此时 $fR = M$．根据牛顿黏性定律，作用在 B 筒上的黏性力为 $f = \eta \frac{\mathrm{d}u}{\mathrm{d}r} 2\pi RL$．由于内外两筒之间的夹层很薄 $(\delta \ll R)$，故可以认为夹层内各处的速度梯度 $\frac{\mathrm{d}u}{\mathrm{d}r}$ 近似相等. 内筒 B 静止，$u_{\mathrm{B}} = 0$，外筒 A 以 $u_{\mathrm{A}} = \omega R$ 的线速度旋转，故速度梯度为

$$\frac{\mathrm{d}u}{\mathrm{d}r} = \frac{u_{\mathrm{A}} - u_{\mathrm{B}}}{R_{\mathrm{A}} - R_{\mathrm{B}}} = \frac{\omega R}{\delta}$$

于是由力矩平衡公式可得

$$M = fR = \eta \cdot 2\pi RL \cdot \frac{\omega R}{\delta} \cdot R = \eta \frac{2\pi R^3 L\omega}{\delta}$$

故待检测气体的黏性系数为

$$\eta = \frac{M\delta}{2\pi R^3 L\omega}$$

6.2.2　热传导现象——傅里叶定律

系统与外界之间或系统内部各部分之间存在温度差导致的热量的传输，称为热传递或传热现象. 热传导是热传递的三种方式(热传导、热对流、热辐射)之一. 热传导(heat conduction)是物体无宏观运动时的传热现象，可以在固体、液体和气体中发生，但纯的热传导只在固体中发生，而流体即使处于静止状态，其中也会存在由于温度梯度所造成的密度差而形成的热对流，因此，在流体中热对流与热传导往往同时发生. 而热辐射则是唯一可以在真空中实现的传热现象.

下面我们讨论气体内的热传导现象. 当气体内各处的温度不均匀时，热量从高温部分向低温部分输运. 如图 6.2.3 所示，设气体的温度沿 z 轴正向逐渐升高，记为 $T = T(z)$．在 z_0 处任取一截面 $\mathrm{d}A$，则通过 $\mathrm{d}A$ 有热量从高温的 L_{B} 层输运给低温的 L_{A} 层. 实验表明，在 $\mathrm{d}t$ 的时间间隔内沿 z 轴正向，通过截面 $\mathrm{d}A$ 输运的热量 $đQ$ 为

$$đQ = -\kappa \left(\frac{\mathrm{d}T}{\mathrm{d}z}\right)_{z_0} \mathrm{d}A\mathrm{d}t \tag{6.2.4}$$

式中的 $\left(\frac{\mathrm{d}T}{\mathrm{d}z}\right)_{z_0}$ 是截面 $\mathrm{d}A$ 所在 z_0 坐标处的温度梯度，比例系数 κ 是气体的热传导系数或**导热系数**(coefficient of heat conductivity)，单位为 $\mathrm{W \cdot m^{-1} \cdot K^{-1}}$，负号表示热量是沿着温度减小的方向输运. 式(6.2.4)称为**傅里叶定律**，是由法国物理学家傅里叶(J. B. J. Fourier，1768～1830)于 1822 年首先发现的.

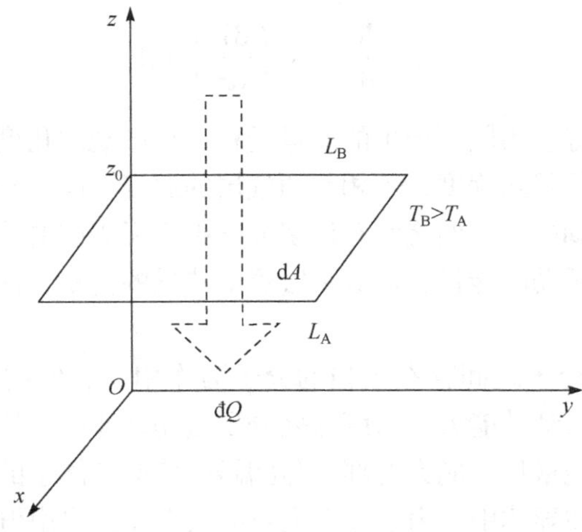

图 6.2.3　热传导现象

导热系数 κ 由材料的性质决定，其值的大小反映了材料的导热性能. κ 值大的物质叫热的良导体，κ 值小的叫热的不良导体，或者叫热的绝缘体. 金属类物质的导热系数比非金属的大得多，而气体则是热的绝缘体. 表 6.2.2 列出了某些材料在常温下的导热系数.

表 6.2.2　某些材料的导热系数

气体(1atm)	t/℃	$\kappa/(\mathrm{W\cdot m^{-1}\cdot K^{-1}})$	金属	t/℃	$\kappa/(\mathrm{W\cdot m^{-1}\cdot K^{-1}})$
空气	−74	0.018	纯金	0	311
	38	0.027	纯银	0	418
氢	−123	0.098	纯钢	20	386
	175	0.251	纯铝	20	204
水蒸气	100	0.0245	纯铁	20	72.2
液体	t/℃	$\kappa/(\mathrm{W\cdot m^{-1}\cdot K^{-1}})$	非金属	t/℃	$\kappa/(\mathrm{W\cdot m^{-1}\cdot K^{-1}})$
水	0	0.561	玻璃	20	0.78
	20	0.604	水泥	24	0.76
	100	0.68	绝缘材料	t/℃	$\kappa/(\mathrm{W\cdot m^{-1}\cdot K^{-1}})$
液氨	20	0.512	石棉	51	0.166
发动机油	60	0.140	刨花	24	0.059

定义热流 J_Q，即单位时间内在 dA 面上流过的热量，则由式(6.2.4)可得

$$J_Q = \frac{đQ}{\mathrm{d}t} = -\kappa \left(\frac{\mathrm{d}T}{\mathrm{d}z} \right)_{z_0} \mathrm{d}A \tag{6.2.5}$$

热传导是由于温度不同所产生的能量迁移．从微观的角度作定性分析，温度表征了分子热运动的强弱程度，若相邻两气层的温度不同，则两层内的分子具有不同的热运动平均动能，它们之间有许多分子由于无规则的热运动而发生相互交换，从而交换了热运动的能量，形成了宏观上热量的流动，使气体的温度有趋于一致的趋势．

固体和液体中分子之间存在较强的分子力作用，它们的热运动形式为热振动．温度高处分子振动动能大，温度低处分子振动动能小．依靠分子之间的相互作用力，热振动的能量从动能大的部分(高温处)传向动能小的部分(低温处)，实现能量的输运．而在导体中，由于存在大量的共有化的自由电子，它们在不停地做无规则热运动．因为晶格热振动的能量通常较小，故自由电子在金属晶体中对热的传导起主要作用．所以一般而言，电的良导体也是热的良导体．

6.2.3　扩散现象——菲克定律

“墙内开花墙外香”，这句俗语描述的就是气体的扩散现象．当气体的密度不均匀时，气体分子从密度大处向密度小处迁移的现象叫做扩散现象．

根据理想气体的物态方程 $p = nkT$ ，在温度一定的情况下，气体的密度 ρ 不均匀，则气体的分子数密度 $n = \rho / m$ 不均匀，从而导致气体内部各处的压强不均匀，这会引起宏观气流的产生．这不是单纯扩散．**单纯扩散**是指单纯由分子的热运动而引起的扩散，即扩散过程中既无热量传递也无宏观的气体流动现象．本节只研究气体分子单纯扩散的规律．

对于由两种气体分子组成的混合气体，要实现单纯扩散必须满足两个条件：

1. 混合气体内部各处的总分子数密度相同

尽管每一种气体的分子数密度在空间各处是不同的，这样才会发生扩散现象，但是混合气体的总的分子数密度保持处处均一，因而各处具有均一的压强，就不会有宏观气流产生．

2. 混合气体内部各处的温度相同

两种分子热运动的平均速率(平均能量)相同或非常接近，当它们在扩散的过程中发生相互碰撞时，各自的平均速率不会发生改变，也就不会有宏观的热量的流动．

怎样才能满足这两个条件呢？最简单的情形就是两种分子质量相等或非常接

近的气体，如 N_2 和 CO，CO_2 和 NO_2；或者化学成分相同，但其中一种具有放射性的气体，如 CO_2，其中的一种碳是 ^{12}C，另一种是有放射性的 ^{14}C. 两种气体分子的质量和分子的有效直径相同或基本相同，它们之间由于各自密度的不均匀而引起的扩散就是单纯扩散.

下面就以普通 CO_2 气体和放射性 CO_2 气体的扩散问题为例来研究单纯扩散的基本规律. 假设用隔板将容器分成体积相同的两部分，分别封装了温度相同、压强相同的两种 CO_2 气体. 然后将隔板抽离，由于原来两边的压强相同，所以不会产生宏观的气流. 两种 CO_2 气体仅仅由于各自在容器两边密度的不均匀而从密度大处向密度小处进行扩散. 可以简单地理解为，在扩散的过程中，两种 CO_2 气体分子在空间的位置发生了置换. 由于两种分子的质量相同，有效直径相同，原来气体的压强和温度等状态参量也都相同，所以两种 CO_2 分子在互换位置的同时，其他的状态参量，包括混合气体的总分子数密度、总压强和气体各处的温度都保持处处均匀，不会发生宏观的气体流动和传热现象. 每一种 CO_2 气体仅单纯地由于自身密度的不均匀而进行扩散，从而确保了单纯扩散现象的进行. 下面我们研究其中一种气体的扩散过程. 如图 6.2.4 所示，设气体密度 ρ 沿 z 轴正方向逐渐增加，记为 $\rho=\rho(z)$. 在 z_0 处取一截面 dA，则通过 dA 有质量从密度大的 L_B 处向密度小的 L_A 处输运. 实验表明，在 dt 的时间间隔内沿 z 轴正向，通过截面 dA 输运的质量 dm_g 为

$$\mathrm{d}m_g=-D\left(\frac{\mathrm{d}\rho}{\mathrm{d}z}\right)_{z_0}\mathrm{d}A\mathrm{d}t \tag{6.2.6}$$

式中，$\left(\frac{\mathrm{d}\rho}{\mathrm{d}z}\right)_{z_0}$ 是截面 dA 所在 z_0 坐标处的密度梯度；比例系数 D 是气体的**扩散系数**(coefficient of diffusion)，单位为 $\mathrm{m}^2\cdot\mathrm{s}^{-1}$，负号表示质量是沿着密度减小的方向输运. 式(6.2.6)称为**菲克定律**，是德国生理学家菲克(A. Fick，1829～1901)于 1855 年发现的.

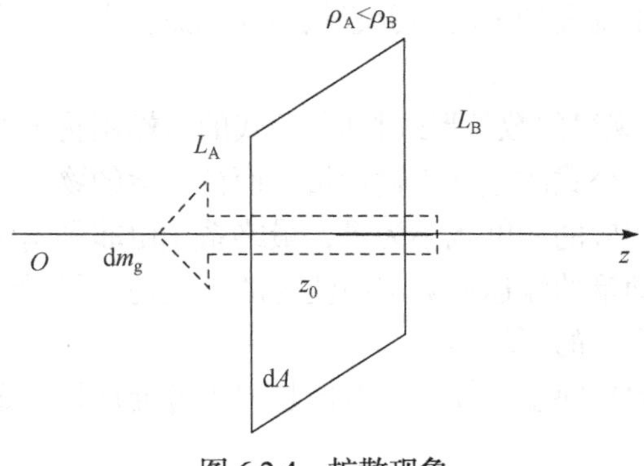

图 6.2.4　扩散现象

定义质量流 J_m，即单位时间内在 dA 面上流过的质量，则由式(6.2.6)可得

$$J_\mathrm{m}=\frac{\mathrm{d}m_\mathrm{g}}{\mathrm{d}t}=-D\left(\frac{\mathrm{d}\rho}{\mathrm{d}z}\right)_{z_0}\mathrm{d}A \tag{6.2.7}$$

扩散是由于密度的不同所产生的质量(或物质)的迁移. 从微观的角度作定性分析，若同种分子的分子数密度(或密度)在空间分布不均匀，那么相邻两个气层之间的同种分子由于无规则的热运动发生了分子数量的不等值的交换，即在相同的时间内，由密度大处向密度小处转移的分子数大于由密度小处向密度大处转移的分子数，这就在宏观上形成了物质的输运，最终将使空间各处同种分子的分子数密度均匀一致.

6.2.4 三种输运现象的宏观规律的共性

我们将上面三种输运过程的宏观特征总结在表 6.2.3 中，以寻找它们的共同特征.

表 6.2.3 三种输运过程的宏观特征

输运过程	输运量	宏观规律	引起输运的原因
黏性现象	定向动量	$\mathrm{d}P=-\eta\left(\frac{\mathrm{d}u}{\mathrm{d}z}\right)_{z_0}\mathrm{d}A\mathrm{d}t$	定向流速的不均匀
热传导现象	能量	$đQ=-\kappa\left(\frac{\mathrm{d}T}{\mathrm{d}z}\right)_{z_0}\mathrm{d}A\mathrm{d}t$	温度的不均匀
扩散现象	质量	$\mathrm{d}m_\mathrm{g}=-D\left(\frac{\mathrm{d}\rho}{\mathrm{d}z}\right)_{z_0}\mathrm{d}A\mathrm{d}t$	密度的不均匀

由表 6.2.3 可以看出，输运过程的这三种现象的确具有共性：

(1)输运的起因都源于物质内部存在着某种不均匀性. 由于定向流速的不均匀引起黏性现象；由于温度的不均匀引起热传导现象；由于密度的不均匀引起扩散现象.

(2)描述其宏观规律的数学形式相同. 公式的右端用物理量的梯度表示物质内部的某种不均匀性，公式的左端为输运量，而被输运的物理量是为了消除物质内部的不均匀性，使相应的梯度减小为零，最终系统由非平衡态达到平衡态，输运过程才停止. 定向动量的输运消除定向流速的不均匀，能量输运消除温度的不均匀，质量输运消除密度的不均匀.

总之，输运过程反映了气体有自发的趋向于各处均匀一致的特性.

6.3　输运过程的微观解释

三种输运过程的宏观规律非常类似，这是由于它们具有类似的微观机制.

在输运的过程中，分子通过频繁的碰撞传递动量、能量和质量(分子自己的质量). 在每一次碰撞中，分子会获得碰撞地点附近分子的平均性质. 于是，当分子再进行下一次自由飞行时，平均而言，它就将最近一次碰撞地点附近的气体的相关性质带到了 $\bar{\lambda}$ 远的距离处. 如果气体的某种性质有变化的梯度存在，那么相邻两次碰撞地点处的气体性质是不同的. 通过碰撞，分子就会放弃这些差异而被当地的分子所“同化”，即具有了碰撞地点附近气体的相关性质. 因此，分子通过一次又一次的碰撞，将气体各处的性质“搅拌”均匀，最终使整个气体内部各处的性质趋于一致. 这就是输运过程的微观本质.

下面我们对三种输运过程的微观机制进行定量阐释.

6.3.1　黏性现象的微观解释

考虑在两个很大的平板之间的流体，如气体. 如图 6.3.1 所示，上面的平板沿水平方向在做匀速移动，速度为 u_M ，而下面的平板保持静止. 由于实际的流体都具有黏性，运动平板将拖动流体跟随其一起移动，从而在两个平板之间形成了层流现象. 相邻流层的水平流速 u 不同，从最顶层的 u_M 连续变化到最底层的 0. 因此沿 z 方向，流体的定向流速 u 具有一个梯度，记为 $\frac{\mathrm{d}u}{\mathrm{d}z}$. 由于速度梯度，相邻两个水平流层之间有相对运动，所以存在一对相互作用的内摩擦力，即黏性力，记为 f. 黏性力使得慢速流层加速，快速流层减速.

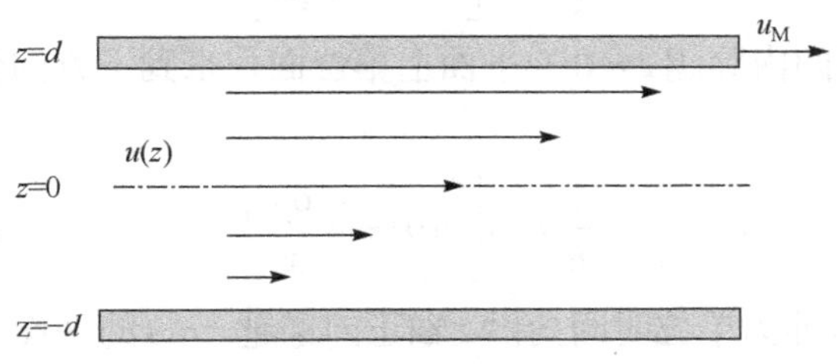

图 6.3.1　两个平板之间的黏性流体

从微观的角度来看，静止的流体中，所有的分子在做无规则的热运动，具有热运动的动量. 若流体在做定向流动，那么每个分子在无规则运动的基础上又叠加一个沿水平方向的定向运动，从而具有相应的定向动量. 由于有定向流速的梯度存在，那些 $z>0$ 的分子会携带较大的定向动量穿越 $z=0$ 的平面来到下方，从而增大了下方流体的定向动量的平均值；类似地，那些 $z<0$ 的分子会携带较小的定向动量穿越 $z=0$ 的平面来到上方，从而减小了上方流体的定向动量的平均值．于是，沿着 z 轴由上到下就有净的定向动量的输运．

为了简化计算，我们作一些假设：①将所有的分子按方向分为六组，即分别向 x、y、z 轴的正、负向运动，由于分子数量的巨大及运动的无规则性，平均而言，分子沿各向运动的概率相等，即沿每一方向运动的分子数相同，各占总分子数的 $1/6$；②不考虑分子热运动速度的分布，假设每一个分子均以平均速率 $\bar{v}$ 在做热运动，于是，在单位时间内沿 x、y、z 轴的正、负向穿越单位面积的分子数均为 $\frac{1}{6}n\bar{v}$；③分子通过一次碰撞就具有了当地的相关物理量(如定向动量)的数值．

我们首先要确定那些穿越 $z=0$ 的平面来到上方(或下方)的分子发生最后一次碰撞的平均坐标 $\bar{z}$．利用碰撞，它们将携带 $\bar{z}$ 坐标处的定向动量，然后自由穿越 $z=0$ 的平面来到另一侧，从而完成定向动量的输运．显然，各个分子穿越 $z=0$ 平面前最后一次碰撞的位置是不尽相同的．但作为一级近似，我们可以认为那些分子在 $z=0$ 平面上下方最后一次碰撞处距 $z=0$ 平面的平均距离为分子碰撞的特征长度 $\bar{\lambda}$，即 $|\bar{z}|=\bar{\lambda}$．

在 $z=\pm\bar{\lambda}$ 处，流体的定向流速为

$$u(\pm\bar{\lambda})=u(0)\pm\bar{\lambda}\frac{\mathrm{d}u}{\mathrm{d}z}$$

式中，我们假设在平均自由程的距离范围内梯度的变化不大．

于是，在单位时间内穿越 $z=0$ 的平面上单位面积来到上方的分子所携带的总动量为

$$\frac{1}{6}n\bar{v}m\left[u(0)-\bar{\lambda}\frac{\mathrm{d}u}{\mathrm{d}z}\right]$$

类似地，在单位时间内穿越 $z=0$ 的平面上单位面积来到下方的分子所携带的总动量为

$$\frac{1}{6}n\bar{v}m\left[u(0)+\bar{\lambda}\frac{\mathrm{d}u}{\mathrm{d}z}\right]$$

那么两个动量之差即为单位时间内沿 z 轴正向穿越 $z=0$ 的平面上单位面积的净定向动量

$$-\frac{1}{3}nm\bar{v}\bar{\lambda}\frac{\mathrm{d}u}{\mathrm{d}z}$$

于是，在 $\mathrm{d}t$ 时间内穿越 $z=0$ 的平面上 $\mathrm{d}A$ 面积的净定向动量为

$$-\frac{1}{3}nm\bar{v}\bar{\lambda}\frac{\mathrm{d}u}{\mathrm{d}z}\cdot\mathrm{d}A\mathrm{d}t$$

对比式(6.2.2)，可得流体的黏性系数η为

$$\eta = \frac{1}{3}nm\bar{v}\bar{\lambda} = \frac{1}{3}\rho\bar{v}\bar{\lambda} \tag{6.3.1}$$

式中$\rho = nm$．回顾$\bar{\lambda} = \dfrac{1}{\sqrt{2}\sigma n}$，因此，黏性系数也可表示为

$$\eta = \frac{\sqrt{2}}{6}\frac{m\bar{v}}{\sigma}$$

把$\bar{v} = \sqrt{\dfrac{8kT}{\pi m}}$代入上式，有

$$\eta = \frac{2}{3\sigma}\sqrt{\frac{kmT}{\pi}} \propto \frac{T^{1/2}}{\sigma} \tag{6.3.2}$$

从式(6.3.2)可以看出，气体的黏性随温度的升高而增加，随碰撞截面的减小而增大．较高的温度使气体分子具有更大的热运动速率，相应于有更多的分子能够参与输运；而较小的碰撞截面则意味着分子能够自由飞行更远的距离，携带更远处的定向动量来穿越$z=0$的平面，那么每交换一对分子，净输运的动量值会更大．这些因素都能够使分子在穿越$z=0$的平面时传递更多净的定向动量，从而导致更大的黏性系数．

从式(6.3.2)也可以看出，黏性系数η与压强p无关．这个结论最初是 1866 年麦克斯韦在“关于气体运动论”中提出的，该结论后来被众多精密的实验所验证．当压强p降低时，分子数密度n会减少，从而导致单位时间内能够穿越$z=0$平面的分子对数目减少；但是另一方面，由于n的减少，$\bar{\lambda}$增大($\bar{\lambda} \propto 1/n$)，所以每一对交换的分子能够携带离$z=0$平面更远处的定向动量，那么净输运的动量增大．所以，由于n的减小存在两种相反的作用，结果就使得黏性系数η与压强p无关．相同的结论也适用于后面的导热系数κ，其同样与压强无关．

下面我们对气体的黏性系数的大小进行估算，利用$p = \dfrac{1}{3}nm\overline{v^2}$可得$n = \dfrac{3p}{m\overline{v^2}}$，假设$\overline{v^2} \approx \bar{v}^2$，于是有

$$\eta \approx \frac{p\bar{\lambda}}{\bar{v}}$$

以氧气为例，在标准状态($p = 1.013\times10^5\,\text{Pa}$，$T = 273\text{K}$)下，氧气的平均自由程$\bar{\lambda} = 6.5\times10^{-8}\,\text{m}$，则黏性系数为

$$\eta = \frac{1.013\times10^5\times6.5\times10^{-8}}{424} \approx 1.55\times10^{-5}(\text{Pa}\cdot\text{s})$$

这同表 6.2.1 中的实验数据$1.99\times10^{-5}\,\text{Pa}\cdot\text{s}$相比较，虽然数值有差异，但数量

级是相同的．我们在这里介绍的是输运过程微观分析的初级理论，有两个关于分子运动的假设：①分子以平均速率 $\bar{v}$ 在运动；②分子通过一次碰撞就具有了当地的相关物理量(如定向动量)的数值．因此，理论的结果和实验数据有较明显的差别，故初级理论通常用于作数量级的估算．

对于液体，其黏性系数会随着温度升高而降低，与气体的黏性随温度的变化规律有很大不同．究其原因，是由于液体分子的黏性来自于分子之间的作用力，当温度升高时，分子的活性增加，分子之间的作用力减小，所以黏性系数随之减小．

6.3.2　热传导现象的微观解释

用同样的方法来分析流体的导热系数．这时上、下两个平板都保持静止，但是具有不同的温度，上面的平板温度为 T_1，下面的平板温度为 T_2，且 $T_1 > T_2$，于是在两个平板之间的流体内，沿 z 轴方向有一个温度梯度，记为 $\dfrac{\mathrm{d}T}{\mathrm{d}z}$．而热传导的结果是，有净的分子动能从上方流体经 $z=0$ 的平面传递到下方流体．对于理想气体分子，平均动能为

$$\bar{\varepsilon} = \frac{1}{2}(t+r+2s)kT = \frac{C_{V,\mathrm{m}}}{N_\mathrm{A}}T = \frac{M_{\mathrm{mol}}c_V}{N_\mathrm{A}}T = mc_V T$$

式中，c_V 是气体的等体比热．于是在单位时间内穿越 $z=0$ 的平面上单位面积来到上方的分子所携带的总能量为

$$\frac{1}{6}n\bar{v}mc_V\left[T(0) - \bar{\lambda}\frac{\mathrm{d}T}{\mathrm{d}z}\right]$$

类似地，在单位时间内穿越 $z=0$ 的平面上单位面积来到下方的分子所携带的总能量为

$$\frac{1}{6}n\bar{v}mc_V\left[T(0) + \bar{\lambda}\frac{\mathrm{d}T}{\mathrm{d}z}\right]$$

那么两个能量之差即为单位时间内沿 z 轴正向穿越 $z=0$ 的平面上单位面积的净能量为

$$-\frac{1}{3}nm\bar{v}c_V\bar{\lambda}\frac{\mathrm{d}T}{\mathrm{d}z}$$

于是，在 $\mathrm{d}t$ 时间内穿越 $z=0$ 的平面上 $\mathrm{d}A$ 面积的净能量为

$$-\frac{1}{3}nm\bar{v}c_V\bar{\lambda}\frac{\mathrm{d}T}{\mathrm{d}z}\cdot\mathrm{d}A\mathrm{d}t$$

对比式(6.2.4)，可得气体的导热系数 κ 为

$$\kappa = \frac{1}{3}nm\bar{v}c_V\bar{\lambda} = \frac{1}{3}\rho\bar{v}c_V\bar{\lambda} \tag{6.3.3}$$

由于 $\bar{\lambda}=\dfrac{1}{\sqrt{2}\sigma n}$，则导热系数还可以表示为

$$\kappa=\frac{\sqrt{2}}{6}\frac{m\bar{v}}{\sigma}c_V$$

同黏性系数 η 一样，κ 只与温度有关，与压强无关.

对比黏性系数 η 和导热系数 κ 可以得到一个有趣的结果，即

$$\frac{\kappa}{\eta}=c_V$$

或

$$\frac{\kappa}{\eta c_V}=1$$

实验数据测量值为 1.3~2.5，因气体的种类而异. 可见气体动理论给出的理论结果与实验值之间尽管有偏差，但数量级是正确的.

6.3.3　扩散现象的微观解释

对于单纯扩散现象，其扩散系数的计算和黏性系数及导热系数的计算类似.

假设沿 z 轴方向有一个密度梯度，记为 $\dfrac{\mathrm{d}\rho}{\mathrm{d}z}$，单位时间内沿 z 轴正向穿越 $z=0$ 的平面上单位面积的净质量为

$$\frac{1}{6}m\bar{v}\left[n(0)-\bar{\lambda}\frac{\mathrm{d}n}{\mathrm{d}z}\right]-\frac{1}{6}m\bar{v}\left[n(0)+\bar{\lambda}\frac{\mathrm{d}n}{\mathrm{d}z}\right]$$

其中 $\dfrac{\mathrm{d}n}{\mathrm{d}z}$ 为分子数密度梯度. 考虑到密度 $\rho=nm$，$\rho(0)=n(0)\cdot m$ 有

$$\frac{1}{6}\bar{v}\left[\rho(0)-\bar{\lambda}\frac{\mathrm{d}\rho}{\mathrm{d}z}\right]-\frac{1}{6}\bar{v}\left[\rho(0)+\bar{\lambda}\frac{\mathrm{d}\rho}{\mathrm{d}z}\right]$$

得到

$$-\frac{1}{3}\bar{v}\bar{\lambda}\frac{\mathrm{d}\rho}{\mathrm{d}z}$$

对比式(6.2.6)，可得气体的扩散系数 D 为

$$D=\frac{1}{3}\bar{v}\bar{\lambda}=\frac{\sqrt{2}}{6}\frac{\bar{v}}{\sigma n}\tag{6.3.4}$$

由压强公式 $p=\dfrac{2}{3}n\bar{\varepsilon}_{\mathrm{t}}=\dfrac{1}{3}nm\overline{v^2}$，故 $n=\dfrac{3p}{m\overline{v^2}}$，而无论是 $\bar{v}$，还是 $\sqrt{\overline{v^2}}$，都与 $T^{1/2}$ 成正比，所以在确定的压强下，扩散系数 $D\propto T^{3/2}$；而在确定的温度下，扩散系数 $D\propto 1/p$.

同样对比黏性系数和单纯扩散系数，有

$$\frac{D}{\eta}=\frac{1}{nm}=\frac{1}{\rho}$$

或者

$$\frac{D\rho}{\eta}=1$$

实验中，$\frac{D\rho}{\eta}$的值为 1.3~1.5，理论值和实验值具有相同的数量级.

6.3.4　初级近似理论的假设

在前面的推导中，我们采用了两个大胆的假设：①不考虑分子速度的分布，所有分子均以平均速率$\bar{v}$沿 x、y、z 轴的正、负向运动，于是在单位时间内沿 z 轴的正、负向穿越单位面积的分子数为$\Gamma=\frac{1}{6}n\bar{v}$；②平均而言，穿越$z=0$面的分子是在距离$z=0$面$\pm\bar{\lambda}$处经历的上一次碰撞. 事实上，根据分子按自由程的分布规律，②是可以证明得到的(习题 6.16).

初级近似理论模型简单，物理图像清晰，但由于作了假设，故定量计算的结果与实验结果有偏离，但与实验结果在数量级上吻合，所以作为定性或半定量的分析工具是合适的. 若要理论结果和实验结果符合得更好，则需要用到非平衡态的统计方法，其数学处理要复杂得多.

6.4　稀薄气体中的输运过程

前面讨论的输运过程适用于平常的压强范围,气体既要满足理想气体的条件，即气体要足够稀薄，但是又不能太过稀薄，其分子的平均自由程需满足条件

$$d\ll\bar{\lambda}\ll L$$

式中，d为分子的有效直径，L为容器的线度.

当气体的压强减小时，分子的平均自由程$\bar{\lambda}$将增大，如果$\bar{\lambda}>L$，这时的气体称为稀薄气体. 对于稀薄气体，容器的线度L将取代平均自由程$\bar{\lambda}$的地位，从而使得式(6.3.1)和式(6.3.3)发生变化，这时黏性系数$\eta=\frac{1}{3}\rho\bar{v}L$，导热系数$\kappa=\frac{1}{3}\rho\bar{v}Lc_V$，它们将不再与压强无关，而是与之成正比.

如图 6.4.1(a)所示，正常压强下，气体足够稠密，$\bar{\lambda}\ll L$，使得分子间碰撞的机会远大于分子与容器壁碰撞的机会，物理量(能量或动量)的输运是通过

分子的碰撞一层一层实现的，所以η和κ与压强无关(见 6.3 节的相关论述). 如图 6.4.1(b)所示，气体极其稀薄，分子的平均自由程$\bar{\lambda} > L$，这时分子之间不发生碰撞，而是直接与温度不同(或流速不同)的两层器壁碰撞，从而直接交换两个器壁的能量(或动量). 因此，每变换一对分子，所净输运的能量(或动量)值是一定的，与压强无关. 而另一方面，压强的减小使得交换的分子对数目减少，所以在低压情况下，黏性系数η和导热系数κ将与压强p有关，且随压强的降低而减小.

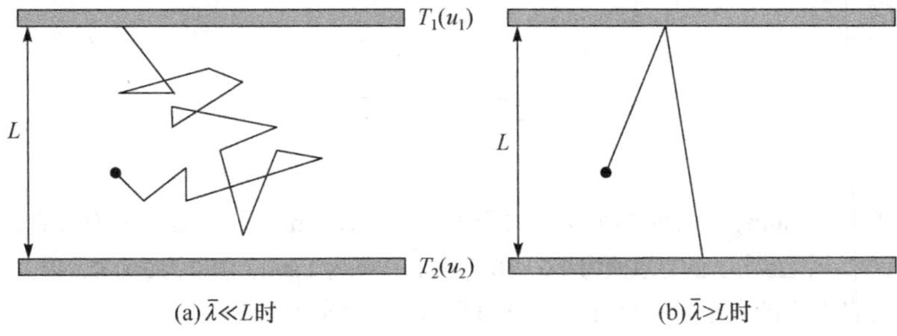

图 6.4.1　分子的碰撞

由此可知，低压下气体的导热性能会随着压强的降低而降低.

1892 年，苏格兰物理学家杜瓦(J. Dewar, 1842～1923)依此原理发明了杜瓦瓶(dewar)，如图 6.4.2 所示. 杜瓦瓶的瓶胆由内外两层涂银的玻璃构成，两壁之间相距约 2mm，抽成真空($p < 13.3\ \mathrm{Pa}$). 这样，杜瓦瓶就具有良好的隔热性能，可以用于保存冷或热的液体. 生活中人人皆知的热水瓶，即来源于这种杜瓦瓶. 1925 年，价格适宜、大众使用方便的热水瓶问世.

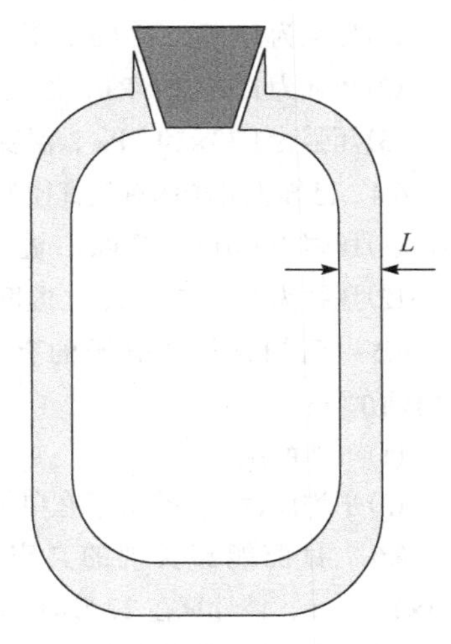

图 6.4.2　杜瓦瓶示意图

1906 年，杜瓦发明了金属杜瓦瓶，用于储存温度远低于室温的低温液体，如液氧、液氮和液氦等，因此这种杜瓦瓶也称为低温存储杜瓦瓶(cryogenic storage dewar). 今天，杜瓦瓶已经成为全世界所有低温实验室中常用的储存液化气体的真空保温容器.

思　考　题

6.1　用哪些方法可以使气体分子的平均碰撞频率减小? 用哪些方法可以使分子的平均自由程增大? 这种增大有没有一个限度?

6.2 混合气体由两种分子组成,其有效直径分别为 d_1 和 d_2 .如果考虑这两种分子的碰撞,则平均自由程为多少?

6.3 用微观理论推导黏性定律及黏性系数公式时所采用的基本观点是什么?

6.4 在讨论扩散问题时,为什么要用分子质量相等,分子大小差不多的两种气体进行相互扩散?不满足此条件可以进行扩散吗?

6.5 既然空气的导热系数与压强无关,为什么杜瓦瓶的夹层内部要抽成真空?

6.6* 为什么原子弹、氢弹爆炸会有蘑菇云?如果在月球表面爆炸核武器,是不是就不会有蘑菇云了?

习 题

6.1 氢气在 1 atm,0 ℃时的平均自由程为 1.123×10^{-7} m,求氢分子的有效直径.

6.2 已知二氧化碳分子的有效值为 4.6×10^{-10} m,压强为 1 atm,温度为 300 K,求:

(1)平均自由程的大小,并计算平均自由程与分子有效直径的比值;

(2)平均碰撞频率的大小.

6.3 已知氮分子的有效直径为 3.7×10^{-10} m,求其在不同条件下的平均自由程:

(1)压强为 1.013×10^{5} Pa,温度为 0 ℃;

(2)压强为 1.33×10^{2} Pa,温度为 0 ℃;

(3)压强为 1.33×10^{-6} Pa,温度为 0 ℃.

6.4 已知氦分子的有效直径为 2.2×10^{-10} m,求其在不同条件下的平均碰撞频率:

(1)压强为 1.013×10^{5} Pa,温度为 0 ℃;

(2)压强为 1.33×10^{-2} Pa,温度为 27 ℃.

6.5 已知某气体分子的有效直径为 3.2×10^{-10} m,其在 300K 时的平均自由程为 1.63×10^{-7} m,求:

(1)气体的压强.

(2)平均而言,每个分子在单位路程上碰撞的次数.

6.6 目前能够实现的真空度为 1.33×10^{-11} Pa 数量级,令空气分子的有效直径为 3.0×10^{-10} m,请计算在 27 ℃时,单位体积内的分子数、平均自由程及平均碰撞频率.

6.7 显像管的灯丝到荧光屏的距离为 0.2 m,要使灯丝发射的电子有 90% 在途中不与空气分子相碰而直接打到荧光屏上,设空气分子有效直径为 3.0×10^{-10} m,气体温度为 320 K. 问显像管至少要保持怎样的真空度?

6.8 氧气的温度为 300 K,假设某一时刻刚好发生碰撞的一组氧气分子,经过多长时间后还保留一半分子未发生碰撞?设氧分子都以平均速率 $\bar{v}=445$ m/s 运动,在给定压强下分子的平均自由程为 4.0 cm.

6.9 今测得氮气在 0 ℃时的黏性系数为 1.66×10^{-5} Pa·s,计算氮分子的有效直径. 已知氮的摩尔质量为 28×10^{-3} kg/mol.

6.10 今测得氮气在 0℃时的导热系数为 23.7×10^{-3} W/(m·K),定体摩尔热容为

$20.9\ J/(mol \cdot K)$，试计算氮分子的有效直径.

6.11　已知氧气在标准状态下的扩散系数为$1.9 \times 10^{-5}\ m^2/s$，求氧分子的平均自由程.

6.12　已知氦气和氩气的摩尔质量分别为$4\ g/mol$和$40\ g/mol$，它们在标准状态下的黏性系数分别为$\eta_{He} = 18.8 \times 10^{-6}\ Pa \cdot s$和$\eta_{Ar} = 21.0 \times 10^{-6}\ Pa \cdot s$，求：

(1)氩分子与氦分子的碰撞截面之比σ_{Ar}/σ_{He}；

(2)氩气与氦气的导热系数之比k_{Ar}/k_{He}；

(3)氩气与氦气的扩散系数之比D_{Ar}/D_{He}.

6.13　两个共轴圆筒套在一起，长度均为 1 m，内外圆筒的半径分别为 10.0 cm 和 10.5 cm 的，筒壁之间充满 CO_2 气体．若 CO_2 的黏性系数为$1.47 \times 10^{-5}\ Pa \cdot s$，求当外筒的转速多大时才能使不动的内筒受到$2.0 \times 10^{-3}\ N$的作用力.

6.14　一个长为 2 m、截面积为$10^{-4}\ m^2$的管子里储有标准状态下的 CO_2 气体，一半是普通的 CO_2，另一半是放射性 $CO_2(^{14}C)$．在初始时刻，放射性分子密集在管子的左端，其分子数密度沿着管子均匀减小，到右端减小为零．已知 CO_2 的摩尔质量为$46 \times 10^{-3} kg/mol$，黏性质数$\eta = 1.40 \times 10^{-5} Pa \cdot s$.

(1)开始时，放射性气体的密度梯度是多大？

(2)开始时，每秒有多少个放射性分子通过管子中点的横截面从左侧移至右侧？又有多少个从右侧移至左侧？

(3)开始时，每秒通过管子横截面积扩散的放射性气体为多少克？

6.15*　两个共轴的圆筒套在一起，长度均为L，内筒和外筒的半径分别R_1和R_2．假设内筒和外筒分别保持恒定的温度T_1和T_2，且$T_1 > T_2$，两筒壁之间充满导热系数为κ的某种气体.请导出每秒由内筒通过气体传到外筒的热量Q的公式.

6.16*　假设气体看作分别沿$\pm x$、$\pm y$、$\pm z$方向运动的 6 组分子组成，现考虑沿$+z$方向运动的那一组分子.设分子的平均自由程为$\bar{\lambda}$，问：那些刚好在$z = z_0 - \bar{\lambda}$处发生碰撞后朝$+z$方向运动的分子到下一次碰撞为止，平均走过多少距离？

第7章 简单系统

在前面的章节中，我们已从宏观和微观两个方面讨论了物质热运动的规律，即热力学理论和气体动理论，并运用它们对理想气体系统的基本性质进行了研究. 然而，物质世界纷繁复杂、包罗万象，理想气体只是稀薄实际气体的近似，不能全然代表其他的热力学系统. 在这一章，我们将把讨论的物质系统从理想气体拓展到简单系统，运用已经掌握的宏观理论和微观理论对其进行研究. 我们在生活与生产实践中常见的实际气体、固体与液体，很多可看作简单系统.

7.1 物态定理和简单系统

7.1.1 物态定理

我们知道，像内能U与熵S这样的宏观状态量是不可能被直接测量的. 若要获得它们的值，需要借助于它们与能够被直接测量的状态量(如温度T、压强p、体积V等)之间的函数关系. 热力学的一个基本任务就是通过实验观测和理论推导建立起系统各状态量之间的函数关系.

若要建立系统的宏观状态量之间的函数关系，首先必须知道状态量的独立个数. 对于理想气体系统，完整描述其宏观性质所需的三个状态量(温度、压强、体积)被理想气体物态方程联系在一起，这三个状态量只有两个是独立的. 那么，若要完整描述**任意一个**物质系统，所需的独立参量个数是多少呢？我们需要一个更为广泛的原则来回答这个问题.

当我们讨论系统的宏观状态量之间的函数关系以及决定这些函数关系的独立状态量个数时，通常考虑强度量，因为系统的平衡态性质本质上是由强度量决定的. 例如，把某个均匀系统的总质量加以改变而不改变其温度、压强和系统内各组元的相对比例，系统的宏观平衡态是不会被破坏的. 从微观角度分析，所有系统内禀的强度量都是分子热运动特征的统计表达，因此这些强度量之间存在函数关系是合理的. 为建立这样的函数关系，首先必须知道在给定条件下完整描述系统的宏观状态所需要的状态量的独立个数n.

实践表明，对于质量与成分确定的任何平衡态系统，一个广泛的原则可用于确定完整描述系统性质所需的独立状态量的个数 n. 这个原则称为**物态定理**(the state postulate)，即：

完整描述平衡态系统的内禀性质所需的强度量的独立个数 n，等于与系统相关的准静态功的可能形式数加 1.

与系统相关的准静态功，即系统可通过准静态过程对外界做的功，或外界可通过准静态过程对系统做的功. 准静态功的可能形式，包括体积变化功、重力功、电磁功等. 例如，地球上的热力学系统，通常都处于天然的重力场和地磁场中. 严格地讲，这些系统的准静态功的可能形式至少应包含体积变化功、重力功和电磁功. 然而，经验表明，对于绝大多数不带净电荷、不具有净磁矩的系统，重力功和电磁功通常可忽略不计，只需考虑一种准静态功，即体积变化功.

特别地，我们将**只有一种准静态功与之相关的系统称为简单系统**. 显然，简单系统的物态定理可表述为：

完整描述简单系统的内禀性质所需的强度量的独立个数为 2.

特别地，如果与简单系统相关的准静态功是体积变化功，则此简单系统称为简单可压缩系统. 例如，我们已经非常熟悉的理想气体就是简单可压缩系统，我们可选取压强 p 和温度 T 作为独立参量，则摩尔体积 V_m 可表述为 p 和 T 的函数.

确定独立强度量的个数之后，即可运用实验观测与理论分析结合的方法获得系统的宏观状态量之间的函数关系.

7.1.2　简单系统

经验表明，日常生活与生产中常见的实际气体、液体与固体大多可近似看作只有一种准静态功与之相关，即简单系统. 本章后面的几节，我们将运用前面章节学习过的微观与宏观理论，着重讨论简单系统的基本性质.

首先考虑实际气体. 从微观角度分析，实际气体的分子热运动占主导地位，分子间作用力居于从属地位. 在这种情况下，气体是“**无序复杂**”的系统：一方面，分子间作用力小、间距大，在空间中的分布无序；另一方面，分子位置不停变动，随时间演化的情形复杂. 我们已知道，对气体这样无序复杂的系统，统计方法是主要的微观分析方法.

固体的情况正好相反. 从微观角度分析，固体的分子间作用力占主导地位，分子热运动居于从属地位. 在这种情况下，固体是“**有序简单**”的系统：一方面，分子（或原子、离子）间作用力大、分子间距小，使得固体分子有序的排列成为能量最低、最稳定的状态，在空间中的分布有序；另一方面，分子热运动处于次要地位，晶体中的分子只能在其平衡位置附近作微小热振动，因而分子排列呈现稳定的周期性，随时间演变的情形简单. 具有这样的状态的固体称为**晶体**. 晶体分子（原子、离子或原子团等）所在位置的点在空间的排列称为**晶体点阵**. 因分子排列的有序性与稳定性，晶体在宏观上显现出美丽动人的对称性. 根据对称性，通常情况下可以截取其中一个或数个周期的晶体分子进行研究，而无须处理 10^{23} 数量级数目的分子. 因而，对"有序简单"的系统，解析方法是适用的.

除晶态外，固体还有非晶态与准晶态. 非晶态短程有序而长程无序，准晶态则只是取向具有长程有序，它们都不是完全有序的排列状态. 严格地讨论固体的结构与物理性质，需要用到固体的量子论，这超出了本书的知识范围.

液体的情况介于气体和固体之间. 从微观角度分析，液体是分子间作用力与分子运动势均力敌、相互妥协的状态. 液体仍然是人们最不清楚的一种物质状态，至今没有统一的理论模型. 究其原因，这是因为液体是一个"**有序复杂**"的系统：一方面，液体分子间作用力较强，分子可在平衡位置附近作微小振动，因而在某一个时刻液体分子在空间的排列具有有序性；另一方面，液体分子热运动较剧烈，分子只会在其平衡位置作短时间停留. 分子在其平衡位置平均居留的时间，称为**定居时间** τ. 因液体分子定居时间很短（例如，室温下水分子的 τ 约为 10^{-11} s，液态金属离子的 τ 约为 10^{-10} s)，故液体分子位置不停变动，随时间演变的情形复杂. 对于液体这样"有序复杂"的系统，统计方法和解析方法都不能完全适用.

图 7.1.1 是固体、液体、气体系统的无序性与简单性的比较示意图. 系统在空间分布的无序性（或有序性）可用分子间平均距离 r 表征，r 越大，分子间作用力的主导性越小，系统的无序性越大. 显然，固体、液体、气体的无序性逐渐增大. 系统随时间演化的简单性（或复杂性）可用分子在其平衡位置的定居时间 τ 表征，τ 越大，分子热运动的主导性越小，系统的简单性越强. 固体分子有稳定的平衡位置，定居时间远远大于液体，而气体分子没有稳定的平衡位置，

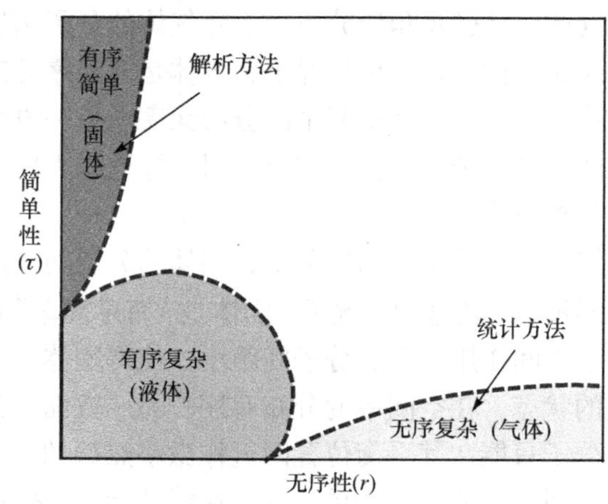

图 7.1.1 系统的无序性与简单性

定居时间远远小于液体．故固体、液体、气体的简单性依次递减．可见，无序性反映分子间作用力的大小，简单性反映分子热运动的强弱．

解析方法适用于“有序简单”的系统，统计方法适用于“无序复杂”的系统，但它们都不能完全适用于过渡区间的“有序复杂”的系统——此时，类比法是常用的分析方法．事实上，我们通常将液体类比于分子间作用力较强的稠密实际气体或热运动非常剧烈的非晶态固体来进行研究．

7.2　相变与相图

7.2.1　相变

我们常见的自然界物质系统，绝大多数是以固体、液体或气体状态存在的．物质的不同状态，称为**相**(phase)．确切地说，

相是指物质系统中具有相同物理性质的均匀部分．

相与相之间，有一定的分界面相互隔离．例如，冰与水的混合系统中，冰与水各自为一个相，冰与水之间有明显分界面．

同一个系统的不同相之间的相互转变，称为**相变**(phase transition)．实践表明，相变是很普遍的物理过程，如气液相变，金属正常态与超导态的相变，顺磁与铁磁的相变等．本质上，相变是系统内部的分子(或原子、离子等微观粒子)间相互作用与分子热运动相互竞争的结果．分子间相互作用倾向于使系统有序，分子热运动倾向于使系统无序，二者的强弱对比随态参量(如温度与压强)的变化而变化，在适当条件下即发生相变．因而，若系统的分子间无相互作用，则不可能有相变．

在经典物理范畴内，理想气体的分子间除碰撞外无相互作用，因此理想气体没有相变[①]．实际的气体有相变，因为其分子间的相互作用不可忽略．

实验指出，物质系统在不同温度和压强范围内可以分别表现为气相、液相或固相．系统从气相转变为液相的过程称为凝结，反之称为汽化，如水与水蒸气的相互转变．系统从液相转变为固相的过程称为凝固或结晶，反之称为熔化，如冰与水的相互转变．系统从固相转变为气相的过程称为升华，反之称为凝华．常温常压下的干冰、樟脑丸等都有明显的升华现象，白炽灯的钨丝慢慢会变细也是升华现象．隆冬时节，极寒地区的“雾凇”，则是凝华现象．

固、液、气三相转变过程中，常伴有热量(相变潜热)的吸放和体积的变化．这

① 在量子物理范畴内，构成理想气体的大量微观粒子因全同性原理而具有统计关联，使得玻色子之间出现等效吸引作用，费米子之间出现等效排斥作用，因而可出现相变．例如，理想玻色气体可在极低温下发生相变，宏观量级的玻色子会在最低能级凝聚，即玻色-爱因斯坦凝聚．

是因为，系统的分子的有序排列被破坏或被增强，往往意味着分子间的相互作用能量升高或降低，系统需要吸收或释放相应的热量，并且体积发生变化．这一类伴随有热量吸放和体积变化的相变，称为**一级相变**．非一级相变，包括二级、三级……等相变，统称为连续相变．埃伦菲斯特(P. Ehrenfest，1880～1933)最早提出了相变的分类标准．本书中只讨论一级相变．

7.2.2 相图

为讨论简便，本章的相变内容仅涉及只包含单个组元的简单系统，简称单元简单系统．例如，水和冰的混合系统只含一个组元 H_2O，与之相关的准静态功只有一个体积变化功，则此系统为单元简单系统．

根据物态定理，单元简单系统只有两个独立强度量．实验指出，这样的系统在不同温度和压强范围，可以分别处在气相、液相或固相．因此，我们可以用温度和压强作为直角坐标，根据实验数据画出系统的相图，称为 p-T 相图，如图 7.2.1 所示．图中的三条曲线将图形分为三个区域，此三个区域分别是气相、液相和固相单相存在的温度和压强范围．在每一个区域内，温度和压强都可以独立改变．

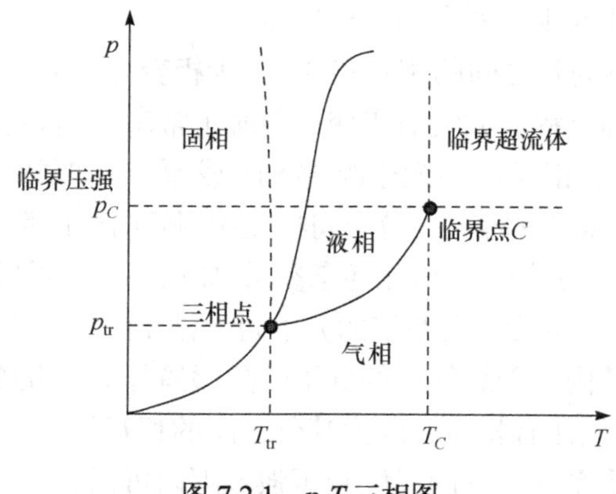

图 7.2.1 p-T 三相图

将液相区域和气相区域分开的曲线称为**汽化线**，其温度和压强间存在一定的函数关系．汽化线是液相和气相的两相平衡曲线，它代表液气两相平衡共存的状态．汽化线有一终点 C，当温度高于 C 点的温度时，系统以液气不分的状态存在，因而汽化线也不存在．C 点称为**临界点**(critical point)，相应的温度和压强称为**临界温度**(critical temperature)和**临界压强**(critical pressure)．例如，水的临界温度是 647.4 K，临界压强是 2.21×10^7 Pa．

将固相和液相分开的曲线称为熔化线，它是固相和液相的两相平衡曲线，代表固液两相平衡共存的状态．将固相和气相分开的曲线称为升华线，它是固相和气相的两相平衡曲线，代表固气两相平衡共存的状态.

汽化线、熔化线和升华线交于一点，称为**三相点**. 在三相点，固液气三相可以平衡共存. 三相点的温度和压强是确定的. 例如，水的固液气三相点温度为 273.16 K，压强为 611.93 Pa. 水的固液气三相点被用于定义国际单位制基本单位中的热力学温标.

图 7.2.2 是水的 p-T 相图，其左上方是高压下冰的相图，高压下的冰有八种不同的晶体结构，因而有八种不同的相. 图中显示，水有多个三相点.

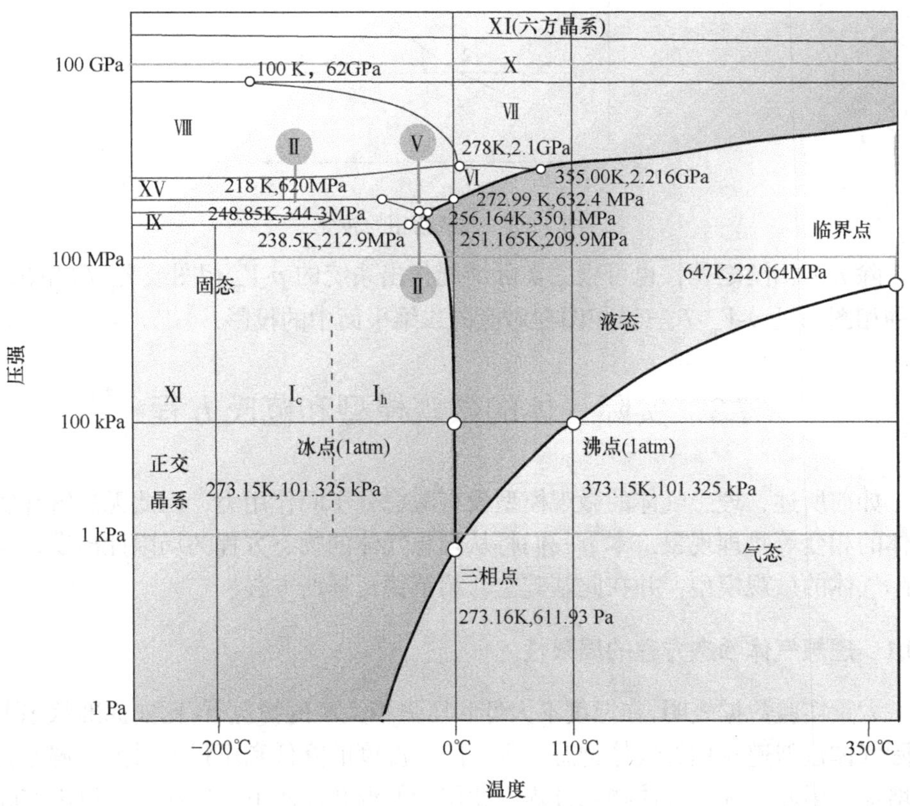

图 7.2.2　水的 p-T 相图

包括高压时冰的多种固态，可见水有多个三相点. 注意图中纵轴压强为对数坐标

我们以液气两相的转变为例，说明由一相到另一相的转变过程. 如图 7.2.3 所示，设系统开始处在由点 1 所代表的液相，压强为 p，温度为 T. 如果维持压强不变，缓慢地增加系统的温度，系统从外界吸收热量，体积将相应膨胀. 这样，系统的状态沿直线 1-2 变化，直到与汽化线相交于点 2，这时开始有液体汽化，并吸收热量(相变潜热). 在点 2，液气两相平衡共存. 如果系统吸收的热量不断

被液体汽化带走，物质将不断地由液相转变为气相，而保持温度和压强不变. 直到系统全部转变为气相后，如果仍保持压强不变而增加系统的温度，系统的状态将沿直线 2-3 变化.

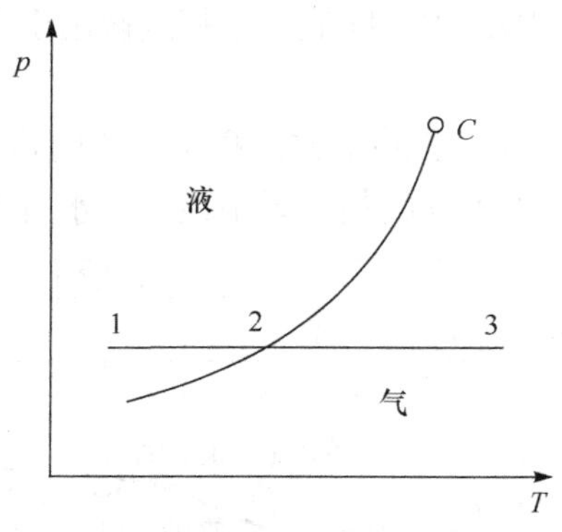

图 7.2.3 气液两相的转变

除 p-T 相图之外，也可根据实际情况作出系统的 p-V_m 相图或 V_m-T 相图. 这三种相图都是 p-V_m-T 三维相图在对应的二维平面中的投影.

7.3 实际气体的微观模型和范氏方程

如前所述，理想气体的微观模型没有考虑分子间作用力，因此无法解释实际气体的相变等物理现象. 本节我们将从理想气体的物态方程的局限性出发，建立实际气体的微观模型，并在此基础上介绍范德瓦耳斯方程.

7.3.1 理想气体物态方程的局限性

大量实验数据表明，在温度不太低和压强不太高的情况下，比如标准状态下，实际气体近似遵从理想气体物态方程. 随着温度的降低和压强的增大，偏差会逐渐增加. 因此，理想气体物态方程不适用于低温和高压下的气体，在讨论实际气体时，必须对其进行修正，使其能够更加全面地反映实际气体的客观性质.

理想气体的微观模型把气体分子看成是无引力的弹性质点，忽略了分子自身的大小(实际上没有考虑分子间的斥力)和分子间的引力. 如果气体处于极端情况(高压或低温)，分子间的平均距离减小，分子间的相互作用力不能忽略不计，理想气体的微观模型也就不再适用了.

我们先从理论模型入手，对理想气体的微观模型进行修正，在此基础上建立物态方程，以突出清晰的物理图像，同时计算又不会太过复杂.

7.3.2　范德瓦耳斯方程

我们已在 4.2 节中对分子力的性质和规律有了一定的了解. 在气体比较稠密的情况下，我们可以采用有引力的刚球模型，即势能函数满足

$$\begin{cases} \text{当} r > d \text{时}, & E_{\mathrm{p}} = -\dfrac{\beta'}{r^{t-1}} \\ \text{当} r \leqslant d \text{时}, & E_{\mathrm{p}} = \infty \end{cases}$$

此模型突出了实际气体的两个重要因素：分子间的引力和分子的体积(分子间的斥力).

1873 年，荷兰物理学家范德瓦耳斯(J. D. Van der Waals，1837～1923)利用上面的模型，对理想气体物态方程进行修正，得到了一个更适用于实际气体的物态方程，即范德瓦耳斯方程，简称**范氏方程**. 适用于范德瓦耳斯方程的气体，称为范德瓦耳斯气体，简称**范氏气体**.

为了简便起见，我们考虑 1 mol 理想气体，其物态方程为 $pV_{\mathrm{m}} = RT$.

1. 分子自身的体积所引起的修正

在理想气体模型中，分子被视为没有体积的质点，所以 1 mol 理想气体的体积 V_{m} 应理解为每一个气体分子(几何点)可以自由活动的空间，即容器有多大，分子活动的空间范围就有多大. 当我们考虑了分子的体积之后，每一个分子可以自由活动的空间减小了，不再是容器的容积 V_{m} ，而应该减去一个反映气体分子体积的修正量 b ，因此，1 mol 气体的物态方程变为 $p\left(V_{\mathrm{m}} - b\right) = RT$. 其中 b 表示 1 mol 分子处于最紧密状态时所占有的空间体积.

修正量 b 的大小不是 1 mol 气体所有分子体积的代数和，而应该更大一些. 因为如果将分子视为刚球，当刚球密集堆放时，各球之间肯定会留有空隙，如图 7.3.1 所示.

下面我们来估算 b 的大小. 假设一个分子 A 与另一个分子 B 发生碰撞，如图 7.3.2

图 7.3.1　刚球密堆积

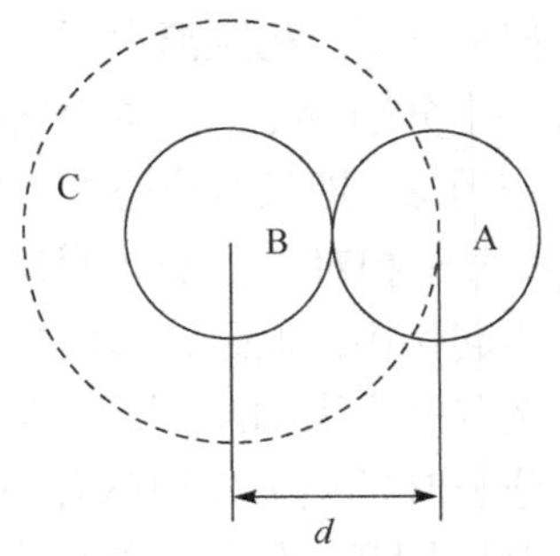

图 7.3.2　排开球示意图

所示，分子 A 的中心不能进入以 B 的中心为球心，以分子直径 d 为半径的球 C 的内部．我们称球 C 为排开球，表示由于自身和另一分子的体积所决定的不能自由进入的空间范围．排开球的体积为

$$V_C = \frac{4}{3}\pi d^3 = 8\times\frac{4}{3}\pi\left(\frac{d}{2}\right)^3 = 8V_0$$

式中，V_0 为单个分子的体积，于是排开球的体积是单个分子体积的 8 倍．由于碰撞是两个分子之间相互的作用，故当分子 B 碰撞分子 A 时，也拥有相同的排开球．因此排开球 C 的体积应为 A、B 分子所共有．这样，每一个分子应扣除的体积为排开球体积的一半，即单个分子体积的 4 倍．对于 1 mol 的气体，有 N_A 个分子，则总共应该扣除的体积，也就是修正量 b 为

$$b = N_A\times 4V_0 = 4N_A V_0$$

即 b 等于 1 mol 气体内所有分子总体积的 4 倍．

由于分子的有效直径的数量级为 10^{-10} m，所以 $b = 4\times N_A\times\frac{4}{3}\pi\left(\frac{d}{2}\right)^3 \sim 10^{-5}\ \mathrm{m^3/mol}$．在标准状态下，1 mol 气体的体积 $V_m = 22.4\times10^{-3}\ \mathrm{m^3/mol}$，修正量 $b \ll V_m$ (3 个数量级的差别)，故可以忽略．但是在高压下，例如压强增至 1000 atm，若假设玻意耳定律仍然成立，则 1 mol 气体的体积约为 $V_m' = 22.4\times10^{-6}\ \mathrm{m^3/mol}$，修正量 $b\sim V_m$ (数量级相同)．很显然，在此情况下必须要考虑分子自身的体积，修正量 b 就显得非常重要了，即

$$p(V_m - b) = RT \tag{7.3.1}$$

2. 分子间引力所引起的修正

分子力是短程力，并且斥力比引力的作用距离更短．当两个分子间的距离非常小时，例如碰撞的瞬间，分子力表现为强大的排斥力；当分子间的距离较远时，分子力表现为吸引力，且随距离的增加而迅速减小．引入 s 表示引力作用的有效距离，如果分子间的距离大于 s，分子力就可以忽略不计．如图 7.3.3 所示，气体内部有一个分子 A，以它的中心为球心，以 s 为半径作一个球体，该球形区域称为引力作用球，即只有中心处于球内的分子才能对分子 A 施以引力的作用．很显然，这些分子相对于分子 A 呈球对称分布，因此，它们对分子 A 的引力彼此抵消而整体不起作用．但是，如果是靠近容器壁的分子 B 呢？情况就不同了．靠近容器壁，选取厚度为 s 的一层气体，称为边缘层，分子 B 的中心在边缘层内．不难看出，分子 B 的引力作用球有一部分处于气体内，另一部分处于气体外，这就造成分子 B 受同类气体分子的引力不平衡，其总的效果表现为分子 B 受到一个与器壁垂直的、指向气体内部的引力 $\boldsymbol{f}$ 的作用．

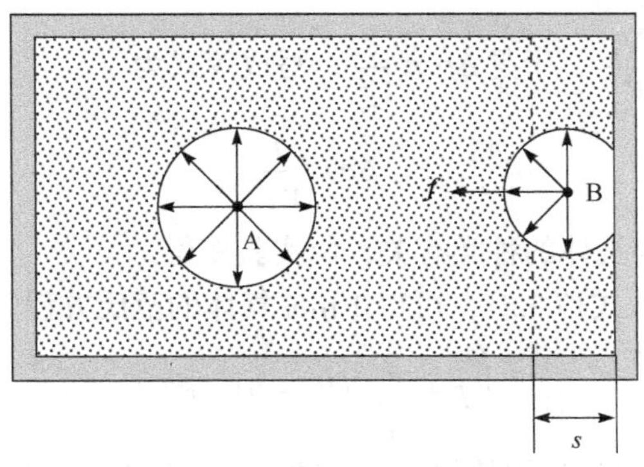

图 7.3.3　引力修正分析示意图

分子要和容器壁发生碰撞，必定会飞入边缘层. 而分子在边缘层内飞行的过程中,始终受到指向内部的引力作用,因而削弱了分子和器壁碰撞时速度的大小，也就削弱了分子和器壁碰撞时动量的变化,因此就削弱了分子施于器壁的压强.所以，考虑了分子间的引力作用，器壁实际测量的压强值要偏小一些，我们把这个偏差称为内压强，用 Δp 来表示，即此时气体施于器壁的压强为

$$p=\frac{RT}{V_{\mathrm{m}}-b}-\Delta p$$

即

$$\left(p+\Delta p\right)\left(V_{\mathrm{m}}-b\right)=RT \tag{7.3.2}$$

由于任何一个压强测量器均相当于一个器壁，所以实际测量的压强是 p，而内压强 Δp 不能直接测量，只能用间接方法进行计算.

从气体动理论的观点来看，压强是气体分子在单位时间内施于器壁单位面积上的冲量的统计平均值. 设 τ 为分子在边缘层内飞行的平均时间,按照动量定理,由于在边缘层内分子持续受到指向气体内部的引力作用，平均值记为 $\bar{f}$，于是分子碰撞器壁时，沿器壁法向（x 方向）的动量要减小，减小量为

$$\Delta\left(mv_x\right)=\bar{f}\tau$$

故分子碰撞器壁时，给予器壁的冲量为 $2\left[mv_x-\Delta\left(mv_x\right)\right]$，冲量减小的量值为

$$2\cdot\Delta\left(mv_x\right)=2\bar{f}\tau$$

单位时间内碰撞到单位器壁上的分子数 $\varGamma\propto n$，n 为单位体积内的分子数，即分子数密度，则内压强为

$$\Delta p=\varGamma\cdot 2\Delta\left(mv_x\right)=2\varGamma\bar{f}\tau$$

考虑到每个分子所受到的平均引力 $\bar{f}$ 和分子数密度 n 成正比，因为如果 n 增大，则引力作用球内的分子数增加，引力自然随之增大，同时 $\varGamma\propto n$。所以内压强

$\Delta p \propto n^2$．由于$n = \frac{N_A}{V_m}$，于是$\Delta p \propto \frac{1}{V_m^2}$，写成等式为

$$\Delta p = \frac{a}{V_m^2} \tag{7.3.3}$$

式中的比例系数a与气体的种类有关，由实验测得.

将式(7.3.3)代入式(7.3.2)，可得 1 mol 气体的范氏方程

$$\left(p + \frac{a}{V_m^2}\right)(V_m - b) = RT \tag{7.3.4}$$

对于质量为m'、体积为V的某种气体，摩尔质量为M，则

$$V_m = V / \frac{m'}{M}$$

将其代入式(7.3.4)，可以得到适用于任意质量气体的范氏方程

$$\left(p + \frac{m'^2}{M^2} \cdot \frac{a}{V^2}\right)\left(V - \frac{m'}{M}b\right) = \frac{m'}{M}RT \tag{7.3.5a}$$

即

$$\left(p + \frac{\nu^2 a}{V^2}\right)(V - \nu b) = \nu RT \tag{7.3.5b}$$

式中ν为气体的摩尔数.

3. 范德瓦耳斯常量a和b

范德瓦耳斯常量a和b均由气体的性质决定，其中a反映了气体分子间引力作用的大小，b反映了气体分子体积的大小，或气体分子间斥力作用的大小，它们的值可由实验进行测定.

例如可设计如下一个简单的实验：在一定温度T下，对 1 mol 的某种气体，给定两个确定的压强值p_1和p_2，测出其相应的摩尔体积$V_{m,1}$和$V_{m,2}$，将两组实验数据$(p_1,V_{m,1})$，$(p_2,V_{m,2})$代入式(7.3.4)，即可计算出a和b的大小．表 7.3.1 列出了某些气体的a和b的实验值.

表 7.3.1　某些气体的范德瓦耳斯常量 a 和 b 的实验测量值

气体	a_1 / ($\mathrm{kPa \cdot L^2 / mol^2}$)	b_1 / (L / mol)
氦(He)	3.45	0.024
氢(H_2)	24.32	0.027
氮(N_2)	141.86	0.039
氧(O_2)	137.80	0.032
二氧化碳(CO_2)	364.77	0.043
水蒸气(H_2O)	557.29	0.031

根据表 7.3.1 中的数据可以看出，对于不同种类的气体，a 值相差显著，但 b 值差别很小．易液化的气体(二氧化碳和水蒸气)的 a 比难液化的气体(氦和氢)的 a 高 1~2 个数量级，表明易液化的气体分子之间的引力强于难液化的气体分子之间的引力．而接近的 b 值，表明各种气体分子的体积接近，有效直径相差不大．

例 7.3.1　密封在钢瓶内的氧气，压强为 100 atm，钢瓶的体积是 1 L，试求钢瓶内氧气的温度．已知氧的密度 $\rho = 0.1\,\mathrm{kg/L}$．

解　氧气的质量 $m' = 0.1\times 1 = 0.1\,\mathrm{kg}$，$R = 0.082\,\mathrm{atm\cdot L/(mol\cdot K)}$，查表 7.3.1 可知，对于氧，$a = 137.8\times 10^3\,\mathrm{Pa\cdot L^2/mol^2} = 1.36\,\mathrm{atm\cdot L^2/mol^2}$，$b = 0.032\,\mathrm{L/mol}$，代入范氏方程(7.3.5)，得

$$\left(100+\frac{0.1^2\times 1.36}{32^2\times 10^{-6}}\right)\left(1-\frac{0.1}{32\times 10^{-3}}\times 0.032\right)=\frac{0.1}{32\times 10^{-3}}\times 0.082T$$

解得

$$T=\frac{113.3\times 0.9}{0.256}\approx 398\,(\mathrm{K})$$

如果依据理想气体物态方程，则

$$T=\frac{M}{m'}\frac{pV}{R}=\frac{32\times 10^{-3}}{0.1}\times\frac{100\times 1}{0.082}\approx 390\,(\mathrm{K})$$

4. 理想气体物态方程与范氏方程准确度的比较

无论是理想气体，还是范氏气体，都是从实际气体抽象出来的理想模型，前者是无引力质点模型，后者是在前者基础上考虑分子体积和分子引力而建立起来的有引力的刚球模型．所以理想气体物态方程与范氏方程都是实际气体物态方程的近似，只是后者较之前者能更准确地描述实际气体的行为．

我们选取温度为 0℃，压强为 1 atm 时，体积恰好为 1 L 的氮气，作为实验对象．实验中，维持氮气温度恒定不变，将其压强由 1 atm 逐渐增加至 1000 atm，分别测量出每一压强值下气体的体积，得到一组一组的 (p, V)，然后代入 pV 和 $\left(p+\frac{m'^2}{M^2}\frac{a}{V^2}\right)\left(V-\frac{m'}{M}b\right)$ 进行计算．

根据理想气体物态方程

$$pV=\frac{m'}{M}RT=1\,\mathrm{atm\cdot L}$$

即 pV 的值应保持恒定．

根据范氏方程

$$\left(p+\frac{m'^2}{M^2}\frac{a}{V^2}\right)\left(V-\frac{m'}{M}b\right)=\frac{m'}{M}RT=1\,\text{atm}\cdot\text{L}$$

即$\left(p+\frac{m'^2}{M^2}\frac{a}{V^2}\right)\left(V-\frac{m'}{M}b\right)$的值应保持恒定.

由表 7.3.2 中数据可以看出，当压强在 100 atm 以下时，无论是pV，还是$\left(p+\frac{m'^2}{M^2}\frac{a}{V^2}\right)\left(V-\frac{m'}{M}b\right)$的值都能很好地保持恒定$(\sim1.000)$，前者的误差不超过0.59%．但是当压强增加至500 atm时，按理想气体物态方程计算的结果产生了非常明显的误差，误差为39.0%；而按范氏方程计算的结果，误差只有1.4%．而当压强达到1000 atm时，前者的误差已超过100%，而后者的误差仅为1.7%．也就是说，在 1～1000 atm 的压强区间内，范氏方程比理想气体物态方程能更好地符合实验数据. 因此，在高压下，理想气体物态方程不再适用，但范氏方程仍能近似地适用，给出较为准确的结果.

表 7.3.2　在 0 ℃下，氢气在不同压强下的 pV 和 $\left(p+\frac{m'^2}{M^2}\frac{a}{V^2}\right)\left(V-\frac{m'}{M}b\right)$ 的值

p/atm	V/L	$pV/(\text{atm}\cdot\text{L})$	$\left(p+\frac{m'^2}{M^2}\frac{a}{V^2}\right)\left(V-\frac{m'}{M}b\right)$ /(atm·L)
1	1	1.000	1.000
100	0.9941×10^{-2}	0.9941	1.000
200	0.5241×10^{-2}	1.0483	1.009
500	0.2780×10^{-2}	1.3900	1.014
1000	2.0685×10^{-3}	2.0685	0.983

7.4　范氏气体的性质

7.4.1　范氏气体的内能

对于理想气体，由于忽略了分子间的作用力，因此其内能为所有分子热运动的动能和分子内原子间的振动势能之和．理想气体的内能只是温度的函数，与体积没有关系．我们在 5.4 节中已知道，1 mol 理想气体的内能为

$$U_{\text{m}}=\frac{1}{2}(t+r+2s)RT=C_{V,\text{m}}T+U_{\text{m}0}$$

而对于实际气体，其内能除了所有分子热运动的动能和分子内原子间的振动

势能之和以外，还应该加上分子间相互作用的势能．因此，实际气体的内能应与气体的体积有关．

下面以范氏气体为模型，来推导实际气体的内能公式．

首先分析实际气体的等温膨胀过程．气体在膨胀的过程中不仅要反抗外力做功，同时还要反抗分子间的引力做功．气体膨胀，分子间的距离增加，引力做负功，系统的分子引力势能增加．

根据 7.3 节的分析，气体反抗分子间引力所做的功也就是气体反抗内压强 $\Delta p=\dfrac{a}{V_{\mathrm{m}}^2}$ 所做的功．

假设 1 mol 实际气体在一无穷小的等温膨胀过程中体积的元增量为 $\mathrm{d}V_{\mathrm{m}}$，其反抗内压强所做的功为

$$đW=-\Delta p\mathrm{d}V_{\mathrm{m}}=-\frac{a}{V_{\mathrm{m}}^2}\mathrm{d}V_{\mathrm{m}}$$

因而系统的分子引力势能的增量为

$$\mathrm{d}U_{\mathrm{p}}=-đW=\frac{a}{V_{\mathrm{m}}^2}\mathrm{d}V_{\mathrm{m}}$$

积分得

$$U_{\mathrm{p}}=-\frac{a}{V_{\mathrm{m}}}+C$$

可以看出，分子引力势能的数值随气体体积的增大而减小．式中的 C 是积分常量，考虑到对于无限稀薄的气体$(V_{\mathrm{m}}\to\infty)$，引力势能 U_{p} 忽略不计，故 $C=0$，于是

$$U_{\mathrm{p}}=-\frac{a}{V_{\mathrm{m}}} \tag{7.4.1}$$

因此，1 mol 范氏气体的内能等于

$$U_{\mathrm{m}}=C_{V,\mathrm{m}}T+U_{\mathrm{m}0}+U_{\mathrm{p}}=C_{V,\mathrm{m}}T-\frac{a}{V_{\mathrm{m}}}+U_{\mathrm{m}0} \tag{7.4.2}$$

即相较于理想气体，多加了一个分子引力势能项．

讨论：(1) 当实际气体作等温膨胀时，摩尔体积由 $V_{\mathrm{m}1}$ 增至 $V_{\mathrm{m}2}$，内能必然增加，其增量 ΔU_{m} 为

$$\Delta U_{\mathrm{m}}=\frac{a}{V_{\mathrm{m}1}}-\frac{a}{V_{\mathrm{m}2}}$$

(2) 若实际气体的内能保持不变，$\Delta U_{\mathrm{m}}=0$，则当体积膨胀时，温度必然降低，温度的增量 ΔT 为

$$\Delta T=-\frac{a}{C_{V,\mathrm{m}}}\left(\frac{1}{V_{\mathrm{m}1}}-\frac{1}{V_{\mathrm{m}2}}\right)$$

7.4.2 范氏气体的焓与焦耳-汤姆孙效应

我们在 2.5 节中讨论了节流过程，也就是焦耳-汤姆孙效应，这是一个等焓的过程．对于理想气体，由于焓只是温度的函数，所以节流后温度不变．但对于实际的气体，实验表明，节流后温度会发生改变，降低或者升高．下面以范氏气体为例，来分析焦耳-汤姆孙效应．

1 mol 气体的范氏方程为

$$\left(p+\frac{a}{V_{\mathrm{m}}^{2}}\right)\left(V_{\mathrm{m}}-b\right)=RT$$

展开整理可得

$$pV_{\mathrm{m}}=RT+bp-\frac{a}{V_{\mathrm{m}}}+\frac{ab}{V_{\mathrm{m}}^{2}}$$

另一方面，由式(7.4.2)，1 mol 范氏气体的内能为

$$U_{\mathrm{m}}=C_{V,\mathrm{m}}T-\frac{a}{V_{\mathrm{m}}}+U_{\mathrm{m}0}$$

故 1 mol 范氏气体的焓为

$$H_{\mathrm{m}}=U_{\mathrm{m}}+pV_{\mathrm{m}}=\left(C_{V,\mathrm{m}}+R\right)T+bp-\frac{2a}{V_{\mathrm{m}}}+\frac{ab}{V_{\mathrm{m}}^{2}}+H_{\mathrm{m}0} \tag{7.4.3}$$

将上式代入节流过程的等焓公式 $H_{\mathrm{m}1}=H_{\mathrm{m}2}$，可得

$$U_{\mathrm{m}1}+p_1V_{\mathrm{m}1}=U_{\mathrm{m}2}+p_2V_{\mathrm{m}2}$$

即

$$\left(C_{V,\mathrm{m}}+R\right)T_1+bp_1-\frac{2a}{V_{\mathrm{m}1}}+\frac{ab}{V_{\mathrm{m}1}^{2}}=\left(C_{V,\mathrm{m}}+R\right)T_2+bp_2-\frac{2a}{V_{\mathrm{m}2}}+\frac{ab}{V_{\mathrm{m}2}^{2}}$$

式中，下标 1 标定节流前气体的相关物理量，下标 2 标定节流后气体的相关物理量．

由于 $p_1>p_2$，$V_{\mathrm{m}1}<V_{\mathrm{m}2}$，膨胀后气体温度的增量为

$$\Delta T=T_2-T_1=\frac{1}{C_{V,\mathrm{m}}+R}\left[b\left(p_1-p_2\right)-2a\left(\frac{1}{V_{\mathrm{m}1}}-\frac{1}{V_{\mathrm{m}2}}\right)+ab\left(\frac{1}{V_{\mathrm{m}1}^{2}}-\frac{1}{V_{\mathrm{m}2}^{2}}\right)\right] \tag{7.4.4}$$

上式表明，**焦耳-汤姆孙效应是分子间的引力与分子间的斥力相互竞争的结果．**

先考虑分子间的斥力所带来的影响，忽略分子间的引力，则令 $a=0$，此时式(7.4.4)化简为

$$\Delta T_1=\frac{b}{C_{V,\mathrm{m}}+R}\left(p_1-p_2\right)$$

由于节流过程 $p_1 > p_2$，且 $V_{m1} < V_{m2}$，必有 $\Delta T_1 > 0$，可见斥力(分子的体积)的影响是使系统节流后温度升高，产生的是制热效应，即负效应.

再考虑分子间引力带来的影响，忽略分子的体积，则令 $b=0$，那么式(7.4.4)化简为

$$\Delta T_2 = -\frac{2a}{C_{V,\mathrm{m}}+R}\left(\frac{1}{V_{\mathrm{m}1}}-\frac{1}{V_{\mathrm{m}2}}\right)$$

很显然，$\Delta T_2 < 0$，分子间的引力使系统节流后降温，产生的是制冷效应，即正效应.

对于实际的气体，升温或者降温取决于两种因素的影响哪个更占优势，也就是 ΔT 是大于零还是小于零，与气体的修正量 a 和 b 的大小、节流后的压强差等都有关，情况很复杂，因此节流之后，正负效应都是有可能的.

当然，对于理想气体，$a=0$，且 $b=0$，故 $\Delta T=0$，节流后温度保持不变.

7.5 范氏气体的气液相变*

7.5.1 范氏气体的等温线

把 1 mol 的范氏方程(7.3.4)乘以 V_{m}^2，得

$$pV_{\mathrm{m}}^3-(pb+RT)V_{\mathrm{m}}^2+aV_{\mathrm{m}}-ab=0 \tag{7.5.1}$$

这是关于 V_{m} 的三次方程，但只有一个解是合乎实际的. 图 7.5.1 是由上式绘制得到的范氏气体的等温线.

由图 7.5.1 可以看到，随着温度 T 的增加，曲线和理想气体的等温线 $pV_{\mathrm{m}}=$常量很接近，此时范氏方程中的修正项变得不那么重要了. 如果 $T<T_{\mathrm{C}}$，曲线和理想气体的等温线差别显著，在曲线上会出现压强的一个极大值和一个极小值，压强 p 随体积 V 的变化更加复杂. 而在两种类型的曲线之间有一条临界等温线，即 $T=T_{\mathrm{C}}$，曲线上有一个拐点，称为**临界点** CP(critical point).

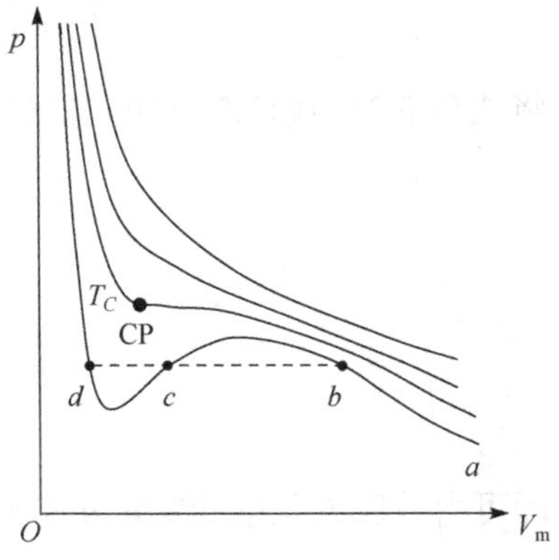

图 7.5.1 范氏气体的等温线

以处于恒温水浴中的气缸-活塞系统为例，我们缓慢地推动活塞压缩气体. 如果 $T<T_{\mathrm{C}}$，当气体达到压强的极大值点之后，压强将随着体积的减小而减小. 这是一段状态不稳定的区域，如果内外压强稍有偏差，压强的偏差就会越来越大. 因此这种状

态在实际中是不可能出现的，曲线中的这一部分应该用一段直线来代替，对应于气液相变，如图 7.5.1 中虚线所示.

7.5.2 范氏气体的气液相变

假设气体从 a 点开始被等温压缩，至 b 点气体进入液化的相变过程，此时压强将保持不变，而体积持续减小. 在 b 点和 d 点之间，液体和它的蒸气平衡共存. 最后在 d 点，气体完全液化. 在此之后曲线变得陡峭，表明液体很难被压缩. 当 $T \geqslant T_C$ 时，曲线上不再有压强的极值点，在等温压缩的过程中就不会出现气液共存的状态. 也就是在 T_C 之上，我们就无法利用等温压缩的方法来液化气体，无论压强有多大.

对于临界等温线上的拐点 CP，其相应的状态称为临界压强 p_C、临界摩尔体积 $V_{m,C}$ 和临界温度 T_C，它们可以用范氏方程中的常数 a、b 来表示.

把 $T = T_C$ 代入范氏方程，得

$$p_C = \frac{RT_C}{V_{m,C} - b} - \frac{a}{V_{m,C}^2} \tag{7.5.2}$$

拐点处具有水平的切线，其斜率为零，故

$$\left(\frac{\partial p}{\partial V_m}\right)_C = 0 = -\frac{RT_C}{\left(V_{m,C} - b\right)^2} + \frac{2a}{V_{m,C}^3} \tag{7.5.3}$$

且在拐点处，斜率的变化也应为零，即

$$\left(\frac{\partial^2 p}{\partial V_m^2}\right)_C = 0 = \frac{2RT_C}{\left(V_{m,C} - b\right)^3} - \frac{6a}{V_{m,C}^4} \tag{7.5.4}$$

将式(7.5.2)~式(7.5.4)联立求解，可得

$$\begin{cases} V_{m,C} = 3b \\ T_C = \dfrac{8a}{27Rb} \\ p_C = \dfrac{a}{27b^2} \end{cases} \tag{7.5.5}$$

即可由范氏方程中的常量 a 和 b 来确定临界参量. 同时，根据式(7.5.5)可得

$$a = \frac{27}{64}\frac{R^2T_C^2}{p_C}, \quad b = \frac{1}{8}\frac{RT_C}{p_C}$$

即可由实验测得临界参量后，由此来求解范氏方程的常量 a 和 b.

此外，在拐点 CP 处，范氏气体的临界参量满足

$$p_{\mathrm{C}}V_{\mathrm{m,C}}=\frac{3}{8}RT_{\mathrm{C}}$$

综上，范氏方程不仅修正了理想气体的物态方程，而且论证了气液混合物是以连续方式相互转化的．这是第一个能同时计算气液两相和临界点的方程．1910 年，范德瓦耳斯由于对气态和液态方程的研究而获得诺贝尔物理学奖．

7.6 实际气体的其他物态方程*

实际气体的物态方程是描述气体的热力学基本性质的最重要的函数之一，它给出了(p,V_{m},T)关系的解析式，可精确地代表某一范围内的(p,V_{m},T)的实验数据．目前已有 150 多种物态方程，但没有一个物态方程能够全面地描述所有实际气体的行为．一般而言，物态方程包含的物理规律越多，方程就越可靠，越精确，适用范围越广，模型也就越有价值．但是物态方程的准确度和方程形式的简单性是一对矛盾体．对于实际气体，建立其物态方程的方法有两种：以模型法为主，或以经验法为主．前者的代表是范氏方程，后者的代表是昂尼斯方程．

范氏方程考虑了分子的体积和分子间的引力，引入了两个修正常量，其特点是物理模型清楚，方程形式简单，在一定的压强范围之内具有普适性．但是作为一个简化模型，它的适用范围和精确度仍然是有限的．例如，对于二氧化碳和氨气等容易液化的气体，在 100 atm 时，范氏方程不能很好地描述其性质．在实际应用中，如果对精确度的要求很高，那么即使是在较低的压强下，范氏方程也是不适用的．

为了能够在更广的压强范围内获得更高的精度，我们需要增加更多的常量或更多的项．于是在范式气体模型的基础上，人们作了进一步的改进，得到了以下几个物态方程，现作简单的介绍．

7.6.1 贝蒂-布里奇曼方程

1928 年，贝蒂(J. A. Beattie)和布里奇曼(O. C. Bridgeman)提出一个具有 5 个常量的物态方程，即贝蒂-布里奇曼方程(Beattie-Bridgeman equation)，其形式较为简洁且精度较高

$$p=\frac{RT}{V_{\mathrm{m}}^{2}}\left(1-\frac{c}{V_{\mathrm{m}}T^{3}}\right)\left(V_{\mathrm{m}}+B\right)-\frac{A}{V_{\mathrm{m}}^{2}}$$

其中

$$A=A_{0}\left(1-\frac{a}{V_{\mathrm{m}}}\right),\quad B=B_{0}\left(1-\frac{b}{V_{\mathrm{m}}}\right)$$

该方程一般适用于$V_m > 2V_{m,C}$的情况，在临界点附近有较大的偏差. 表 7.6.1 给出了两类常用气体的 5 个常量的实验值.

表 7.6.1 B-B 方程中的 5 个常量值，$V(m^3/kmol)$，$T(K)$，$p(kPa)$

气体种类	A_0	a	B_0	b	$c'/\times 10^{-4}$
CO_2	507.2836	0.07132	0.10476	0.07235	66.00
N_2	136.2315	0.02617	0.05046	−0.00691	4.20

7.6.2 雷德利希-邝氏方程

R-K 方程在很宽的(p,V_m,T)的条件下具有极高的准确度，特别是当温度远高于临界温度时. 1949 年，犹太裔奥地利化学家雷德利希(O. Redlich，1896～1978)和美国华裔学者约瑟夫·邝(J. N. S. Kwong，1916～1998)基于实践经验，提出了一个物态方程，即雷德利希-邝氏方程(Redlich-Kwong equation,R-K 方程)

$$p=\frac{RT}{V_m-b}-\frac{a}{T^{1/2}V_m(V_m+b)}$$

式中的常量a和b仍然可以利用临界参量来获得，同范氏方程一样

$$a=0.4275\frac{R^2T_C^{2.5}}{p_C},\qquad b=0.0867\frac{RT_C}{p_C}$$

相较于范氏方程，它最明显的改进是改变了方程的内压强项，从而在较大的压强范围之内都收获了令人满意的结果，特别是在高压情况下. 若温度高于气体的临界温度，方程也具有很高的准确度，但是当温度低于临界温度时，则会出现较大的偏离，不能用于预测饱和蒸气压及气液平衡过程. 作为只包含有两个常量的方程，其保留了范氏方程形式的简单性，同时又提高了准确度，所以 R-K 物态方程是一个成功的改进方程.

7.6.3 彭-罗宾逊方程

为了提高气液平衡共存时数据的准确度，作为 R-K 方程的一种修正形式，华裔加拿大学者彭(D. Y. Peng，1943～)和他的导师罗宾逊(D. B. Robinson，1922～)于 1976 年提出了彭-罗宾逊方程(Peng-Robinson equation，P-R 方程)，增加了一个新的常量ω，用于提高临界点附近的精度：

$$p=\frac{RT}{V_m-b}-\frac{a\alpha}{V_m(V_m+b)+b(V_m-b)}$$

其中

$$\alpha=\left[1+S\left(1-T_r^{1/2}\right)\right]^2,\quad S=0.37464+1.54226\omega-0.26992\omega^2,\quad T_r=T/T_C$$

常量 a 和 b 的获取与范氏方程及 R-K 方程一致.

7.6.4 昂尼斯方程

昂尼斯(H. K. Onnes，1853～1926)方程尽管在形式上不是最简便的物态方程，却十分重要，因为它可以直接由统计力学推导出. 这个方程也被称为位力物态方程(virial equation of state). 它是通过增加方程中的叠加项来提高精度的典型例子

$$pV_m = A + \frac{B}{V_m} + \frac{C}{V_m^2} + \frac{D}{V_m^3} + \cdots \tag{7.6.1}$$

或者

$$pV_m = A' + B'p + C'p^2 + D'p^3 + \cdots \tag{7.6.2}$$

上两式中的 A，B，C，D,⋯ 和 A'，B'，C'，D',⋯ 分别称为第一、第二、第三、第四，⋯位力(Virial)系数，它们都是温度的函数，并与气体的性质有关，其大小需要通过不同温度下的实验来确定. 如果关于分子内部力的数学假设设定得适当，那么就能得到每一个维里系数的理论表达.

昂尼斯方程具有级数的形式，在实际应用中，可以根据所需精度要求的不同来确定选取的级数项的多少. 所要求的精度越高，级数项就越多，因此计算是比较麻烦的.

另一方面，理想气体物态方程和范氏方程也可以写成级数的形式. 对于理想气体物态方程 $pV_m = RT$ ，对比式(7.6.1)，可得第一位力系数为

$$A = RT$$

对于范氏方程 $p = \frac{RT}{V_m - b} - \frac{a}{V_m^2}$ ，改写为

$$pV_m = RT\left(1 - \frac{b}{V_m}\right)^{-1} - \frac{a}{V_m} \tag{7.6.3}$$

根据二项式定理，有

$$\left(1 - \frac{b}{V_m}\right)^{-1} = 1 + \frac{b}{V_m} + \frac{b^2}{V_m^2} + \frac{b^3}{V_m^3} + \cdots$$

代入式(7.6.3)可得

$$pV_m = RT + \frac{RTb - a}{V_m} + \frac{RTb^2}{V_m^2} + \cdots$$

对比式(7.6.1)，范氏方程的第一、第二、第三位力系数为

$$A = RT,\ B = RTb - a,\ C = RTb^2$$

可见昂尼斯方程的适用性很强，具有重要的理论和实验意义．在现在的理论研究中，通常采用这一类方程来进行计算．

7.7 固体的性质

物质系统的热学性质是系统的分子间作用力和分子热运动相互竞争的结果．在气体系统中，分子热运动通常占主导地位，分子力居于从属地位．相反，在固体系统中，特别是晶体中，分子间作用力通常占主导地位，而分子热运动居于从属地位．分子间作用力使固体分子作有序排列，每一个分子趋向于停留在其平衡位置;分子的热运动使每一个分子在其平衡位置做永不停歇的微小的振动.热振动是晶体中分子热运动的基本形式．固体的宏观性质，如结合能、弹性、热胀冷缩、热容等，都和分子间作用力与热运动有关．

7.7.1 固体的物态方程

第 1 章中，我们基于玻意耳定律、阿伏伽德罗定律与理想气体温标的定义，推导得到了理想气体的物态方程．此方程对于所有种类的理想气体都是成立的，具有统一的形式,其本质原因在于理想气体不考虑分子间相互作用(除了碰撞的那一瞬间).但是,热力学系统内部的分子间相互作用力通常是不可忽略的.特别地，固体内部的分子间作用力占主导地位，固体的物态方程千差万别，已不具有统一的形式．

固体的物态方程，一般可在实验测量的基础上获得．以各向同性的简单可压缩固体为例，我们可引入两个实验可测量的系数．

定义固体的体膨胀系数 β 为

$$\beta=\frac{1}{V}\left(\frac{\partial V}{\partial T}\right)_p$$

即在压强恒定的情况下，体积随温度的相对变化率．

定义固体的等温压缩系数 κ 为

$$\kappa=-\frac{1}{V}\left(\frac{\partial V}{\partial p}\right)_T$$

即在温度恒定的情况下，体积随压强的相对变化率．由于固体的体积随压强的增加而减小，等号右边有一个负号．

经验表明，通常情况下，固体的体积随温度或压强的改变是微小的，其原因在于固体的分子间作用力较强，因而分子的平均间距受外界因素影响较小．在满足此

条件下，可将固体的体积在温度 T_0 及零压强下的值 V_0 附近作泰勒级数展开，得

$$V(T,p)=V_0(T_0,0)[1+\beta(T-T_0)-\kappa p] \tag{7.7.1}$$

这就是**固体的物态方程**．其中 β 与 κ 可通过实验测量获得． β 的典型值为 $10^{-4}\ \mathrm{K}^{-1}$ 量级，κ 的典型值为 $10^{-10}\ \mathrm{Pa}^{-1}$ 量级．

7.7.2 固体的内能与熵*

从物质的物态方程出发，可求得物质的内能与熵．

根据热力学基本方程，即式(3.9-1b)，得

$$\mathrm{d}U=T\mathrm{d}S-p\mathrm{d}V \tag{7.7.2}$$

以 T ，V 为态参量，熵的全微分为

$$\mathrm{d}S=\left(\frac{\partial S}{\partial T}\right)_V \mathrm{d}T+\left(\frac{\partial S}{\partial V}\right)_T \mathrm{d}V$$

可得

$$\mathrm{d}U=T\left(\frac{\partial S}{\partial T}\right)_V \mathrm{d}T+\left[T\left(\frac{\partial S}{\partial V}\right)_T-p\right]\mathrm{d}V$$

另一方面，以 T ，V 为态参量，内能的全微分为

$$\mathrm{d}U=\left(\frac{\partial U}{\partial T}\right)_V \mathrm{d}T+\left(\frac{\partial U}{\partial V}\right)_T \mathrm{d}V$$

以上两式比较，得

$$\left(\frac{\partial U}{\partial T}\right)_V=C_V=T\left(\frac{\partial S}{\partial T}\right)_V \tag{7.7.3a}$$

$$\left(\frac{\partial U}{\partial V}\right)_T=T\left(\frac{\partial S}{\partial V}\right)_T-p \tag{7.7.3b}$$

定义自由能 $F=U-TS$ ，自由能可看作内能的一部分，因 U ，T ，S 均为态函数，F 也是态函数.代入式(7.7.2)对 F 求全微分，得

$$\mathrm{d}F=-S\mathrm{d}T+\text{đ}W$$

$$\mathrm{d}F=-S\mathrm{d}T-p\mathrm{d}V \tag{7.7.4}$$

另一方面，以 T ，V 为态参量， F 的全微分为

$$\mathrm{d}F=\left(\frac{\partial F}{\partial T}\right)_V \mathrm{d}T+\left(\frac{\partial F}{\partial V}\right)_T \mathrm{d}V$$

以上两式对比，可得

$$-S=\left(\frac{\partial F}{\partial T}\right)_V$$

$$-p=\left(\frac{\partial F}{\partial V}\right)_T$$

考虑到 F 求偏导数的次序可以交换，即

$$\frac{\partial^2 F}{\partial T\partial V}=\frac{\partial^2 F}{\partial V\partial T}$$

可得

$$\left(\frac{\partial S}{\partial V}\right)_T=\left(\frac{\partial p}{\partial T}\right)_V \tag{7.7.5}$$

将式(7.7.5)代入式(7.7.3b)得

$$\left(\frac{\partial U}{\partial V}\right)_T=T\left(\frac{\partial p}{\partial T}\right)_V-p \tag{7.7.6}$$

上式将物质的内能与物态方程联系起来了.事实上，麦克斯韦首先得到了式(7.7.6)，故此式被命名为麦克斯韦关系式之一.以上推导过程与物质的具体结构无关，具有普适性，当然也适用于固体.

由式(7.7.3a)与(7.7.6)可得，内能的全微分为

$$\mathrm{d}U=C_V\mathrm{d}T+\left[T\left(\frac{\partial p}{\partial T}\right)_V-p\right]\mathrm{d}V$$

积分可得

$$U=\int\left\{C_V\mathrm{d}T+\left[T\left(\frac{\partial p}{\partial T}\right)_V-p\right]\mathrm{d}V\right\}+U_0 \tag{7.7.7}$$

由式(7.7.3a)和式(7.7.5)可得，熵的全微分为

$$\mathrm{d}S=\frac{C_V}{T}\mathrm{d}T+\left(\frac{\partial p}{\partial T}\right)_V\mathrm{d}V$$

积分可得

$$S=\int\left\{\frac{C_V}{T}\mathrm{d}T+\left(\frac{\partial p}{\partial T}\right)_V\mathrm{d}V\right\}+S_0 \tag{7.7.8}$$

由式(7.7.1)可得，对于各向同性的简单可压缩固体

$$\left(\frac{\partial p}{\partial T}\right)_V=\frac{\beta}{\kappa}$$

$$T\left(\frac{\partial p}{\partial T}\right)_V-p=\frac{V-V_0+\beta V_0T_0}{\kappa V_0}$$

可得

$$U = \int C_V \mathrm{d}T + \frac{1}{2}\frac{\left(V - V_0 + \beta V_0 T_0\right)^2}{\kappa V_0} + U_0 \tag{7.7.9}$$

$$S = \int \frac{C_V}{T}\mathrm{d}T + \frac{\beta}{\kappa}V + S_0 \tag{7.7.10}$$

式(7.7.9)与式(7.7.10)即为简单可压缩固体的内能与熵.式中的 C_V，β，κ 均可通过实验测量获得.

7.7.3　固体的分子间作用力

固体的分子间作用力可以用固体量子论进行阐释与计算，但这种方法比较复杂．为了简便，通常采用半经验公式进行处理.

实验指出，不论固体的种类如何，其分子间作用力具有共性，即可以分为排斥和吸引两部分．当相邻两分子间的距离 r 较大时，吸引力大于排斥力，因而分子间相互吸引．随着距离 r 的减小，吸引力和排斥力都增大，但排斥力比吸引力增大得快，因此当距离 r 很小时，排斥力大于吸引力，分子间相互排斥．通常情况下，固体分子的相互作用能与气体分子间的势能相似，可以写成如下形式：

$$E_{\mathrm{p}} = \frac{b_m}{r^m} - \frac{a_n}{r^n} \quad (m > n) \tag{7.7.11}$$

式中，r 为两个分子中心之间的距离；b_m，a_n，m，n 都是正数，其值需要由实验来确定．式中的第一项为正，代表斥力引起的相互作用能，即**斥力势能**；第二项为负，代表引力引起的相互作用能，即**引力势能**．由于斥力势能比引力势能随距离的增加会减小得更快，故 $m > n$.

根据相互作用力

$$f = -\frac{\mathrm{d}E_{\mathrm{p}}}{\mathrm{d}r} \tag{7.7.12}$$

可以得到分子间作用力的表达式.

固体的分子间作用力，也称为**结合力或化学键**．结合力可根据固体分子的种类不同分为不同类型．固体的结合力主要有离子键、共价键、金属键、氢键和范德瓦耳斯键五种类型．当正电性元素和负电性元素组成晶体时，其结合力是离子键，如食盐 NaCl 晶体．当负电性元素组成晶体时，其结合力是共价键，如金刚石和硅晶体．当正电性元素组成晶体时，正离子与电子气之间的相互作用称为金属键．当有氢原子参与组成晶体时，氢原子与负电性原子组成共价键后氢原子几乎只剩带正电的原子核，可与其他负电性原子相互吸引，这样的晶体的结合力称为氢键，如冰和氟化氢晶体．外层已饱和的分子结合成晶体时，其相互作用力很微弱，与气体分子间的吸引力性质相同，称为范德瓦耳斯键，如许多有机物合成的晶体．对许多晶体，结合力不是单一的，而是综合性的．比如石墨，每一层内的单个碳原子有 4 个外层电子，其中 3 个以共价键与周围 3 个碳原子结合，另一个以金属键与层内所有碳原子相互作用，层与层之间则以范德瓦耳斯键相互结合．表 7.7.1 列出了各种化学键的 m 和 n 的通常取值．

表 7.7.1　各种化学键的 m 和 n

键型	离子键	共价键	金属键	范德瓦耳斯键
m	5-12	9-12	6-9	12
n	1	1	1	6

固体分子间的相互作用能与作用力可根据式(7.7.11)与式(7.7.12)画出，如图 7.7.1 所示．图中实线表示相互作用能，点线表示相互作用力．

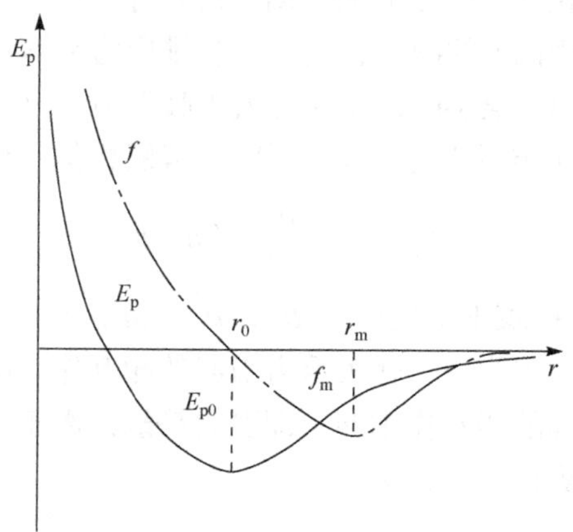

图 7.7.1　固体分子间的相互作用能与作用力

由图不难看出，在平衡位置 r_0 处， $f=0$ ，表示晶体不受外力作用时两相邻分子的距离．此时，能量最低， $E_p=-E_{p0}$ ．当 $r>r_0$ 时，能量曲线斜率 $\dfrac{dE_p}{dr}>0$ ， $f<0$ ，说明分子力为吸引力， $r=r_m$ 时引力达到最大值 f_m ．当 $r<r_0$ 时，能量曲线斜率 $\dfrac{dE_p}{dr}<0$ 且很陡峭，说明分子力为排斥力且迅速增长．

由固体分子间作用力的特点，可以定性理解晶体的**弹性**．当晶体受外力作用被拉伸时，沿拉伸方向上的分子之间的距离 r 增大， $r>r_0$ ，吸引力大于排斥力，结果晶体分子间相互作用表现为吸引力，以反抗外力作用；外力去掉后，在引力作用下，分子回到自己的平衡位置 r_0 ，因此晶体形变消失而呈现弹性．相反情况下，当晶体受外力作用被压缩时，沿压缩方向上的分子之间的距离 r 减小， $r<r_0$ ，

排斥力大于吸引力，结果晶体分子间相互作用表现为排斥力，以反抗外力作用；外力去掉后，在斥力作用下，分子回到自己的平衡位置 r_0，因此晶体形变消失而呈现弹性.

7.7.4　固体的结合能

从图 7.7.1 可以看出，如果外界给晶体提供的能量等于 E_{p0}，则可以将组成晶体的分子拆散. E_{p0} 越大，固体分子间的结合越强. 因此，能量 E_{p0} 称为**结合能**.

固体的结合能是可以用实验方法测定的. 以离子晶体为例，结合能的值可以通过将一定质量的晶体中的正负离子拆散为气态离子而测得. 因离子晶体通常不能直接转变为正负离子组成的气体，故结合能的值通常是间接测得的. 以范德瓦耳斯键结合的分子晶体是一个特殊的例外，因其可直接升华，测量升华热即得结合能. 测得结合能之后，联合压缩系数的实验数据，就可以求出式(7.7.11)中的四个常数.

固体的结合能也可由计算得到. 对于三维晶体，结合能的计算方法通常较为复杂. 对于一维的晶体，计算较为简便. 下面我们将以一维离子晶体为例，计算其结合能.

考虑由 N 个一价正离子和 N 个一价负离子交错排列形成的一维周期性结构，如图 7.7.2 所示. 除了最靠近两端的少数离子外，其他离子和周围离子间相互作用的情况相同. 我们首先选择其中任一正离子 A_0，讨论其与周围离子间的静电相互作用能，简称**静电势能**. 我们将看到，静电势能实质上是式(7.7.11)中的引力势能的来源.

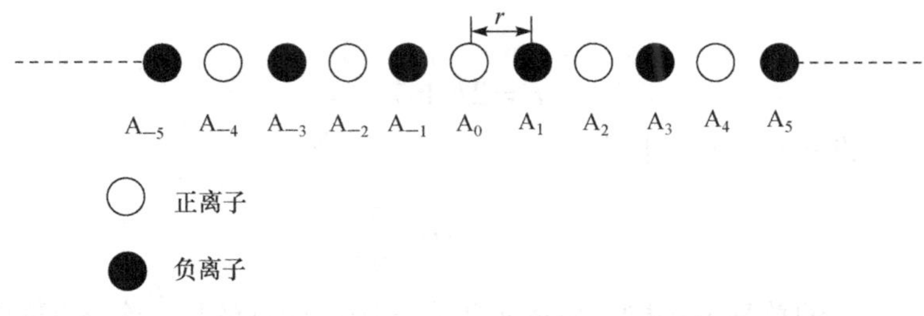

图 7.7.2　一维离子晶体的周期性结构

假设 A_0 离子所带电荷量为 +e，其临近两个负离子 A_1、A_{-1} 所带电荷量均为 −e，e 为基元电荷. 则 A_0 与 A_1 或 A_{-1} 的静电势能为

$$E_1 = -\frac{e^2}{4\pi\varepsilon_0 r} \tag{7.7.13}$$

式中，r 为相邻两个离子间的距离；ε_0 为真空中的介电常量.

其次，考虑 A_0 离子与相距为 $2r$ 的两个正离子 A_2、A_{-2} 的静电势能，其值均为

$$E_2 = \frac{e^2}{4\pi\varepsilon_0 \cdot 2r} = -\frac{1}{2}E_1$$

再次，考虑 A_0 离子与相距为 $3r$ 的两个负离子 A_3、A_{-3} 的静电势能，其值均为

$$E_3 = -\frac{e^2}{4\pi\varepsilon_0 \cdot 3r} = \frac{1}{3}E_1$$

同理，A_0 离子与其余更远处的离子的静电势能分别为

$$E_4 = -\frac{1}{4}E_1$$

$$E_5 = \frac{1}{5}E_1$$

……

于是，A_0 离子与所有其他离子的总静电势能为

$$E = 2(E_1 + E_2 + E_3 + E_4 + E_5 + \cdots) = 2E_1\left(1 - \frac{1}{2} + \frac{1}{3} - \frac{1}{4} + \frac{1}{5} - \cdots\right)$$

利用幂级数公式

$$\ln(1+x) = x - \frac{x^2}{2} + \frac{x^3}{3} - \frac{x^4}{4} + \frac{x^5}{5} - \cdots \quad (-1 \leqslant x \leqslant 1)$$

有

$$1 - \frac{1}{2} + \frac{1}{3} - \frac{1}{4} + \frac{1}{5} - \cdots = \ln 2$$

于是

$$E = 2E_1 \ln 2 \tag{7.7.14}$$

令 $\alpha = 2\ln 2$，则式(7.7.14)可写为

$$E = \alpha E_1 = -\alpha \frac{e^2}{4\pi\varepsilon_0 r} \tag{7.7.15}$$

即任意一个离子的总静电势能，可表示为它与距离最近的另一个离子的静电势能的 α 倍.

一个由 N 个正离子和 N 个负离子组成的一维点阵共有 $2N$ 个离子，除了两端少数离子之外，每个离子与所有其他离子的静电势能都是 E，于是整个晶体结构总的静电势能为

$$E_p'' = NE = -\alpha \frac{Ne^2}{4\pi\varepsilon_0 r} \tag{7.7.16}$$

E_p'' 即为式(7.7.11)中的引力势能．注意，若直接用 $2N \cdot E$ 来计算总能量，则每一个离子对能量的贡献均被重复计算了一次，故总能量为 NE ，而不是 $2NE$ ．

一般情况下，一价离子晶体的静电势能均可表示为式(7.7.16)的形式，但 α 的值会发生变化．在固体量子论中，我们把 α 称为离子晶体的**马德隆常数**(Madelung constant)，其值由晶体的结构所决定．例如，对于NaCl，$\alpha = 1.75$；对CsCl，$\alpha = 1.76$．

普遍而言，根据式(7.7.11)与式(7.7.16)，离子晶体的引力势能为

$$E_p'' = -\frac{a_n}{r^n} = -N\alpha\frac{e_1e_2}{4\pi\varepsilon_0 r}$$

式中，e_1、e_2 分别为两种离子所带电荷量的绝对值．

离子晶体的斥力势能 E_p' 同样与 N 成正比，故可写为

$$E_p' = \frac{b_m}{r^m} = N\frac{b}{r^m}$$

所以，对于离子晶体，其总相互作用能为

$$E_p = E_p' + E_p'' = N\left(\frac{b}{r^m} - \alpha\frac{e_1e_2}{4\pi\varepsilon_0 r}\right) \tag{7.7.17}$$

式中，r 为晶体中相邻两离子间的距离．

下面我们讨论参量 b 的计算式．我们知道，当相邻两离子处于平衡位置 $r = r_0$ 时，总相互作用能达到极小值，即

$$\left(\frac{dE_p}{dr}\right)_{r=r_0} = 0$$

有

$$N\left(-\frac{mb}{r_0^{m+1}} + \alpha\frac{e_1e_2}{4\pi\varepsilon_0 r_0^2}\right) = 0$$

得

$$b = \alpha\frac{e_1e_2}{4\pi\varepsilon_0 m}r_0^{m-1}$$

将上式代入式(7.7.17)，并令 $r = r_0$，得结合能 E_{p0} 为

$$E_{p0} = -E_p\big|_{r=r_0} = -N\left(\frac{b}{r_0^m} - \alpha\frac{e_1e_2}{4\pi\varepsilon_0 r_0}\right) = N\alpha\frac{e_1e_2}{4\pi\varepsilon_0 r_0}\left(1 - \frac{1}{m}\right) \tag{7.7.18}$$

例如，对于一价离子晶体NaCl，$e_1 = e_2 = e = 1.6\times10^{-19}$ C，$\alpha = 1.75$，平衡位置 $r_0 = 2.81\times10^{-10}$ m，$m = 9.4$，则 1 mol NaCl 晶体的结合能为

$$E_{p0} = \frac{6.023\times10^{23}\times1.75\times\left(1.6\times10^{-19}\right)^2}{4\pi\times8.85\times10^{-12}\times2.79\times10^{-10}}\times\left(1-\frac{1}{9.4}\right)\text{J/mol}$$
$$=7.65\times10^5\,\text{J/mol}$$

一般说来，固体的结合能越大，其熔点越高，热膨胀系数越小．表 7.7.2 中列出了 Na 的卤化物离子晶体的结合能及相关性能的数据．

表 7.7.2 某些气体的同种晶体构型结合能与性能间关系

材料	结合能(计算值) /($\times10^2$ kJ·mol^{-1})	熔点/℃	热膨胀系数 /($\times10^{-6}$℃$^{-1}$)	正负离子间距/nm
NaF	9.02	988	39	0.231
NaCl	7.65	846	40	0.281
NaBr	7.19	775	43	0.294
NaI	6.63	684	48	0.318

7.7.5 固体的热胀冷缩

固体中分子间作用力占主导地位，分子的热运动居于从属地位．但这并不意味着固体分子热运动可以忽略．事实上，固体分子总是在其平衡位置附近做永不停歇的振动．因分子的热运动本身具有的无规则性以及偏离平衡位置后的受力情况复杂，分子的热振动是十分复杂的．

一般情况下，固体具有“热胀冷缩”的性质．这个性质只有同时考虑分子间作用力与分子热振动时才能得到解释．

固体分子因相互作用力处在其平衡位置附近，故初始动能 E_k 小于势能 E_p，系统的总能量为负值，总能量曲线(水平虚线)位于横轴下方．考虑两个相邻的固体分子，r_0 为分子热振动的平衡位置．由图 7.7.3 所示的能量曲线知道，分子在平衡位置附近振动时，分子间最近的距离是 r_1，最远的距离是 r_2，分子间的平均距离是 $\bar{r}=(r_1+r_2)/2$．固体未受热时，$\bar{r}=r_0$．当固体受热温度增加时，系统的总能量增加，总能量曲线上移．但由于**引力势能和斥力势能的不对称性**(或引力和斥力的不对称性)，在总能量曲线上移过程中，(r_2-r_0) 增长得比 (r_0-r_1) 更快，因此平均距离 $\bar{r}$ 随着温度增加将增大(如图 7.7.3 中曲线 OO' 所示)，$\bar{r}>r_0$，即固体受热后体积增大．同理，可说明晶体遇冷时体积缩小．类似地，绝大多数液体也具有“热胀冷缩”的性质．通常物质受热从固体相变为液体时，体积也会增大．

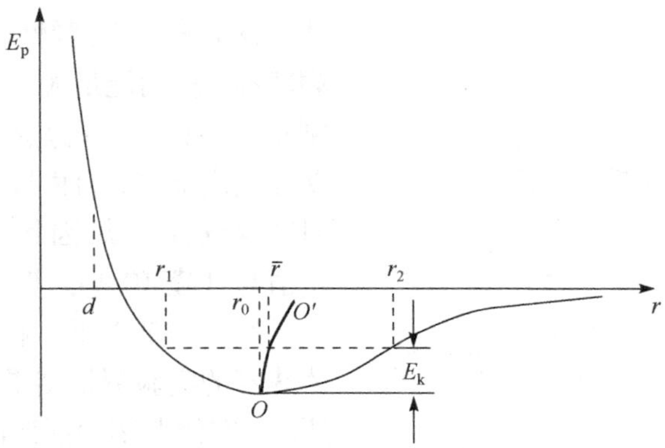

图 7.7.3 分子相互作用能 E_p 随间距 r 的变化

水平虚线表示系统的总能量 E

然而也有例外．水在 4℃时的密度最大，比冰更大；在温度由 0℃上升到 4℃的过程中，水的密度逐渐加大；温度由 4℃继续上升的过程中，水的密度逐渐减小．水在 0～4℃的范围内呈现出“冷胀热缩”的性质，它与水分子含有的特殊的氢键有关．水的这一特殊性质，对于地球上的生命有重要意义．隆冬时节，江河湖泊底部为 4℃的水，密度最大，水面为 0℃的水或更低温度的冰，密度较低．这样，热对流无法形成，而且水面的冰层会阻碍寒流侵袭，从而不会出现整个水体都结冰、所有水中生物都失去生命的状况．

7.7.6 固体的热容

固体中的分子的热运动，对固体的热容有显著贡献．

由于固体中的分子被约束在其平衡位置附近，故它们既没有平动，也没有转动，只有振动．每个分子可以沿空间任意方向振动，故有相互垂直的 3 个振动自由度．按能均分定理，每个振动自由度对应着一个动能和一个势能共两个平方项的能量，具有平均能量 kT，每个粒子的平均总能量为 $3kT$，故 1 mol 固体的内能为

$$U_m = N_A \cdot 3kT = 3RT$$

则固体的摩尔热容为

$$C_m = 3R$$

这个结果在“充分高”的温度下已被实验所验证，称为**杜隆-珀蒂定律**．

对于大多数固体，常温已经充分高了，即常温下其摩尔热容与杜隆-珀蒂定律符合得很好．但有一些弹性模量很大的晶体，如金刚石、硅、硼等，1000℃以上

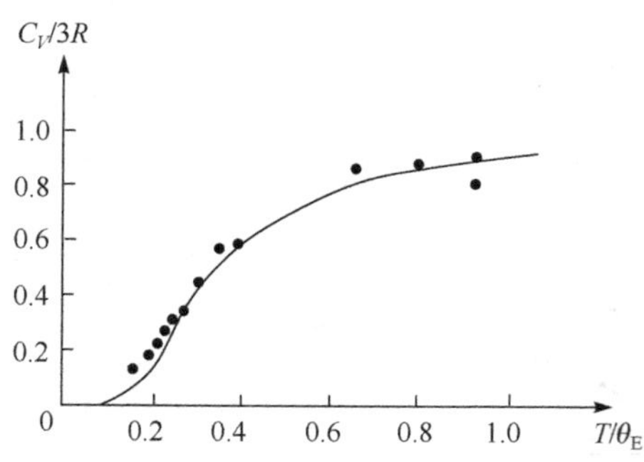

图 7.7.4　金刚石的热容
点是实验数据，曲线是理论值．其 $\theta_E=1320K$，是爱因斯坦理论获得的“足够高”的温度

才可认为充分高．弹性模量大意味着振动频率高，振动能量大．所以在常温下，金刚石等晶体对应的热振动无法从低能级跃迁到高能级，自由度被“冻结”，从而对热容没有贡献，因此常温下摩尔热容测量值与杜隆-珀蒂定律的结果有偏离．

然而在低温下，杜隆-珀蒂定律与固体热容的实验测量结果不符，如图 7.7.4 所示．在经典物理框架内，此问题是无法解决的．1907 年，爱因斯坦率先利用普朗克(M. K. E. L. Planck，1858～1947)的量子化假设分析固体的热容，认为晶格中的每一个原子的振动都应是三维量子谐振子，成功地解释了固体热容随温度下降的实验事实．值得一提的是，这样的量子化解释出现在现代量子力学建立起来之前许多年，固体热容的量子谐振子解释与光电效应的光量子解释一起，成为量子化假设正确性的最早、最重要的证据．

7.8　液体的性质*

液体是分子间作用力和分子热运动势均力敌的状态，二者的相互竞争使得液体具有两个特点：(1)液体分子在平衡位置附近作微小的振动，液体体积不容易改变；(2)平均而言，液体分子平衡位置每隔一段时间 τ (定居时间)就变换一次，液体形状容易改变．统计物理可以证明，定居时间近似满足

$$\tau=\tau_0 e^{\frac{E_a}{kT}} \tag{7.8.1}$$

式中 E_a 为分子离开平衡位置的激活能，τ_0 为分子在平衡位置的振动周期．

7.8.1　液体的物态方程，内能与熵

由于分子间作用力较强，液体和固体类似，其体积随温度或压强的改变是微小的．因此，可将液体体积在温度 T_0 及零压强下的值 V_0 附近作泰勒级数展开，得

$$V(T,p)=V_0(T_0,0)[1+\beta(T-T_0)-\kappa p]$$

这就是液体的物态方程．

类似地，可以求得满足简单系统要求的液体的内能与熵的表达式，即式(7.7.9)与式(7.7.10)．

7.8.2　液体的输运性质

液体具有流动性，输运性质是其重要性质之一．我们在第六章讨论了气体系统的输运性质，其本质原因在于分子的无规则热运动．下面我们将看到，液体的输运性质与分子的无规则热运动和分子间作用力都有密切关系．

1．液体中的黏性

一切实际的液体或多或少地都带有黏性．以黏性较强的甘油为例，一个玻璃管的下部装有白色甘油，上部装有染上颜色的甘油，如图 7.8.1(a)所示．打开开关 K 让甘油慢慢地流出，过一段时间后，两部分甘油的界面像图上所画的那样，在中央处出现了突出部分．可以观察到，附着在管壁上的甘油流速为零，距离管壁越远的甘油流速越大，管中心处流速最大．如果沿着管轴方向作一个剖面，则从管壁到管的中心速度分布情况如图 7.8.1(b)所示．

我们可以把管中甘油看成是由一系列圆筒状薄层构成．实验表明，相邻两液体薄层存在层间相互运动，层与层之间沿着层面存在切向的黏性力．对于甘油这样黏性较大的流体，在直径不大的管中以较慢的速度流动时，便会出现这种各薄层流动速度不同的层流状态．在图 7.8.1(c)中，设层流的速度沿 z 轴方向逐步增大，由实验可知，在坐标 z_0 处，面积为 dA 的相邻两流层之间的黏性力 f 为

$$f=\eta\left(\frac{\mathrm{d}u}{\mathrm{d}z}\right)_{z_0}\mathrm{d}A \tag{7.8.2}$$

式中 η 为流体的黏性系数．

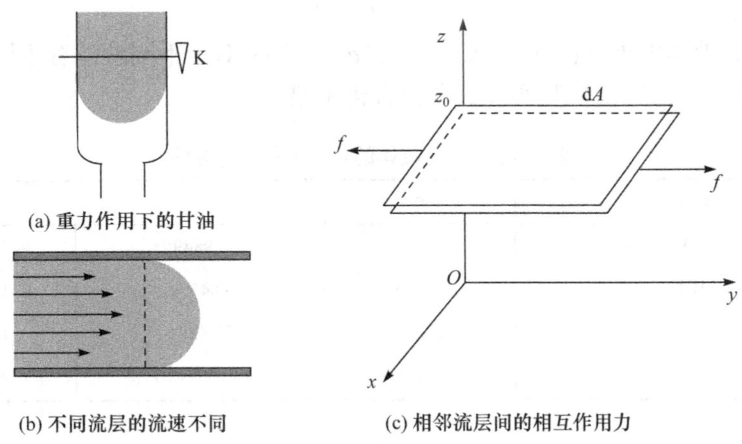

(a) 重力作用下的甘油

(b) 不同流层的流速不同

(c) 相邻流层间的相互作用力

图 7.8.1　甘油的黏性

表 7.8.1　水与轻机油的黏性系数随温度的变化

水	T/℃	20	40	100
	$\eta/(\text{Pa}\cdot\text{s})$	1.005×10^{-3}	6.56×10^{-4}	2.84×10^{-4}
轻机油	T/℃	15.6	37.8	100
	$\eta/(\text{Pa}\cdot\text{s})$	114×10^{-3}	34.2×10^{-3}	4.9×10^{-3}

如表 7.8.1 所示，液体的黏性系数与温度有密切联系：温度越低，黏性系数越大．这一特性与液体分子的定居时间τ有关．τ越长，平均而言液体分子变换平衡位置的时间越长，液体的流动性越差，因而显示出液体的黏性就越大．实际上，液体的黏性系数η和定居时间τ成正比．由于定居时间近似满足$\tau=\tau_0 e^{\frac{E_a}{kT}}$，故

$$\eta=\eta_0 e^{\frac{E_a}{kT}} \tag{7.8.3}$$

η_0是一个和温度关系不大的系数．上式称为费朗克尔-安德逊等式，它表明，液体黏性系数η与温度呈指数关系，当温度降低时，η增大；当温度升高时，η很快减小．这与实验观测的结果是一致的．

由于激活能E_a取决于液体分子之间的作用力，式(7.8.3)表明，液体的黏性力是两层分子之间存在吸引力的结果，这与气体的黏性力主要由交换粒子的定向动量所引起不同．

液体的黏性系数η还常用另一个经验公式来表示

$$\eta=\frac{c}{(a+T)^n} \tag{7.8.4}$$

式中T代表液体的温度(单位为℃)，常数a、c和n对于不同液体有不同的值，如表 7.8.2 所示．计算结果和实验数据符合得不错．

表 7.8.2　几种液体的 a、c 和 n 的数值

物质 z	a	c	n
水(从 5.74～100℃)	43.252	5.9849	1.5423
戊烷	165.950	19.4590	1.7295
三氯甲烷	168.330	20.4244	1.6196
乙醇	209.630	25.1908×10^{7}	4.3731

2. 液体中的热传导

液体中的热传导是靠其平衡位置附近的分子热振动将热运动能量逐层传递而实现的，这种机制和气体不同，但和固体是相似的．由于这种机制传递热量的速

率小，通常情况下，液体的导热系数很小. 在需要加速液体热交换时，通常利用对流现象.

例如，在图 7.8.2 中，将水倒入试管，并用酒精灯将试管上端加热，此种情形下只有热传导，但不会有对流发生. 实验显示，当试管上部的水沸腾时，试管下部的水仍是冷的. 如果水温原来是 0℃，用一个砝码把冰块坠到管底，则将发现冰块不会融化. 这说明水的导热系数是很小的. 若把酒精灯移动到试管下端加热，则有对流发生，一段时间之后，试管下部与上部的水都将沸腾.

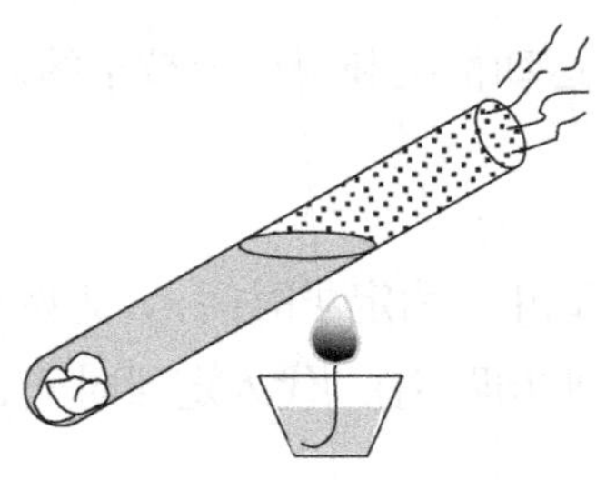

图 7.8.2　液体的导热系数很小

液态金属是例外的情况. 因有金属原子外层电子形成的自由电子气导热，所以液态金属的导热系数很大，且和导电率是成正比的. 表 7.8.3 列出了几种物质处在液态时导热系数的值.

表 7.8.3　几种物质在液态时的导热系数

物质	导热系数 /(J/(m·s·K))	物质	导热系数 /(J/(m·s·K))
水(20℃)	5.97×10^{-1}	氢(16 K)	1.09×10^{-1}
乙醇(250℃)	1.80×10^{-1}	氧(80 K)	1.63×10^{-1}
甘油	2.85×10^{-1}	水银(0℃)	8.40
铅(350℃)	16.0		

3. 液体中的扩散

与气体和固体中发生的扩散过程一样，液体分子在空间上分布不均匀时，分子由于热运动会从密度大处向密度小处进行扩散，扩散的宏观规律也是相同的.

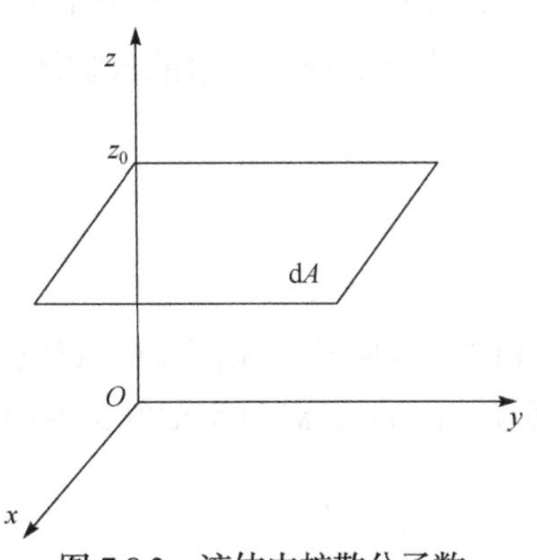

图 7.8.3　液体中扩散分子数密度沿 z 轴正方向增大

在图 7.8.3 中，设扩散分子的数密度沿 z 轴方向逐步增大，在 $\mathrm{d}t$ 时间内，通过垂直于 z 轴的截面面积 $\mathrm{d}A$ 的分子数为

$$\mathrm{d}N=-D\left(\frac{\mathrm{d}n}{\mathrm{d}z}\right)_{z_0}\mathrm{d}A\mathrm{d}t \qquad (7.8.5)$$

式中的 $\left(\frac{\mathrm{d}n}{\mathrm{d}z}\right)_{z_0}$ 是截面 $\mathrm{d}A$ 所在 z_0 坐标处的分子数密度梯度，D 是液体的扩散系数.

实验结果表明，液体分子的扩散系数比固体中稍大，而气体分子的扩散系数要比液体分子的扩散系数大 10^5 倍. 这说明液体分子的热

运动情况和固体中粒子的运动情况相似，扩散机制也相似．自扩散系数为

$$D=\frac{1}{6}\frac{\delta^2}{\tau} \tag{7.8.6}$$

式中 τ 为定居时间，δ 为两相邻平衡位置间的平均距离(数量级为液体分子之间的平均距离)．代入定居时间 τ 和温度 T 之间的关系 $\tau=\tau_0 e^{E_a/kT}$ ，得

$$D=\frac{1}{6}\frac{\delta^2}{\tau_0}e^{-E_a/kT}=D_0 e^{-E_a/kT} \tag{7.8.7}$$

式中 D_0 是一个和温度关系不大的系数．可见扩散系数随着温度的升高增加得很快，这一点和实验观察的结果完全吻合．

表 7.8.4　液体中物质的扩散系数

扩散物质	扩散于	温度/℃	扩散系数/ (m^2/s)
食盐	水	10	9.3×10^{-10}
糖	水	18	3.7×10^{-10}
金	铅熔液	490	4.6×10^{-12}

由表 7.8.4 可见，液体的扩散系数很小，扩散过程进行缓慢，因而在没有搅动或对流的情况下，液体浓度不容易趋于均匀．当对流不存在时，气体浓度趋于均匀的过程可以在几秒钟或几分钟内完成，而在液体中则可能长达几天甚至几个月．例如，水分子在平衡位置的振动周期为 $\tau_0\approx10^{-13}\text{ s}$ ，$E_a\approx1.3\times10^4\text{ J/mol}$ ，因而，在室温 $T=300\text{ K}$ 时，$\tau=\tau_0 e^{E_a/kT}\approx10^{-11}\text{ s}$ ．这一数据表明，平均而言，水分子在平衡位置振动 100 次以后，即经过 10^{-11} s 的时间，才从一个平衡位置转向另一个平衡位置．两相邻平衡位置的平均距离为 $\delta=3\times10^{-10}\text{ m}$ ．所以，水的自扩散系数为 $D=\frac{1}{6}\frac{\delta^2}{\tau}\approx1.5\times10^{-9}\text{ m}^2/\text{s}$ ．

7.8.3　液体的表面性质

液体的表面性质具有显著的特点，与气体和固体不尽相同.通常所说的液体的表面，是指液体与自身蒸气或另一种介质(包括盛装液体的容器壁)接触的交界面．下面我们将作简单介绍．

1. 表面张力与表面自由能

经验表明，液体的表面有如紧张的弹性薄膜，有收缩的趋势．例如，钢针可

以放在水面上不下沉，仅将液面压下略显弯形，如图 7.8.4 所示；荷叶上的小水珠和焊接金属时的小滴焊锡呈现球形．这些现象说明，液体表面内存在着张力．

表面张力的存在很容易由实验进行观测和分析．取一个金属圆环，沿其直径方向系一条棉线，然后将其浸入肥皂液中形成一圆形肥皂膜，如图 7.8.5(a)所示．用手指把棉线一边的肥皂膜戳破，则棉线在表面张力的作用下成圆弧状，而液膜呈弯月形，如图 7.8.5(b)所示．取一个钢丝做成的矩形框，如图 7.8.5(c)所示，框的 AB 边可以在框架上自由滑动．将框架浸入浓肥皂液后取出，框架上形成一个矩形肥皂膜 $ABCD$，用手扶住 AB 两端，即加以外力 $\boldsymbol{f}_{ex}$，液膜面积可保持不变．如果撤去外力，则可观察到液膜自动收缩，如图 7.8.5(d)所示．上述实验说明表面张力的存在，同时指出表面张力垂直于膜的边界线且与液面相切．

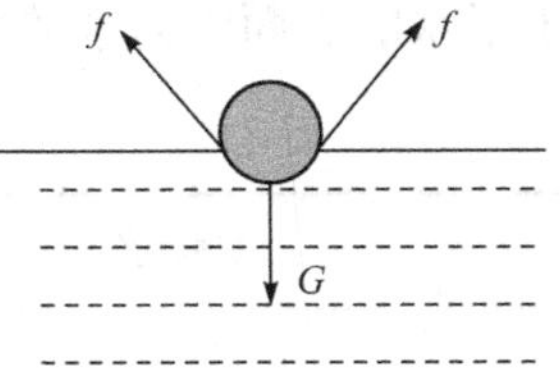

图 7.8.4 钢针漂浮在水面上

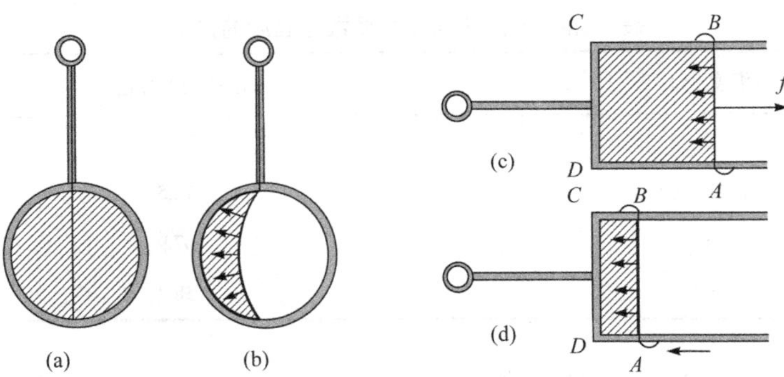

图 7.8.5 液体表面的自由收缩效应

表面张力的大小可以用表面张力系数 α 来描述．设想在液面上作一长为 L 的线段，如图 7.8.6 所示，则线段两边液面以一定的拉力 $\boldsymbol{f}$ 相互作用，而且力的方向恒与线段垂直，力的大小与线段长 L 成正比，即

$$f = \alpha L \tag{7.8.8}$$

式中的比例系数 α 即为液体的表面张力系数，其数值等于液面上作用在单位长度线段上的表面张力.注意在图 7.8.5(c)的实验中，因液膜有两个表面，所以钢丝 AB 受力平衡时有

$$f_{ex} = 2f = 2\alpha \cdot \overline{AB}$$

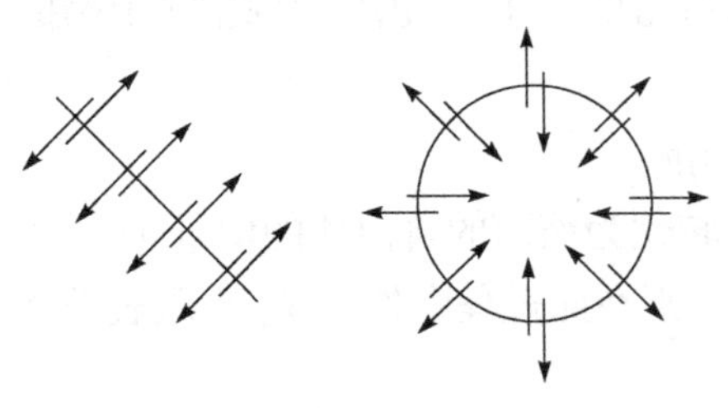
图 7.8.6 液体表面到处存在彼此对拉的表面张力

表面张力系数与液体温度有关，也与

液体种类以及与液体相邻的物质种类有关．一般说来，温度越高α值越小，易挥发的液体α值小．表 7.8.5 列出了在室温下某些液体的表面张力系数．表 7.8.6 给出了水的表面张力系数与温度的关系．

表 7.8.5　一些液体的表面张力系数

液体种类	温度/℃	α /(10^{-3}N/m)
水(与空气)	18	73
水银(与空气)	18	490
水银(与水)	20	472
酒精(与空气)	18	23
肥皂水(与空气)	20	40

表 7.8.6　水的表面张力系数与温度的关系

温度/℃	α /(10^{-3}N/m)
0	75.6
20	72.5
50	67.9
100	58.8

此外，表面张力还与液体所含杂质有关．能使表面张力系数减小的杂质称为表面活性物质，例如皂类、洗涤剂等就是表面活性物质，一般而言，醇、酸、醛、酮等有机物质大都是表面活性物质．在冶金工业上，为了促进液态金属结晶速度加快，就在其中加入表面活性物质，例如，在钢液结晶时加入少量的硼．

由于液体有自动收缩的趋势，因此若要增大液体表面须克服表面张力做功．考虑液面的自由能$F=U-TS$，其全微分为$\mathrm{d}F=\mathrm{d}U-T\mathrm{d}S-S\mathrm{d}T$．由式(3.9.1b)知，$\mathrm{d}U=T\mathrm{d}S+đW$．故

$$\mathrm{d}F=-S\mathrm{d}T+đW$$

考虑等温过程，$-S\mathrm{d}T=0$，$\mathrm{d}F=đW$，即$đW$转化为液面的自由能的增量$\mathrm{d}F$．由图 7.8.5(c)和(d)可以看出，若使AB边右移$\mathrm{d}x$，则在此过程中外力f_{ex}克服表面张力所作的功为

$$đW=f_{\mathrm{ex}}\mathrm{d}x=2f\mathrm{d}x=\alpha\cdot 2\overline{AB}\mathrm{d}x=\alpha\mathrm{d}A$$

式中$\mathrm{d}A$表示AB边移动$\mathrm{d}x$时液膜的两个表面所增加的总面积．则

$$\alpha = \frac{dF}{dA} \tag{7.8.9}$$

此式表示，表面张力系数在数值上等于在等温条件下液体表面增加单位面积时所增加的自由能.表面的自由能是内能的一部分，是在等温条件下能够转变为机械功的那一部分“有用能”.

从微观的角度看，液体表面并不是一个真正的几何面，而是一个厚度为分子力有效作用距离(数量级为10^{-9} m)的薄层，称为表面层. 考虑表面层中任一分子B.若以B为球心，以分子力有效作用距离为半径作一个球面，则此球有一部分落在液体之外，如图 7.8.7，因而B与在液体内部的分子A相比少了一些能吸引它的液体分子，使得引力所引起的势能的绝对值小了一些.引力势能是负值，所以表面层中液体分子的势能比液体内部的势能要高. 表面积越大的液面，表面层中分子数越多，表面总势能越高，但系统的能量越小越稳定，因此液体表面积有缩小的趋势. 而液体又极不容易被压缩，即体积基本不变. 这样，体积一定的条件下的表面缩小趋势使液面呈现紧张状态而产生表面张力. 因体积一定时球形表面积最小，由此可知自由状态下的液滴形状通常接近于球形.

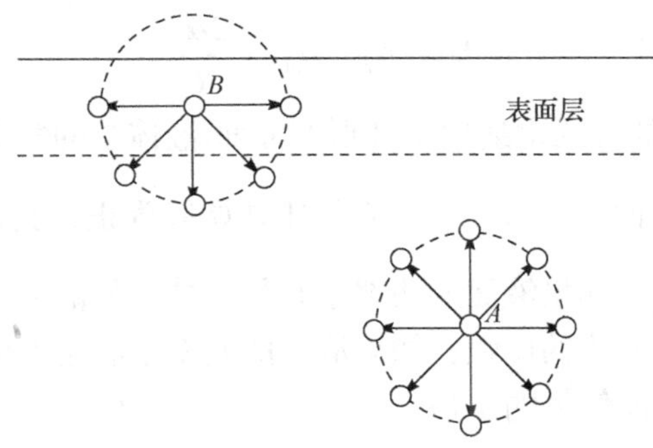

图 7.8.7 表面层内的分子与液体内部分子的受力情况不同

2. 弯曲液面下的附加压强

日常生活中，经常看到液体表面是弯曲的. 如果液面的曲率中心是液体，如液滴，称为凸液面；如果液面的曲率中心是气体，如水中的气泡，则称为凹液面. 由于表面张力的作用，弯曲的液面内部(即由液面指向曲率中心的方向)接近液面处的压强p_{in}与液面外部的压强p_{out}之间存在压强差，此压强差$\Delta p = p_{\mathrm{in}} - p_{\mathrm{out}}$称为弯曲液面的附加压强.

考虑如图 7.8.8 所示的球形凸液面(液滴)，则液面自由能$F = U - TS$的全微分为

$$dF = -SdT + đW$$

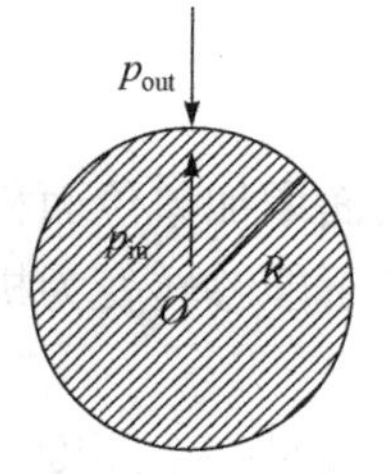

图 7.8.8　球形凸液面内外压强

设液面外部的气压为 p_{out}(此处等于大气压 p_0)，液面内部无限接近液面处液体的压强为 p_{in}.在内外压强作用下，球形液面的半径由 $R \to R + dR$，体积由 $V \to V + dV$，表面积由 $A \to A + dA$，此时外界对球形液面做功为

$$đW = -(p_{out} - p_{in})dV = (p_{in} - p_{out})dV$$

设此过程为可逆等温过程，则外界对液滴所作的功等于液面自由能的增量，即

$$dF = đW = (p_{in} - p_{out})dV$$

另外，由式(7.8.8)可知，液体表面张力做功 $đW' = \ -\alpha dA = -đW = -dF$，代入上式可得

$$\alpha dA = (p_{in} - p_{out})dV$$

由于 $V = \dfrac{4}{3}\pi R^3$，$A = 4\pi R^2$，故 $dV = 4\pi R^2 dR$，$dA = 8\pi R dR$，代入上式，可得

$$\Delta p = p_{in} - p_{out} = \frac{2\alpha}{R} \tag{7.8.10}$$

不难得出，同样的公式也适用于球形凹液面(液体中的气泡)的内外压强差. 无论是凸液面还是凹液面，$p_{in} > p_{out}$，附加压强始终为正，其值为 $\dfrac{2\alpha}{R}$，R 为液面曲率半径. 普遍而言，如果液面的曲率中心是气体，如液体中的气泡，则液面内气体的压强大于外面液体的压强；如果液面的曲率中心是液体，如液滴，则液面内液体的压强大于外面气体的压强.

3. 润湿和不润湿

水滴落在洁净的玻璃板上，会在板上扩展开来形成薄层，我们称水润湿玻璃；水银滴在玻璃上，它不会扩展开，而是近似呈球形且极易在板上滚动，我们称水银不润湿玻璃. 但如果将水银滴在洁净铜板上，水银会在板上扩展开，因此水银润湿铜. 实验表明，不同液体对不同固体的润湿程度是不同的，为表明这种润湿的程度，引入接触角这个物理量. 在液体、固体壁和空气交界处作液体表面的切面，此面与固体壁在液体内部所夹的角度 θ 就被称为液体对该固体的接触角. 如图 7.8.9 所示，当 $\theta < \pi/2$ 时，液体润湿固体；$\theta > \pi/2$ 时，液体不润湿固体. 如果 $\theta = 0°$，液体将延展在全部固体表面上，液体完全润湿固体；如果 $\theta = 180°$，则液体完全不润湿固体. 水润湿玻璃，故其接触角是锐角. 水与完全洁净的玻璃润湿度最大，θ 为 0.水银不润湿玻璃，接触角为钝角，$\theta = 138°$.

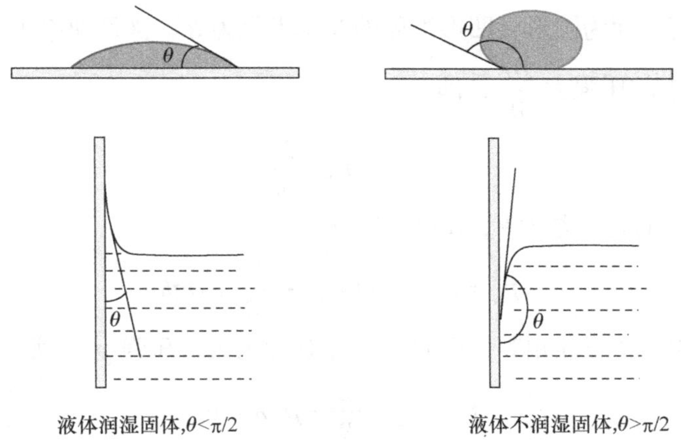

液体润湿固体,$\theta<\pi/2$　　液体不润湿固体,$\theta>\pi/2$

图 7.8.9 润湿与不润湿

润湿和不润湿现象的产生，主要是由于液体分子间的引力(称为内聚力)与固、液分子间的相互作用力(称为附着力)间的强弱对比不同所引起的．下面仅从能量的角度做简单的解释：在液体与固体接触处，沿固体壁有一层液体称为附着层，其厚度等于液体分子间引力的有效作用距离或液体分子与固体分子之间引力的有效作用距离(以较大者为准)．在附着层中，当内聚力大于附着力时，附着层内较多的液体分子被吸引到液体内部，这与液体的自由表面类似，附着层有收缩的趋势，呈现不润湿现象．当附着力大于内聚力时，分子在附着层中的势能比在液体内部时要低，更多的分子进入附着层，使附着层有伸张的趋势即液体沿固体表面扩展，呈现润湿现象．

冶金工业上提纯矿物的方法之一——浮选法，就是利用矿粒不润湿液体而粘附在气泡上浮向液面，从而将矿粒与润湿液体的沉于底部的无矿岩渣分离开来．

4. 毛细现象

将极细的玻璃管插入水中时，可以看到，管内水面会升高，而且管内径越小，水面升得越高．如果将此玻璃管插入水银中，情形正好相反，管内水银面会降低，而且管内径越小，水银面降得越低．这种润湿管壁的液体在细管里升高，而不润湿管壁的液体在细管里降低的现象，称为**毛细现象**．

在液体润湿管壁的情形下，当毛细管插入液体中时，由于接触角为锐角，液面变为凹面，使液面下方 B 点处的压强比液面上方的大气压小，而在平液面处与 B 点同高的 C 点的压强仍与液面上方的大气压相等．根据静力学的基本原理，液体静止时同高两点的压强应相等，因此，液体不能平衡而要在管中上升，一直升到 B 点和 C 点的压强相等为止，如图 7.8.10(a)所示．

设毛细管截面为圆形，凹形液面的曲率半径为 R．液面曲率中心为气体，大气压 p_0 比 A 点的压强大 $\dfrac{2\alpha}{R}$，即

$$p_{\mathrm{A}}=p_0-\frac{2\alpha}{R}$$

因 B 点与 A 点的高度差为 h，B 点的压强为

$$p_B=p_A+\rho gh=p_0-\frac{2\alpha}{R}+\rho gh$$

B 点与 C 点同高，压强相等，而 C 点的压强即为大气压强 p_0，所以

$$p_B=p_0-\frac{2\alpha}{R}+\rho gh=p_0$$

因此

$$\frac{2\alpha}{R}=\rho gh \tag{7.8.11}$$

由图 7.8.10(a)可知 $R=\dfrac{r}{\cos\theta}$，式中 r 为毛细管的半径，θ 为接触角．则

$$h=\frac{2\alpha\cos\theta}{\rho gr} \tag{7.8.12}$$

上式表明，毛细管中液面的上升高度与表面张力系数成正比，与毛细管的半径成反比．因而，管子越细，液面上升得越高．上式也可以用来准确测量液体的表面张力系数．

在液体不润湿管壁的情形下，管中液面的曲率中心是液体，则液面下 A 处的液体压强大于大气压．因此液面要下降一段距离 h，如图 7.8.10(b)所示．用同样的方法可以证明，式(7.8.12)仍然适用．由于接触角 θ 为钝角，故计算得出的 h 是负的，表明管中液体不是上升，而是下降．

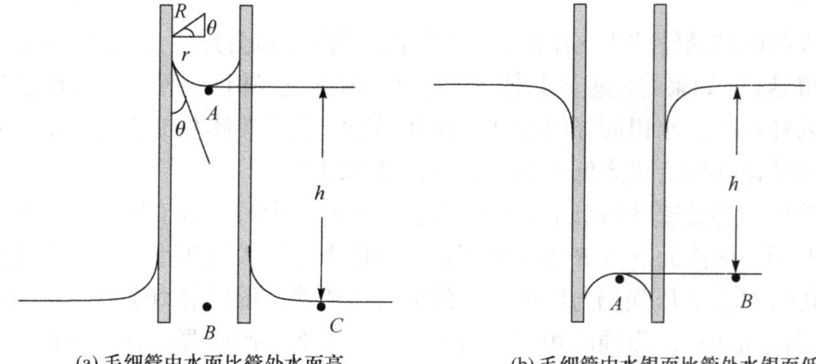

(a) 毛细管中水面比管外水面高　　(b) 毛细管中水银面比管外水银面低

图 7.8.10　毛细现象

在自然界与人类日常生活和生产实践中，毛细现象并不鲜见．例如，春天刚种好的麦田需要用锄头压一压，使得土壤中形成毛细管，以便水分沿毛细管上升来浸润麦种、促使麦种发芽，此即“麦田春雨把锄头”；蜡烛灯芯通过其内部的毛细管将蜡持续引导至烛火附近，使得“蜡炬成灰泪始干”；石油、地下水和天然气常共存于地层的多孔砂岩之中，克服砂岩中的毛细管附加压强的问题是石油开采中的重要问题之一．毛细现象在生理学中也有重要作用，因为生命体的大部分组织是以各种各样的细小管道连通起来的．例如，人体内的毛细管是眼泪能够从眼睛不断流出的必要因素，如此方能使得“泪湿春衫袖”；树木内部的毛细管是其水分能够从根部输运到树冠末梢的重要原因之一，因此树叶才能得以滋养以进行光合作用，才会有“庭中有奇树，绿叶发华滋”．

思 考 题

7.1 怎样理解范德瓦耳斯方程中$\left(p+\dfrac{a}{V_m^2}\right)$和$(V_m-b)$的物理意义？其中 p 表示的是理想气体的压强还是范氏气体的压强？

7.2 我们常说：当气体越稀薄时越符合理想气体物态方程，试用范氏方程对此加以说明．

7.3 理想气体进行节流膨胀产生焦耳-汤姆孙零效应，某气体在节流膨胀中有时产生焦耳-汤姆孙零效应，能否说这种气体可看成理想气体？

7.4 试比较物质的临界点和三相点有何不同？

7.5 当水处在三相点时，在下列情况下物态将发生怎样的变化？

(1) 温度不变，增大压强；

(2) 温度不变，降低压强；

(3) 压强不变，升高温度；

(4) 压强不变，降低温度．

7.6* 如图所示为 CO_2 的三相图，其三相点温度为 −56.6℃，三相点压强为 5.11atm．而且由图可以看到，在 1atm 时，CO_2 只能为固相或气相，不可能出现液相．试根据该三相图说明由液态 CO_2 制造干冰（即固态 CO_2）的原理．

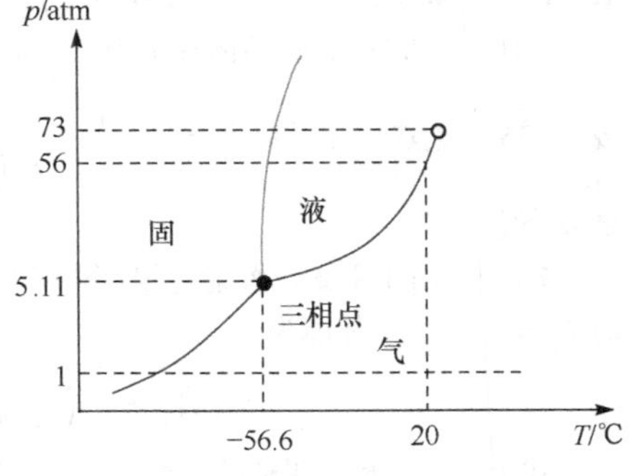

思考题 7.6 图

7.7 何谓结合能？怎样由相互作用能 E_p 求结合能的数值？

7.8 为什么冬天湖水结冰时总是从表面先结冰？

7.9 何谓杜隆-珀替定律？它的适用范围如何？

习　题

7.1　已知对于氧气，范德瓦耳斯方程中的常量$b = 0.032\text{L}/\text{mol}$．设$b$等于1 mol氧气分子总体积的4倍，试估算氧分子的直径．

7.2　已知范德瓦耳斯方程中的常量a，对CO_2和H_2分别为$364.77\times10^3\text{Pa}\cdot\text{L}^2/\text{mol}^2$和$24.32\times10^3\text{Pa}\cdot\text{L}^2/\text{mol}^2$，请计算这两种气体在摩尔体积为$V_\text{m} = 22.4\text{L}/\text{mol}$和$V_\text{m}' = 22.4\times10^{-2}\text{L}/\text{mol}$时，内压强$\Delta p$各为多少？

7.3　已知氮气的范德瓦耳斯方程中的常量$a = 141.86\times10^3\text{Pa}\cdot\text{L}^2/\text{mol}^2$，$b = 0.039\text{L}/\text{mol}$．计算当压强为$10^7\text{Pa}$时，体积为1L，质量为100 g氮气的温度是多少？已知氮气的摩尔质量为$M = 28\text{g}/\text{mol}$．

7.4　用范德瓦耳斯方程计算密封在容器内的质量为$m' = 1.1\text{kg}$的二氧化碳气体的压强，并将结果与在同一状态下的理想气体的压强进行比较．已知容器的容积$V = 20.0\text{L}$，温度$T = 13℃$，CO_2的a，b值各为$a = 364.77\times10^3\text{Pa}\cdot\text{L}^2/\text{mol}^2$，$b = 0.043\text{L}/\text{mol}$．

7.5　某范德瓦耳斯气体进行绝热自由膨胀，已知膨胀前后摩尔体积分别为$V_{\text{m}1}$和$V_{\text{m}2}$，定体摩尔热容为$C_{V,\text{m}}$．求膨胀前后的温度变化．

7.6　设1 mol的氧气在节流过程中膨胀，其体积由高压区的$V_{\text{m}1} = 4.0\times10^{-3}\ \text{m}^3/\text{mol}$变成低压区的$V_{\text{m}2} = 1.2\times10^{-2}\text{m}^3/\text{mol}$．如果氧气遵从范德瓦耳斯方程，试应用式(7.3.3)计算此过程中温度的变化．已知$a = 0.137\text{Pa}\cdot\text{m}^6/\text{mol}^2$，$b = 3.2\times10^{-5}\text{m}^3/\text{mol}$；$C_{V,\text{m}} = 20.8\text{J}/(\text{mol}\cdot\text{K})$（提示：$b$与$V_{\text{m}1}$，$V_{\text{m}2}$相比可以忽略）．

7.7　试求范德瓦耳斯气体的准静态绝热过程方程(用摩尔体积V_m和温度T为变量来表示)．提示：应用范德瓦耳斯气体的内能公式(7.4.2)

7.8　试求理想气体的体膨胀系数β和等温压缩系数κ．

7.9　已知NaBr晶体在平衡状态时相邻两离子间距离为$r_0 = 2.94\times10^{-10}\text{m}$，马德隆常数$\alpha = 1.75$，幂指数$m = 9.6$，求NaBr的结合能．

7.10*　已知KCl晶体在平衡状态时相邻两离子间距离为$r_0 = 3.14\times10^{-10}\text{m}$，马德隆常数$\alpha = 1.75$，绝热压缩系数为$\kappa_S = -\dfrac{1}{V}\left(\dfrac{\partial V}{\partial p}\right)_S = 4.8\times10^{-11}\text{m}^2/\text{N}$，求KCl晶体排斥能部分的幂指数$m$的值．

7.11*　由于平衡位置附近相互作用能曲线的不对称性，可以设相对于平衡位置（在这位置时$E_\text{p} = -E_{\text{p}0}$）的势能为

$$V(x) = E_\text{p} - (-E_{\text{p}0}) = E_\text{p} + E_{\text{p}0} = cx^2 - gx^3 - fx^4$$

式中x表示离开平衡位置的位移。利用玻耳兹曼分布律，在小位移的情形下，证明位移x的平均值$\bar{x}$为

$$\bar{x} = \frac{3kTg}{4c^2}$$

从而说明 $\bar{x}$ 与温度 T 成正比，即说明了热膨胀现象.提示：

$$\bar{x}=\frac{\int_{-\infty}^{\infty} x\mathrm{e}^{-V(x)/kT}\mathrm{d}x}{\int_{-\infty}^{\infty}\mathrm{e}^{-V(x)/kT}\mathrm{d}x}$$

求积分时可以将指数函数用幂级数展开，在考虑小位移的情形下只取前几项就可以了.

常用物理学常量表

常量名称	符号	数值(单位)
真空中的光速	c	3.00×10^{8} m/s
万有引力常量	G	6.67×10^{-11} $m^3/(s^2\cdot kg)$
阿伏伽德罗常量	N_A	6.02×10^{23} mol^{-1}
摩尔气体常量	R	8.31 J/(mol·K)
洛施密特数	n_0	2.69×10^{25} m^{-3}
玻尔兹曼常量	k	1.38×10^{-23} J/K
基本电荷	e	1.60×10^{-19} C
电子静止质量	m_e	9.11×10^{-31} kg
真空中的介电常量	ε_0	8.85×10^{-12} $C^2/(N\cdot m^2)$
摩尔体积(标准状态下)	V_m	22.4×10^{-3} m^3/mol
原子质量单位	u	1.67×10^{-27} kg

参 考 书 目

[1] 刘玉鑫．热学．北京：北京大学出版社，2016.

[2] 梁希侠，班士良．统计热力学．3 版．北京：科学出版社，2016.

[3] 王竹溪．热力学．2 版．北京：北京大学出版社，2014.

[4] L. M. Brown, A. Pais, B. Pipard. 刘寄星主译．20 世纪物理学．北京：科学出版社，2014.

[5] 汪志诚．热力学·统计物理．5 版．北京：高等教育出版社，2013.

[6] R. K. Pathria, P. D. Beale. *Statistical Mechanics.* Amsterdam:Elsevier Ltd., 2011.

[7] 李椿，章立源，钱尚武．热学．2 版．北京：高等教育出版社，2010.

[8] 赵凯华．定性与半定量物理学．2 版．北京：高等教育出版社，2008.

[9] A. H. Carter. *Classical and Statistical Thermodynamics*,北京：清华大学出版社，2007.

[10] 包科达．热学教程．北京：科学出版社，2007.

[11] Jr. K. Wark, D. E. Richards. *Thermodynamics* 6^{th}ed．北京：清华大学出版社，2006.

[12] R. A. Ristinen, J. J. Kranshaar. *Energy and the Environment* 2^{nd}ed. New York: John Wiley & Sons, Inc., 2006.

[13] 张玉民．热学．北京：科学出版社，2006.

[14] 黄淑清，聂宜如．热学教程．北京：高等教育出版社，2006.

[15] 邹邦银．热力学与分子物理学．武汉：华中师范大学出版社，2004.

[16] G. M. Weinberg. *An Introduction to General Systems Thinking*. New York: Dorset House Publishing Co., Inc., 2001.

[17] 常树人．热学．天津：南开大学出版社， 2001.

[18] 李洪芳．热学(第二版)．北京：高等教育出版社，2001.

[19] 赵凯华，罗蔚茵．新概念物理教程热学．北京：高等教育出版社，1999.

[20] 秦允豪．热学．北京：高等教育出版社，1999.

[21] W. Greiner, L. Neise, H. Stocker. Translated by D. Rischke. *Thermodynamics and Statistical Mechanics*, New York: Springer-Verlag, Inc., 1995.

[22] 周尚文，张之圭，余文碧，高崇伊．力学热学大学物理教程①．兰州：甘肃教育出版社，1994.

[23] K. Huang. *Statistical Mechanics* 2^{nd}ed．New York: John Wiley & Sons, Inc., 1987.

[24] 吴瑞贤，杜定旭，杨友梅．热学教程．成都：四川大学出版社，1986.

[25] R. P. Feynman, R. B. Leighton, M. Sands. *The Feynman Lectures on Physics*. Boston: Addison-Wesley, Inc., 1964.

附　录

物理学中测量的温度与生活中感知的温度

物理学中的温度概念和我们在日常生活中通过对冷暖的感知而获得的对温度的理解是不同的.

从物理学的角度来说，温度有严格的定义．温度是一个统计意义上的概念，它是一个系统中全部分子的运动剧烈程度的衡量，确切地说，是全部分子的动能的统计平均值．在实践中，我们不可能把所有分子的动能都加起来然后求平均算出一个系统的温度．我们通常采用的方法是，建立一套测温标准，即温标，来衡量物体的温度．温标的建立需要三个要素：测温物质、测温属性和固定标准点．用温度计测量出来的温度，是客观、严谨的，不以人的意志为转移，不随人体自身状况以及人体所处环境的不同而变化.

从日常生活的角度来说，人体对冷暖的感觉受到很多因素的影响，例如人体健康状况、人体皮肤表层神经细胞状态、环境空气状况等．这里我们假设人体状况基本相同，只讨论环境空气相对湿度与环境风速的影响.

(1)环境空气相对湿度与酷热指数

表 1　酷热指数

气温(℃)	相对温度(%)										
	50	55	60	65	70	75	80	85	90	95	100
28	28.4	28.9	29.4	30.0	30.7	31.4	32.1	32.9	33.7	34.7	35.6
29	29.7	30.3	31.0	31.8	32.7	33.7	34.7	35.9	37.1	38.4	39.7
30	31.0	31.9	32.8	33.9	35	36.3	37.7	39.1	40.7	42.4	44.2
31	32.6	33.7	34.8	36.2	37.6	39.2	40.9	42.7	44.7	46.8	49.0
32	34.4	35.6	37.1	38.7	40.4	42.3	44.4	46.6	49.0	51.5	54.2
33	36.3	37.8	39.5	41.4	43.5	45.7	48.1	50.8	53.5	56.5	59.7
34	38.4	40.2	42.2	44.4	46.8	49.4	52.2	55.2	58.4	61.9	65.5
35	40.7	42.7	45.0	47.6	50.3	53.3	56.5	60.0	63.7	67.6	71.7
36	43.1	45.5	48.1	51.0	54.2	57.5	61.2	65.1	69.2	73.6	78.2
37	45.8	48.5	51.4	54.7	58.2	62.0	66.1	70.4	75.1	80.0	85.1
38	48.6	51.6	55.0	58.6	62.5	66.7	71.3	76.1	81.2	86.6	92.4
39	51.6	55.0	58.7	62.7	67.1	71.8	76.8	82.1	87.7	93.7	99.9
40	54.8	58.5	62.6	67.1	71.9	77.0	82.5	88.3	94.5	101	107.9

注：酷热指数 > 30，可致热痉挛与衰竭；酷热指数 > 40，热衰竭风险大幅提升；酷热指数 > 55，可导致中暑

排汗是人体降温的重要方式．因蒸发而脱离人体皮肤的汗液分子的平均动能比较大，因此汗液蒸发时会带走人体热量．汗液的主要成分是水，水分的蒸发受到空气相对湿度的影响．所谓空气相对湿度，即是指单位体积空气中实际水蒸气的分压与相同温度和体积下水饱和蒸气压的百分比，也就是绝对湿度与最高湿度之比．空气相对湿度越高，人体水分的蒸发越慢．这意味着相对于处于干燥空气中的状况，人体在湿润空气中散热较慢，感觉更热．这种现象称为“酷热指数”现象．如表 1 所示，当环境空气相对湿度达到 90%时，空气温度为 30℃，但我们的感觉却是 40.7℃．

酷热指数（Heat Index）可用下述公式[①]计算：

$$T_{\mathrm{HI}} = c_1 + c_2 T + c_3 R + c_4 TR + c_5 T^2 + c_6 R^2 + c_7 T^2 R + c_8 TR^2 + c_9 T^2 R^2$$

上式采用华氏温标．其中，$T_{\mathrm{HI}}(℉) = 1.8 T_{\mathrm{HI}}(℃) + 32$ 为酷热指数，$T(℉) = 1.8T(℃) + 32$ 为环境温度，R 为相对湿度（$0 \sim 100\%$）．公式中的常数：$c_1 = -42.379$，$c_2 = 2.04901523$，$c_3 = 10.1433127$，$c_4 = -0.22475541$，$c_5 = -6.83783 \times 10^{-3}$，$c_6 = -5.481717 \times 10^{-2}$，$c_7 = 1.22874 \times 10^{-3}$，$c_8 = 8.5282 \times 10^{-4}$，$c_9 = -1.99 \times 10^{-6}$．在环境温度 $T \geqslant 80℉\ (26.7℃)$ 和相对湿度 $R \geqslant 40\%$ 的范围内，公式普遍适用．根据上述酷热指数公式计算的相关数据汇总为表 1，且温度单位已经由华氏度转换为摄氏度．

(2) 环境风速与风寒指数

环境风速会影响单位时间内与人体皮肤接触而进行热量交换的空气量．当风速增加时，单位时间内与人体所接触的空气分子数会增加，因碰撞而与人体皮肤交换的热量相应地增加．如果环境空气温度低于人体温度，风速较大的环境相较于风速较小的环境，人体会感觉前者更冷，如表 2 所示．这种现象便是“风寒指数”现象．所以冬季刮风的日子，人体会格外觉得寒冷．

表 2　风寒指数

风速 (km/h)	5	10	15	20	25	30	35	40	45	50
及天文台术语	轻微		和缓				清劲		强风	
气温℃										
10	9.8	8.6	7.9	7.4	6.9	6.6	6.3	6.0	5.7	5.5
8	7.5	6.2	5.4	4.9	4.4	4.0	3.6	3.3	3.0	2.8
6	5.2	3.9	3.0	2.3	1.8	1.4	1.0	0.6	0.3	0.0
4	2.9	1.5	0.5	−0.2	−0.8	−1.3	−1.7	−2.0	−2.4	−2.7

① R. G. Steadman “The Assessment of Sultriness. Part I: A Temperature-Humidity Index Based on Human Physiology and Clothing Science”. Journal of Applied Meteorology. 18 (7): 861-873 (1979)

续表

风速(km/h)及天文台术语	5	10	15	20	25	30	35	40	45	50
气温℃	轻微		和缓				清劲		强风	
2	0.7	−0.9	−2.0	−2.7	−3.3	−3.9	−4.3	−4.7	−5.1	−5.4
0	−1.6	−3.3	−4.4	−5.2	−5.9	−6.5	−7.0	−7.4	−7.8	−8.1
−2	−3.9	−5.7	−6.9	−7.8	−8.5	−9.1	−9.6	−10.1	−10.5	−10.9
−4	−6.1	−8.1	−9.3	−10.3	−11.1	−11.7	−12.2	−12.7	−13.2	−13.6
−6	−8.4	−10.5	−11.8	−12.8	−13.6	−14.3	−14.9	−15.4	−15.9	−16.3
−8	−10.7	−12.9	−14.3	−15.3	−16.2	−16.9	−17.5	−18.1	−18.6	−19.0
−10	−12.9	−15.3	−16.7	−17.9	−18.8	−19.5	−20.2	−20.8	−21.3	−21.8
−12	−15.2	−17.7	−19.2	−20.4	−21.3	−22.1	−22.8	−23.4	−24.0	−24.5
−14	−17.5	−20.0	−21.7	−22.9	−23.9	−24.7	−25.5	−26.1	−26.7	−27.2

风寒指数(Wind-chill Index)可用下述公式②计算：

$$T_{\mathrm{wc}} = 13.12 + 0.6215T - 11.37v^{0.16} + 0.3965Tv^{0.16}$$

其中，T_{wc}为风寒指数(℃)，T为环境温度(℃)，v为风速(km/h)．上式当温度$T \leqslant 10$℃，且风速$v > 4.8$ km/h时适用．根据上述风寒指数公式计算的相关数据汇总为表2．

(3)体感温度

综合环境空气的相对湿度和环境风速对人体所感知的温度的影响，将酷热指数和风寒指数合成为一个词：体感温度．由于体感温度可以受到温度、相对湿度及风速的影响，这个数值又名“THW指数”(Temperature-Humidity-Wind Index)．

可见，物理学中测量的温度和生活中感知的温度，差异较大．我们日常对冷热的感知，不能替代科学研究中对温度的精确测量．

② R. Osczevski and M. Bluestein. “The new wind chill equivalent temperature chart”. Bulletin of the American Meteorological Society. 86 (10): 1453-1458 (2005)

索　引

习题答案

第1章

1.1　250 K

1.2　(1) $0.004\ \mathrm{K}^{-1}$；　(2)$112\ \Omega$；　(3) 500 ℃

1.3　(1) 50 ℃；　(2)4.08 cm

1.4　(1) 0.245 atm；　(2) $692.28\ \mathrm{K} = 419.13$ ℃

1.5　5%

1.6　$28.9\times10^{-3}\ \mathrm{kg/mol}$

1.7　$T_{\mathrm{N_2}} = 280\ \mathrm{K}$； $T_{\mathrm{O_2}} = 320\ \mathrm{K}$

1.8　(1)20 L；　(2)0.92 atm；　(3) -60 K

1.9　82 次

1.10　$3.3\times10^{-5}\ \mathrm{m}^3$

第2章

2.1　(1) 5.7×10^{7} J；　(2)1.91×10^{5} J

2.2　(1) $T_1/4$；　(2) $\dfrac{3}{8}\nu RT_1$

2.3　-91.2 J

2.4　(1)图略；　(2)0，-11.23×10^5 J，8.10×10^5 J，总功 -3.13×10^5 J

2.5　(1) -3.46×10^3 J；(2) 3.46×10^3 J

2.6　(1)60 J；　(2)-70 J；　(3)50 J，10 J

2.7　(1) 3.12×10^5 J；　(2) 4.32×10^5 J；　(3)150 K；(4) 1.25×10^5 Pa

2.8　(1) $A=-1.6\times10^{-5}\ \mathrm{m^3/Pa}$，$B=2.6\ \mathrm{m}^3$；(2)270 K；
(3) -6×10^4 J；　(4) 3.6×10^4 J

2.9　(1) $59.2\times10^{-3}\ \mathrm{J/(mol\cdot K)}$，$7400\times10^{-3}\ \mathrm{J/(mol\cdot K)}$；(2) 1.85×10^5 J

2.10　(1) $C_{V,\mathrm{m}} = a$；(2)证明略.提示：求解 $H_{\mathrm{m}} = U_{\mathrm{m}} + pV_{\mathrm{m}}$，

$$C_{p,\mathrm{m}} = \left(\frac{\partial H_{\mathrm{m}}}{\partial T}\right)_p = a + R$$

2.11　$4.5\times10^{-13} \sim 10^{-12}$

2.12　(1) 8.31×10^{-3} J；(2) 11.6×10^{-3} J

2.13 证明略

2.14 697 m

2.15 证明略

2.16 (1) 900 kcal； (2) 1600 kcal； (3) 300 kcal， –400 kcal；
(4) 0.25，3

2.17 71 K，227 K

2.18 15.4%

2.19 证明略

2.20* (1) $\frac{Q_2}{P}=\frac{T_2}{T_1-T_2}$； (2) $T_2=T_1+\frac{P}{2A}-\sqrt{\left(\frac{P}{2A}\right)^2+\frac{P}{A}T_1}$

第3章

3.1 (1) 527 K； (2) 48.2 %

3.2 6.6×10^5 J， 2.6×10^5 J

3.3 证明略

3.4 $\eta=1-\frac{T_2}{T_1}$

3.5 293 J/K

3.6 (1) 777.5 J/K； (2) 1220 J/K； (3) –6060 J/K

3.7 0.127 J/K

3.8 (1) $S=\nu C_{V,\mathrm{m}}\ln T+\nu R\ln V+S_0$； (2) $S=\nu C_{p,\mathrm{m}}\ln T-\nu R\ln p+S_0$

3.9 (1) $\Delta S=\nu\frac{5}{2}R\ln\frac{V_2}{V_1}$； (2) $\Delta S=\nu R\ln\frac{V_2}{V_1}$；
(3) 等压过程的熵变更大，大 $\nu\frac{3}{2}R\ln\frac{V_2}{V_1}$

3.10 (1) 5.76 J/K， 0； (2) 5.76 J/K， 5.76 J/K

3.11 (1) 证明略，提示：$\mathrm{d}S=\left(\frac{đQ}{T}\right)_V=\frac{\mathrm{d}U}{T}$； (2) $S=aT+\frac{1}{3}bT^3+S_0$

3.12 (1) 0， -1.44×10^4 J/K， 1.44×10^4 J/K； (2) 证明略

3.13 (1) –164 J； (2) 6.03×10^6 J； (3) 2.21×10^4 J/K

3.14 670 J/K

3.15* (1) 6.3 J/K； (2) 1.39 J/K； (3) 0； (4) 5.76 J/K

3.16* (1) 6.93 J/K， –5 J/K； (2) –6.93 J/K， 10 J/K；
(3) 1.93 J/K， 3.07 J/K

3.17　证明略

3.18　证明略

3.19　2.5×10^{-3} J / K

3.20*　(1) $T_f=\sqrt{T_1T_2}$；(2) $W=NC\left(\sqrt{T_1}-\sqrt{T_2}\right)^2=NC\left(T_1+T_2-2T_f\right)$

3.21*　(1) $\Delta S_2=\nu_A R\ln\dfrac{V_A+V_B}{V_A}+\nu_B R\ln\dfrac{V_A+V_B}{V_B}$；(2) $\Delta S_1=\Delta S_2$；

(3) $\Delta S_{热源}=-\Delta S_2$

第 4 章

4.1　1.25×10^{13} m^{-3}

4.2　3.21×10^{3} cm^{-3}

4.3　5.88×10^{-1} Pa

4.4　5×10^{3} Pa

4.5　$6p_1$

4.6　6.21×10^{-21} J $=3.88\times10^{-2}$ eV；7.7×10^{4} K；$12.8\approx13$倍

4.7　4.85×10^{-21} J

4.8　5.43×10^{-21} J

第 5 章

5.1　(1)112 m/s；(2)517 m/s；(3)215 m/s

5.2　(1)1.66 %；(2)0.415 %；(3) 7.15×10^{-8}

5.3　$\sqrt{\dfrac{2m}{\pi kT}}$

5.4　$\sqrt{\dfrac{\pi kT}{2m}}$；$\sqrt{\dfrac{2kT}{m}}$；$\sqrt{\dfrac{kT}{m}}$

5.5　(1)476 m/s；(2)1.50

5.6　证明略

5.7　$\Delta N=\dfrac{N}{2}\mathrm{erf}(1)=\dfrac{N}{2}\times0.8427=0.4214$ N

5.8　1.35×10^{-5} kg

5.9　$\sqrt{\dfrac{T_1}{T_2}}$

5.10　(1) N/v_0^2；(2) $2v_0$，$2.45v_0$；(3) v_0；(4) $1.41v_0$

5.11 (1) $\frac{1}{v_0}$; (2) $\frac{v_0}{2}$; (3) $\frac{\sqrt{3}v_0}{3}$

5.12 (1) $301.6\,\text{m/s}$, $312.7\,\text{m/s}$; (2) $2.6\times10^{-21}\,\text{J}$, $125.6\,\text{K}$; (3)二者不一致是因为$\bar{v}$ 和$\sqrt{\overline{v^2}}$ 的公式是按照速率连续分布导出的，而本题所设速率是不连续分布的

5.13 3 J

5.14 $1958\text{m}\approx2000\,\text{m}$

5.15 (1) $2.11\times10^{-22}\,\text{kg}$; (2)约 4500

5.16 $\sqrt{\frac{1}{2}\left(v_1^2+v_2^2\right)}$

5.17 $6.23\times10^3\,\text{J}$; $2.23\times10^2\,\text{J}$

5.18 25%

5.19 2∶1

5.20 $5.89\times10^3\,\text{J}/(\text{kg}\cdot\text{K})$

5.21 u^2 ; $0.6u^2$; 二者不同.因为两种气体内能的增量虽然相同，但若为双原子分子，则每个自由度平均分配的能量较少，使得分子平均平动动能增加得较少，故速率平方的平均值的增量较小.

5.22 (1) $\sim5500\,\text{m}$; (2) $\frac{\mathrm{d}T}{\mathrm{d}z}=-\frac{\gamma-1}{\gamma}\frac{\overline{M}g}{R}$ ， $-0.01\,\text{K/m}$

第 6 章

6.1 $2.73\times10^{-10}\,\text{m}$

6.2 (1) $4.35\times10^{-8}\,\text{m}$ ， $94.6\sim10^2$ 数量级；(2) $8.74\times10^9\,\text{s}^{-1}$

6.3 (1) $6.12\times10^{-8}\,\text{m}$; (2) $4.66\times10^{-5}\text{m}$; (3) $4.66\times10^3\,\text{m}$

6.4 (1) $6.94\times10^9\,\text{s}^{-1}$; (2) $8.70\times10^2\text{s}^{-1}$

6.5 (1) $5.59\times10^4\,\text{Pa}$; (2) 6.13×10^6次

6.6 $3.2\times10^4\,\text{m}^{-3}$ ， $7.8\times10^{13}\,\text{m}$ ， $6.0\times10^{-12}\,\text{s}^{-1}$

6.7 $3.28\times10^{-2}\,\text{Pa}$

6.8 $6.23\times10^{-5}\,\text{s}$

6.9 $3.09\times10^{-10}\,\text{m}$

6.10 $2.23\times10^{-10}\,\text{m}$

6.11 $1.34\times10^{-7}\,\text{m}$

6.12 (1) 2.83 ; (2)0.11 ; (3)0.11

6.13 10.8rad/s

6.14 (1) $-1.03\text{kg}/\text{m}^4$； (2) $\left(7.95\times10^{22}+4.6\times10^{15}\right)\text{s}^{-1}$；

$(7.95\times10^{22}-4.6\times10^{15})\text{s}^{-1}$； (3) 7.0×10^{-10} kg/s

6.15* $Q=\dfrac{2\pi\kappa L}{\ln\left(R_2/R_1\right)}\left(T_1-T_2\right)$

6.16* $\overline{\lambda}$

第 7 章

7.1 2.94×10^{-10} m

7.2 CO_2： 7.27×10^{2} Pa， 7.27×10^{6} Pa； H_2： 48.5 Pa， 4.85×10^{5} Pa

7.3 342 K

7.4 $2.57\times10^{6}\,\text{Pa}=25.4\,\text{atm}$； $2.97\times10^{6}\,\text{Pa}=29.3\,\text{atm}$

7.5 $\dfrac{a}{C_{V,\text{m}}}\left(\dfrac{1}{V_{\text{m}2}}-\dfrac{1}{V_{\text{m}1}}\right)$

7.6 -1.6 K

7.7 $T\left(V_{\text{m}}-b\right)^{R/C_{V,\text{m}}}=$常量

7.8 $\beta=\dfrac{1}{\text{T}},\kappa=\dfrac{1}{p}$

7.9 7.43×10^{5} J/mol

7.10* 10.1

7.11* 证明略